罗马史

［德］特奥多尔·蒙森——著

刘玉辉 杨 苗 弓继春 等——译

重庆出版社

图书在版编目（CIP）数据

罗马史 /（德）特奥多尔·蒙森著；刘玉辉等译. 重庆：重庆出版社，2025.7. -- ISBN 978-7-229-19067-5

Ⅰ. K126

中国国家版本馆CIP数据核字第2024MG3464号

罗马史
LUOMA SHI

［德］特奥多尔·蒙森　著　　刘玉辉　杨　苗　弓继春等　译

责任编辑：秦　琥　陈劲杉　彭昭智
责任校对：刘　刚　刘　艳　李小君　刘小燕　冉炜赟
封面设计：荆棘设计
版式设计：侯　建

重庆出版社　出版

重庆市南岸区南滨路162号1幢　邮政编码：400061　http://www.cqph.com
重庆天旭印务有限责任公司印刷
重庆出版社有限责任公司发行
全国新华书店经销

开本：890mm×1240mm　1/32　印张：71.75　字数：2050千
2025年7月第1版　2025年7月第1次印刷
ISBN 978-7-229-19067-5
定价：398.00元

如有印装质量问题，请向重庆出版社有限责任公司调换：023-61520678

版权所有　侵权必究

蒙森及《罗马史》诺贝尔文学奖颁奖谢辞

特奥多尔·蒙森(1817—1903年),德国历史学家。其主要著作有五卷本《罗马史》等,并主编十六卷《拉丁铭文大全》。1902年作品《罗马史》获诺贝尔文学奖。

获奖理由:

今世最伟大的纂史巨匠,此点于其巨著《罗马史》中表露无遗。

瑞典学院对蒙森的得奖评语立刻就被刊登在全德国的报纸上。两天后,蒙森以他那种气势磅礴的文体寄出了如下的致谢辞:

当这个犀利然而慈悲的判断突然地重造了我生命中极度分歧的那些层面时,我恍如已经抵达了生命的尽头。除此之外，我再找不出一句更好的话来表达我的欣喜了。然而那个时刻毕竟还没来到，事实上我现在正在编纂我的法律著作。我的思考力为了要完成这项使命而伸手抓取流畅时，往往很不幸地抓到了滞塞。目前，生活对我们德国人来说是相当艰难的。可是由于这项至高的荣耀，一种没有白白活着、白白受苦的感觉再度汹涌了起来。

他没有前往斯德哥尔摩参加颁奖典礼。他于圣诞节前夕在柏林的瑞典领事馆领到这笔奖金。这项"至高的荣耀"令他感到由衷地喜悦。部分当然是由于他个人的经济情况，蒙森共生了十六个子女，其中六男六女还活着，五个年长未嫁的女儿和他住在一起，帮他料理家务。现在，这位夏洛滕堡的老教授已经能保障她们日后的生计了。

他肩上的重担卸下了。

次年，他与世长辞。

译者序

"以史为鉴,可以知兴替。"历史,不仅载录事件,稽考过往,而且将岁月所埋藏的点滴、将风尘云烟涤荡消散的存在,以一种近乎复刻的方式保存了下来,因此,历经千年万年,我们总可以了解到,彼时人类生活社会近乎完全的样貌。培根有言:"读史使人明智。"历史的存在,不因其年岁久远而变得可有可无,也不因未涉今事而无关紧要,反而因为其年代久远不涉今事,更能以更加宏大、绝对客观的视野看待当下。它书写情节,铺排数据,只需十分清浅的修辞,以誊抄的笔触,便可重新纹织逝去的画面。

在人类历史长河中,古希腊罗马文明似一颗璀璨的明星。人类社会历经数千年发展演变,古树已在腹内刻下数千转年轮,沧海桑田已屡次变迁,罗马,依然能让人们在提起这个名称的时候,心底油然生起一种崇高的敬意。

特奥多尔·蒙森是一位博学的历史学家,诺贝尔文学奖获得者。《罗马史》是一部蒙森将自己博学的历史知识与高度文学造诣完美结合的著作。原著以德文书成，再译成中文，其间不可避免地会有某些蒙森元素的流失，但是可以相信，其精湛的表达、巧妙婉转的叙述，依然完美传达了蒙森德文写作的神韵。

选择这本书进行翻译，确乎有一些不揣冒昧、愚犯天威的意味，然而还是要明知不可为而为之，不是为了哗众取宠，而是为了让这一部的确可以称之为"好书"的作品，这一本完整介绍罗马过往点滴的杰作，走向更多爱好历史、爱好阅读的人们。译者愚笨滞拙的笔触，或许不能够传达蒙森先生写作的全貌，但也不遗余力地传达其主旨。

从罗马的源起，到政制改革、法律宗教、文学艺术，再到党伐战争、分裂统一，蒙森的《罗马史》几乎涵盖了罗马历史的方方面面，俨然一部罗马历史的百科全书。这一部百万余字的鸿篇巨著，从翻译校对，到最后的整编审核，都是一项项十分庞大的工程。诸位译者历经近一年时间辛勤劳作，终于成稿。字里行间，是译者们夙兴夜寐的血泪，有斟酌推敲的留痕，有"沉舟侧畔千帆过"的苦恼，亦有"柳暗花明又一村"的欣喜。

有机会接触和参与这一部鸿篇巨著的翻译审校过程，实在是一件值得额手称庆的幸事，虽自知才疏学浅，但可以在这一过程中，收获颇丰，受益匪浅，也尽自己最大的力量，尽可能传达蒙森原著的风姿神韵。在这版译文中，译者尽可能采用平实的笔调，以期更多喜爱历史，尤其是罗马历史的读者，轻松地在阅读中驰目骋怀，在揽书捧读时毫不费力、畅通无阻。

这套书的翻译过程中，除了封面署名的译者外，还有其他同仁也同样参与了这项工作，付出了他们的心血。具体每位译者负责的章节和工作分工如下：

张颖负责第一卷的第一章到第三章、第三卷的第一章到第三章、第五卷的第一章和第二章；

刘玉辉负责第一卷的第四章到第七章、第三卷的第八章（后半部分）到第十一章以及第十四章（部分）、第五卷的第五章、第六章及第十二章；

杨苗负责第一卷的第八章到第十一章、第三卷的第四章到第八章（前半部分）、第五卷的第三章、第四章及第十二章（部分）；

曹慧敏负责第一卷的第十二章到第十五章、第三卷的第十二章到第十四章、第五卷的第七章到第八章：

任秋红负责第二卷的第一章到第三章、第四卷的第一章到第五章；

李娟负责第二卷的第四章到第五章、第四卷的第十章到第十二章、第五卷的第九章到第十章；

李梦颖负责第二卷的第六章到第七章：

钟翠霞负责第二卷的第八章和第九章：

弓继春负责第四卷的第六章到第九章；

严晓朦负责第五卷的第十一章。

致谢：

感谢重庆出版社很好地推动了该书的翻译和编辑出版工作。

译者虽力求忠实准确地传达原著者的思想，但由于时间关系及水平所限,译文中难免存在疏漏或不当之处,恳请广大读者批评指正。

刘玉辉
2017年10月5日于广州

第一卷　从罗马初创至王政的废除

远古之事迹，
经过岁月的敲打已无法稽考；
但是，
我在审核之时，
认为根据大致可靠的证据来看，
我相信，
无论就战争还是其他方面而言，
它们都微不足道。

——修昔底德

目录

1/ 蒙森及《罗马史》诺贝尔文学奖颁奖谢辞

1/ 译者序

1/ 第一章
引论

8/ 第二章
最早迁入意大利的移民

38/ 第三章
拉丁人的定居

53/ 第四章
罗马的起源

73/ 第五章
罗马的原始政制

104/ 第六章
非公民与政制改革

122/ 第七章
罗马称霸拉丁姆

140/ 第八章
翁布里亚 - 萨贝利族及萨莫奈人的起源

147/ 第九章
伊特鲁里亚人

159/ 第十章
希腊人在意大利 伊特鲁里亚人
和迦太基人的海上霸权

186/ 第十一章
法律与司法

204/ 第十二章
宗教

232/ 第十三章
农业、贸易和商业

259/ 第十四章
度量法与文字

283/ 第十五章
艺术

第一章

引论

古代史

地中海分支众多,深入欧洲大陆,构成了大西洋最大的海湾。海面有时因星罗棋布的岛屿或延伸的陆地而变窄,有时又向四面扩展而一望无垠。它将旧世界[1]一分为三,同时又将它们连成一体。在古代,这个内海的沿岸栖息着不同民族。从民族志学[2]和语言学的角度来说,他们属于不同的种族。但从历史的角度而言,他们却构成一个整体。这个历史整体通常被称为古代世界史。这一名称其实并不十分恰当。事实上,它是地中海诸民族的文明史，相继展现了四大发展阶段：居于南岸的科普特人或埃及人的历史；占据着东岸并延伸至亚洲内陆，远及幼发拉底河和底格里斯河的阿拉米人[3]或叙利亚人的历史，以及孪生民族希腊人与意大利人的历史，后两者传承了欧洲沿岸地区的文明。不同民族的文明在其早期都与其他地区和历史发展周期息息相关，但很快便进入了各自的发展轨道。其周遭各民族有些与他们是异族，有些与他们是同宗。如非洲的柏柏尔人和尼格罗人，亚洲的阿拉伯人、波斯人和印度人，欧洲的凯尔特人和日耳曼人。他们都曾与居住在地中海沿岸的民族有着复杂的联系，但在各自的发展上，互相之间均未造成决定性的影响。

因此，若文化圈容许划分，那么这个用底比斯、迦太基、雅典和罗马表示文明顶峰的文化圈可以被视为一个整体。这四个名称所代表的四个民族，在各自的发展道路上形成了独特的宏伟文明以后，相互间又建立了纷繁复杂的关系，并巧妙阐述和充分发展了人性的一切元素，最终使其文化圈得以形成。以前如波浪冲击海滩一般冲击地中海沿岸各国领土的新民族，如今从两岸泛滥开来，切断了南北两岸的历史，将文明中心从地中海转移至大西洋。因此，古代史与近代史的划分不仅仅是偶然事件，也并非只是为了便于编年。所谓的近代史实际上是一个新文化圈的形成，它在几个发展阶段与地中海各国正在消亡或已经消亡的文明相联系，正如地中海文明与印度-日耳曼族的原始文明相联系，但像之前的旧文明一样，注定要转入自己的轨迹。而且，它也注定要经历种种盛衰荣枯，走过生长、成熟和衰老各个时期，展现其在宗教、政治与艺术方面创造的光彩，享受物质财富与精神财富所带来的安适。或许有一天，它也会因达到目标而自鸣得意，从而导致创造力渐衰。但这一目标只是暂时的，文明所处的庄严体系有自己的发展轨迹，其进程可能会有终点。但人类却不同，每当人类似乎达到目标时，旧任务就会在更广的范围内，以更深远的意义重新出现。

意大利

我们如今的目标是要展示这出伟大历史剧的最后一幕，叙述一个从北方大陆伸入地中海的中央半岛的古代史。此半岛由西阿尔卑斯山向南分出的山系——亚平宁山系所构成。亚平宁山位于地中海西部较宽阔的海湾和东部较狭窄的海湾之间，先是向东南延伸，然后在东部海湾附近的阿布鲁齐山达到最高点，但甚少达到终年积雪线的高度。亚平宁山脉从阿布鲁齐山继续向南延伸，起初高大雄伟，并无分支，接着下倾，形成丘陵村野。后来分为两支，东南方向为较平坦的高地，正南方向则为较陡峭的山丘，两者均在结尾处形成狭窄的半岛。

在北方，阿尔卑斯山与亚平宁山之间的坦荡平原一直延伸至阿布鲁齐山，在地理上它与南部的山地和丘陵不相连接，即使在历史上也是到相当晚的时期才与之发生联系。南部的山地和丘陵就是指意大利，我们在这里要研究的正是它的历史。直到罗马纪元七世纪，从锡尼加利亚到里米尼的沿岸地区才被并入意大利，波河流域则到罗马纪元第八世纪才归其所有。意大利古代的北方边界并非阿尔卑斯山，而是亚平宁山。亚平宁山的山势十分平缓且占地很广，山谷和高原甚多，一些易于通过的隘口将它们连接起来，非常适于人类居住。附近的缓坡及东南西三面的沿岸地区更宜安家立业。东海岸为阿普利亚平原，阿布鲁齐山将其北部与外界隔断，放眼望去，只有加尔加努山脊孤独地耸立着。这片平原平坦舒展，但海岸与河流都不甚发达。南岸有一片广阔的低地延伸于亚平宁山脉尾部的两个半岛之间，那里港口虽少，但水量充足且土壤肥沃，与内陆的丘陵旷野相接。西岸则幅员辽阔，有大河贯穿其间，尤其以台伯河为其主流。由于洪水及往日众多火山的作用，该地形成了各式各样的山谷、港口和岛屿。伊特鲁里亚、拉丁姆和坎帕尼亚诸区都在这里形成了意大利国土的核心。在坎帕尼亚南部，山前的丘陵地逐渐消失，第勒尼安海几乎与山脉相接。而且，正如伯罗奔尼撒属于希腊，西西里岛则属于意大利。西西里岛是地中海面积最大、风景最美的岛屿，腹地为山岳和部分荒地。岛屿的四周，尤其是东、南两面，则为宽阔而美丽的海岸，主要由火山作用而成。从地理的角度来看，西西里的群山是亚平宁山的余脉，几乎未被狭窄的海峡所隔断。从历史的角度来看，西西里自古就是意大利的一部分，正如伯罗奔尼撒是希腊的一部分一样。此地不仅是相同民族的必争之地，而且是相似的高尚文明的发源地。

意大利半岛山丘平缓，气候温和，空气新鲜，这些与希腊半岛相似，在山谷和平原这类地貌中大抵也是如此。然而其海岸的发展却不及希腊。意大利尤其缺乏岛屿众多的海洋，希腊人正是由于拥有这种海洋而成为了航海民族。但意大利也有优于其邻国的地方，它拥有广阔的冲积平原和肥沃多野草的山坡，宜于农业和畜牧。意大利和希腊一样是块宝地，能激发人类的积极性，并予以回报。对于壮志满怀的人，它会为其远行铺路，而对于安于宁静的人，它也能提供稳定的谋生途径。

但是，希腊半岛倾向东方，意大利半岛则倾向西方。伊庇鲁斯和阿卡纳尼亚沿岸地区在希腊仅居次要地位，阿普利亚和梅萨皮亚沿岸地区在意大利也是如此。希腊的历史发展主区阿提卡和马其顿都面向东方，而意大利的伊特鲁里亚、拉丁姆和坎帕尼亚则面向西方。因此，这两个半岛虽然是非常亲近的邻邦，形同姐妹，但似乎是相背而立。尽管用肉眼就能从奥特朗托望见阿克罗科劳尼山，然而意大利和希腊最初发生密切接触，却并非经由亚得里亚海这条捷径，而是借助其他途径。自古以来，各民族所占的地理位置通常预示了其肩负的使命，意大利和希腊也不例外。这两个孕育了古代世界文明的伟大民族，其光辉和种子则一个投向东方，一个投向西方。

意大利史

本书所要叙述的是意大利全史，而不仅仅是罗马城的历史。虽然从正式的国家法看来，罗马的公民先是获得了意大利的主权，然后征服世界。但从较高的历史意义看来，这一观点并不成立。所谓的罗马人征服意大利，实则是把意大利的所有民族统一成一个国家。罗马人毫无疑问是这些民族中最强大的一支，但终究只是其中一支而已。

意大利的历史分为两个主要部分：一部分是内部史，从最早期一直到意大利人在拉丁民族的领导下归于统一；另一部分是意大利统治世界的历史。本套书前两卷叙述第一部分，我们将要讲述的是意大利民族如何定居于这个半岛；其民族与政治受到何种威胁；开化较早的异族，即希腊人和伊特鲁里亚人，如何争夺他们的部分领土；意大利人如何反击这些异族，并予以消灭或征服；最后，意大利的两大民族，即拉丁族和萨莫奈人，如何为争夺这个半岛的霸权而展开斗争；以及公元前四世纪（罗马纪元五世纪）末，拉丁族如何获得胜利。第三卷和之后各卷为第二部分，从布匿战争[4]开始，所述内容包括：罗马领土迅速扩张到意大利的天然界线，后来又越过了这条界线；罗马帝国的悠久历史以及这个大帝国的灭亡。

注释

[1] 旧世界是指在哥伦布发现新大陆之前，欧洲人认识的世界，包括欧洲、亚洲和非洲三部分。——译者注
[2] 民族志学：民族志是人类学独一无二的研究方法，是建立在人群中田野工作基础上第一手观察和参与的关于习俗的撰写。或者通常说是关

于文化的描述,以此来理解和解释社会并提出理论上的见解。民族志既是一种研究方法,也是一种文化展示的过程与结果。——译者注

[3] 古代阿拉米人主要分布在今天的西亚的两河流域到地中海东岸一带。这一地区后来又称为黎凡特地区。阿拉米人属欧罗巴人种地中海类型,北非和南阿拉伯的一部分人混有尼格罗人种特征。古代的阿拉米人在被属于古闪米特人的亚述人征服之后,逐渐与阿摩利人、亚述人、巴比伦人融合,形成公元前四世纪到公元三世纪活跃于黎凡特地区的亚兰人。至于他们的语言亚兰语一度成为西亚西部地区的公共用语。亚兰语直到今天还残留在黎巴嫩和叙利亚的偏远村庄里。——译者注

[4] 布匿战争是公元前264—前146年在古罗马和古迦太基之间的三次战争,名字来自当时罗马对迦太基的称呼。第一、二次布匿战争是作战双方为争夺西部地中海霸权而进行的扩张战争,第三次布匿战争则是罗马以强凌弱的侵略战争。布匿战争的结果是迦太基被毁灭,罗马争得了地中海西部的霸权。——译者注

第二章

最早迁入意大利的移民

意大利的原始民族

关于最早迁入意大利的移民,我们一无所知,甚至没有传说可考。古人们普遍认为,意大利与其他地区一样,最早的居民都是原住民。至于不同种族的起源以及气候对种族多样性的影响,这些问题当然要留给博物学家去解答。从历史的观点来看,确定一国最早见于记载的居民究竟是原住民还是移民,这既不可能,也没有任何意义。但对于史学研究者来说,揭示各国人民如何陆续分化是他们义不容辞的责任,以便从尽可能久远的时代起,追溯文明的形式如何渐趋完美,以及无力发展文化或文化较落后的民族如何被文化较发达的民族所压迫。

意大利非常缺乏原始时代遗留下来的古物,在这一方面,它与其他文明地区形成了鲜明的对比。根据德意志考古学研究所得出的结论,在印度-日耳曼族还未在英格兰、法兰西、德意志北部和斯堪的纳维亚定居之前,有一个民族,也许属于蒙古人种[1],曾在这些地区居住过,或更确切地说是漫游过。他们靠打猎和捕鱼为生,用石头、陶土或骨头制造工具,并以动物的牙齿和琥珀加以装饰,但不会耕作及使用金属。同样的,在印度-日耳曼族人定居印度之前,也有一群不甚开化的黑色人种居住在那里。但是在意大利,我们不仅没有发现被驱赶民族的痕迹,如凯尔特-日耳曼人领域中的芬兰人和萨米人,以及印度山区中的黑色人种;而且迄今为止仍没有发现已经灭绝的原始人留下的任何遗物遗址,如同从德意志所谓的石器时代遗留下来的异样骸骨、聚会场所和古墓所昭示的那样。有人推测,在人类学会耕作和冶炼金属之前,就有人在意大利居住,但至今仍未发现任何证据以证实这一推测。如果人类确实曾在意大利境内进入了文化的原始阶段,即我们通常所说的野蛮状态,那么这一事实早已无迹可寻。

各个民族是构成最古老历史的要素。后来在意大利定居的民族,有些是外来移民,例如希腊人;有些是被同化的异族,例如布雷提人和萨宾地区的居民,他们都得到了历史的证实。除了这两类外,还有一些民族,他们的移民过程已不能凭史料来加以证明,而只能靠演绎和推测。并且,他们的民族性是否由于外来因素而发生了剧变，也不得而知。确定这些民族的个性是我们探究的首要目标。在此次研究中，如果我们只依靠纷繁复杂的民族名称和杂乱无章的所谓历史传说，那么我们很可能会认为这一研究毫无希望，并宣告放弃。其实这些号称史实的传说，不过是有文化的游客写的一些有用的游记，以及大量毫无价值的传闻。这些传闻通常是由不懂历史和传说的人拼凑起来的。但是，传说的另一个来源是可供我们参考的，从这一来源获得的信息虽然残缺不全，但却真实可靠，那就是自古以来居住在意大利的各民族的本土语言。这些语言随着民族的发展而发展，并已经被深深印上了发展的痕迹，以至于后来的文化没有将其完全磨灭。虽然意大利的语言为我们所熟知的只有一种，但其他几种语言遗留下来的残迹足以为我们研究各种语言和各个民族的存在，以及他们之间的亲缘关系，提供一个根据。

这样，通过语言学的研究，我们可以分清三个原始的意大利语系：雅皮吉语，伊特鲁里亚语，以及我们所谓的意大利语。意大利语又分为两大支，一支为拉丁语，另一支则是翁布里亚人、马尔西人、沃尔西人和萨莫奈人说的方言所属的语言。

雅皮吉人

关于雅皮吉人，我们知之甚少。在意大利东南端的梅萨皮亚或卡拉布里亚半岛，人们发现了大量用一种已经绝迹的特殊文字[2]刻写的铭文。毫无疑问，这是雅皮吉人使用的方言所留下的遗迹，流传下来的资料很明确地将他们与拉丁人和萨莫奈人区分开来。根据可信的陈述和种种迹象，我们得出了以下结论：这种语言是阿普利亚的本土语言，这个民族是阿普利亚的土著民族。我们如今对这一民族所掌握的资料足以证明，他们与其他意大利人有所不同，但并不足以断定他们及其语言在人类历史上应占据何种地位。铭文还没有被破解，也几乎不太可能有破解的一日。所有格的形式 aihi 和 ihi 与梵文的 asya 和希腊文的 oio 相当，说明这种方言属于印度日耳曼语族。除此之外还有其他迹象，如使用送气的辅音时，不用字母 m 和 t 作尾音，表明雅皮吉语不同于意大利语，而在某些方面与希腊方言相符。在雅皮吉铭文中出现了许多希腊神明的名字。雅皮吉人比较容易希腊化，他们在这一方面与其他意大利民族的迟疑形成了鲜明对比，这些都进一步印证了雅皮吉人与希腊人关系非常密切这一推断。在蒂迈欧时代（罗马纪元 400 年即公元前 354 年），阿普利亚仍被描述成蛮荒之地。到了罗马纪元第六世纪，虽然希腊人并未直接在这里定居，但此地已经完全希腊化了，甚至野蛮的梅萨皮亚人也在许多方面出现了类似的倾向。我们已经知道了雅皮吉人与希腊人存在一般的亲缘关系或特殊的亲密关系，但这并不足以断定雅皮吉语是一种粗俗的希腊方言。在得出更明确、更可靠的结果之前，我们的研究至少在现时必须告一段落了[3]。资料的匮乏并不是十分严重的问题，因为这个民族在我们历史的起始阶段就已经开始走向没落，我们看见的只有它的退缩和消逝。无力奋起抵抗的雅皮吉人很容易被其他民族吞并，有人假设这个民族是意大利最早的移民，或是在意大利土生土长的原住民。他们居住地的地理位置增加了这一假设的可信度，其民族性又恰好与假设相符。毋庸置疑，各民族的迁移最初都是在陆地上进行，向意大利的迁移更是如此。由于只有技艺精湛的水手才能航行至意大利的海岸，因此，希腊人在荷马时代仍然对意大利一无所知。但是，如果早期的移民曾越过亚平宁山来到这里，那么，历史学家就能像地质学家根据山峰的层次来推断其起源一样，大胆猜测南行最远的民族是意大利最早的居民，并且我们就是在意大利的东南端发现雅皮吉人的。

意大利人

我们根据可靠的传说尽可能地向前追溯，就能看到这个半岛的中部居住着两个民族，更确切地说，是同一民族的两个分支。他们在印度－日耳曼族中的地位比雅皮吉人的地位更加明确。可能将这个民族称为意大利人比较恰当，因为它承载着这个半岛的历史意义。这个民族分为两支——拉丁人和翁布里亚人，后者还包括其南部分支，即马尔西人和萨莫奈人，以及萨莫奈人在古代分出的移民。对这些民族的本土语言所作的语言学分析表明，他们所说的语言共同构成了印度日耳曼语系中的一环，并且后来到了比较晚的时期，它们仍然是一个整体。在这几种语言的发音体系中，都有特殊的摩擦音 f，它的用法与伊特鲁里亚语相同，但却与尚未开化的希腊族的语言和梵语截然不同。希腊人始终保留着送气音，伊特鲁里亚人也保留了更为刺耳的送气音。而意大利语中本来就没有这种音，于是便用这些音中的一个成分来代替，或用带声爆破辅音，或用单送气的 f 或 h。希腊人尽可能多地省掉了 s、w、j 等轻摩擦音，意大利语却几乎原封不动地将其保留了下来，且在许多情况下加以发展。意大利人和一些希腊人、伊特鲁里亚人所使用的语言中，都有重音后移的现象，从而导致了语尾遭到破坏。但在意大利人中，这一现象涉及的范围比在希腊人中要大，而比在伊特鲁里亚人中要小。翁布里亚语的语尾非常混乱，这与语言的固有本质当然并无关系，而是后来在演变过程中出现偏差所造成的结果，这种趋势也同样出现在了罗马，只是没有那么明显罢了。因此，在意大利语中，尾音的短元音通常被省略，长元音也多被省去。然而，在拉丁语中，结尾的辅音被坚持保留了下来，在萨莫奈语中则更是如此，但翁布里亚语连这种音都省略了。由此我们发现，动态在意大利语中只留下了些许痕迹，并终被加 r 构成的特殊被动语态所代替，而且大多数语态都是与词根 es 和 fu 组合而成。而希腊语的语尾更为丰富，增音的方式使其能在很大程度上省去助动词。意大利语与爱奥尼亚方言一样，都省略了双数词，但普遍保留了希腊语省去的夺格，方位格也基本保留了下来。意大利人的逻辑十分严谨，似乎并不赞同将复数的概念分为双数和多数，但他们仍非常精确地用词形变化来表示各词的关系。意大利语具有一个特征，这是在梵语中不曾出现的，那就是变动词为动名词，使动词有名词的性质，这种变化在意大利语中的体现比在其他任何语言中都更加彻底。

意大利人与希腊人的关系

这些从大量类似现象中选出的例证足以确立意大利语的独特个性,并将它与印度日耳曼语族的其他语系区分开来,同时表明,意大利语与希腊语在语言学上关系最为密切,正如意大利与希腊在地理上是亲近的邻邦一样。希腊人和意大利人是至亲兄弟,凯尔特人、德意志人和斯拉夫人则是他们的堂兄弟。意大利和希腊这两大民族早已清楚地意识到,所有意大利的语言和种族与所有希腊的语言和种族一样,在本质上都是一致的。因为我们在罗马的语言中发现了一个令人费解的古文词汇 Graius 或 Graicus,这个词是用来表示所有希腊人的。同样,在希腊语中也有类似的称呼 Ὀπικός,用来表示希腊人在早期所见到的拉丁人和萨莫奈人,但绝不会用在雅皮吉人或伊特鲁里亚人身上。

拉丁人与翁布里亚-萨莫奈人的关系

在意大利语系中,拉丁语与翁布里亚-萨莫奈方言对比明显。的确,在这三种语言中,我们只对其中两种——翁布里亚方言和萨莫奈方言或奥斯坎方言,有一定程度上的了解,而且这种了解还只是基于极其不完备和不确定的资料之上。

其余的一些方言，如马尔西语和沃尔西语，保留下来的唯有只言片语，我们根本无法据此了解它们的特征，或准确笃定地将各种方言分门别类。而还有一些语言，如萨宾语，除了作为方言特色在地方拉丁语中留下了些许痕迹之外，如今已经完全销声匿迹了。然而，综合语言和史实的具体情况来看，以上所有方言无疑都属于意大利语族中的翁布里亚－萨莫奈分支。虽然这个分支与拉丁语的关系比与希腊语的关系要亲近得多，但它与拉丁语还是存在非常明显的差异。遇到代词和其他情况时，罗马语用 q 的地方，萨莫奈语和翁布里亚语通常用 p，如用 pis 表示 quis，这正是联系密切的语言之间存在的差异。例如，p 是布列塔尼和威尔士地区的凯尔特语所特有的，而 k 是盖尔语和爱尔兰语所特有的。在拉丁语和多数北方方言中，双元音被大量省去，而在南意大利方言中，这一情况则比较少见。因此，在构词中，罗马人弱化了严格保留下来的语根元音，这种变更在同类语族中从未出现过。在这个语族中，以 a 结尾的词的所有格与希腊语一样，都是以 as 结尾，在发展成熟的罗马语里，则以 ae 结尾；以 us 结尾的词的所有格，在萨莫奈语中以 eis 结尾，在翁布里亚语中以 es 结尾，在罗马语中则以 ei 结尾；方位格越来越多地从罗马语中消失，但在其他意大利方言中却依然运用广泛；以 bus 结尾的间接格的复数形式如今只见于拉丁语。翁布里亚－萨莫奈语中以 um 结尾的不定式在罗马语中很少见，奥斯坎－翁布里亚语仿照希腊语，用 es 作词根所组成的将来时态已经差不多从拉丁语中消失了，可能已完全不见其踪迹，取而代之的是简单动词的祈愿语态或类似的 fuo（ama-bo）

构造。然而，在许多此类例子中，两种语言只有在完全成形后才会存在差异，它们在初始阶段则是一致的。因此，虽然意大利语独立于希腊语而存在，但其分支中的拉丁方言与翁布里亚－萨莫奈语的关系，有点类似于爱奥尼亚语与多利安语的关系，它与奥斯坎语、翁布里亚语和同类方言之间的差异，也可与西西里和斯巴达两地的多利安语之间的差异进行比较。

以上所有的语言现象都是历史所导致的结果，也是证明其存在的依据。这些现象使我们确定无疑地得出一个结论：在人类和语言共同的发祥地，孕育了一个种族，其中包括希腊人和意大利人的祖先；之后，意大利人从这个种族中分离出来，然后分成了东、西两个分支，再后来，东支又细分为翁布里亚人和奥斯坎人。

这些分裂到底发生于何时何地，我们当然无法从语言中找到答案；在这些巨变中，最早的一次无疑发生在意大利人的祖先越过亚平宁山进行迁移之前，至于其经过，我们不敢妄加揣测。但是，如果我们对这些民族的语言进行准确谨慎的比较，就能大致了解在民族发生分裂之时，他们的文化已经达到了何种程度，我们借此就会明白，历史的开端只不过是文明的发展而已。因为语言——尤其在其形成时期——是反映文化发展程度的真实写照和表达工具；它像档案库一样，保存着艺术和风俗发生的巨大变革；有了它的记录，关于那些毫无直接传说可考的时代，我们一定能从中找到信息和资料。

印度-日耳曼族的文化

当如今已四分五裂的印度日耳曼民族还是一个说着同种语言的统一整体时,他们已经达到了某种文化程度,并拥有与之对应的词汇。许多民族将这些词汇作为共同财产一代代地传承下去,并以此为基础,按照约定俗成的原则加以运用,进一步发展完善其结构。在这些词汇中,我们不仅发现了表示存在、动作和直觉的最简单词汇,如 sum、do、pater,它们都是对外部世界在人脑中形成印象的原始反映;还发现了一些表示文化的词语,这些词语无论从词根还是从约定俗成的形式来看都是文化的代名词,它们是印度-日耳曼族的共同财产,既不能用一致发展的原则加以解释,也不能用后来的相互借鉴进行说明。于是,我们通过固定不变的家畜名称,获得了远古时代畜牧生活发展的证据:牛在梵语中作 gâus,在拉丁语中作 bos,在希腊语中作 βοῦs;羊在梵语中作 αvis,在拉丁语中作 ovis,在希腊语中作 öis;马在梵语中作 açvas,在拉丁语中作 equus,在希腊语中作 ἵππos;鹅在梵语中作 hansas,在拉丁语中作 anser,在希腊语中作 χήν;鸭在梵语中作 âtis,在拉丁语中作 anas,在希腊语中作 νῆσσα;同样地,pecus(牲畜)、sus(猪)、porcus(野猪)、taurus(公牛)、canis(犬)都是梵语词汇。从荷马时代直至今日,人类智力所赖以发展的那个民族,早在远古时代就已经超越了文明的最低阶段,即渔猎时期,并且至少有了相对稳定的住所。另一方面,关于这一时期是否存在农业,我们还没有确凿的证据加以证明。在这一问题上,语言更偏向于持否定的观点。

拉丁语和希腊语中的谷物名称都没有出现在梵语中，只有 zea 一词除外，它在语言学上表示梵语中的 yavas，但在印度语中表示大麦，在希腊语中则表示赤小麦。与家畜名称的一致性截然不同，作物的名称具有丰富的多样性，我们必须承认，这种多样性绝对无法让我们排除存在共同的原始农业这一推测。在原始时代，植物的运送和对环境的适应性较动物更加困难；印度人的稻谷种植，希腊人和罗马人的小麦、赤小麦种植，以及德意志人和凯尔特人的黑麦、燕麦种植，都可以追溯到一种共同的原始农耕体系。然而，一种谷物在希腊语和印度语中名称相同，最多只能证明印度-日耳曼族在分裂之前，收割和食用的是生长在美索不达米亚的野生大麦和赤小麦[4]，而不能证明他们已经开始种植谷物了。虽然我们由此并没有得出任何确定的结果，但这一问题通过观察研究还是取得了进展：我们发现，许多与这个文化领域相关的重要词汇都出现在了梵语中，但其指代的都是一般意义。在印度语中，agras 泛指平地；kûrnu 表示磨碎了的东西；aritram 表示桨和船；venas 泛指令人愉悦的东西，尤其指备受青睐的饮品。这些都是非常古老的词汇，但在民族最早发生分裂之时，它们还未更确切地运用于田地（ager），运用于有待磨碎的谷物（granum），运用于像破浪的船一样在土地上开凿沟渠的工具（aratrum），运用于葡萄汁（vinum），所以它们的意义在后来被引申到不同的情况中也就不足为奇了。例如，有待磨碎的谷物和用来碾磨的磨（在哥特语中作 quairinus，在立陶宛语中作 girnôs），它们的名称都是源自梵语中的 kurnu 一词。由此我们可以推断，原始的印度-日耳曼族还不知道农业，即使知道，农业在其经济中也仅居非常次要的地位。因为，如果农业当时占据的地位与后来在希腊人和罗马人中占据的地位同等重要，那么它在语言中一定会留下更深的印记。

另外，印度－日耳曼族的房屋和茅舍建筑在以下名称中得到了证实：在梵语中作 dam（as），在拉丁语中作 *domus*，在希腊语中作 δόμος；在梵语中作 veças，在拉丁语中作 *vicus*，在希腊语中作 οἶκος；在梵语中作 dvaras，在拉丁语中作 *fores*，在希腊语中作 θύρα。而且，带桨小船的建造有小船的名称为证：在梵语中作 nâus，在拉丁语中作 *navis*，在希腊语中作 ναῦς；桨的名称，在梵语中作 aritram，在希腊语中作 ερετμός，在拉丁语中作 *remus*，tri-res-mus。用车和动物拉车运物，在梵语中作 akshas（车轴和车），在拉丁语中作 *axis*，在希腊语中作 âεωγ，âμ-αεα；在梵语中作 iugam，在拉丁语中作 *iugum*，在希腊语中作 ενγόν。表示衣物的词，在梵语中作 vastra，在拉丁语中作 *vestis*，在希腊语中作 ἰσθής；还有表示缝补和纺纱的词，在梵语中作 siov，在拉丁语中作 *suo*；在梵语中作 nah，在拉丁语中作 *neo*，在希腊语中作 νήθω，这些词在印度－日耳曼族的所有语言中都是相似的。然而，对于更高层次的技艺——织布，就不能如此断言了[5]。学会用火烹制食物和用盐调味，是印度－日耳曼族从原始时代传承下来的方法；同样，人们最早用金属制造器具或装饰品的技艺也是如此。至少在梵语中出现了铜和银，或许还有金的名称，在人类懂得提炼和使用矿石之前，这些名称是不可能出现的；梵语中的 asis 和拉丁语中的 ensis 实际上都显示了，人类在原始时代已开始使用金属武器。

我们还发现，印度－日耳曼族各国最终所赖以发展的基本观念也可追溯到这个时期，如夫妻的相对地位，氏族制度，家长的祭司制度，独特的祭司等级以及各种姓的划分的缺失，奴隶制度的合法化，每逢新月和月圆之时公开举行的审案日。另一方面，积极组建政体，解决君主与地方之间、王室贵族世袭特权与公民在法律上的绝对平等之间存在的争议，都是后来才开始的。

科学和宗教的一些要素甚至也有同源的痕迹。数字从一到一百都是相同的（在梵语中作 çatam, êkaçatam，在拉丁语中作 centum，在希腊语中作 έ-κατόν，在哥特语中作 hund）；月亮在所有语言中的名称都是由于人们靠它计时而得来的（mensis）。神的概念本身（在梵语中作 dêvas，在拉丁语中作 deus，在希腊语中作 θεός）与许多最古老的宗教和自然象征概念一样，都属于各民族继承的共同遗产。例如，人们将天奉为万物之父，将地奉为万物之母；诸神在节庆日乘坐自己的战车，沿着平坦的道路在各地巡视；认为人死后，灵魂会继续存在于世上，这些都是印度、希腊和罗马神话的基本观念。恒河上的一些神灵的名称甚至与伊利索斯河和台伯河信奉的神灵相同：希腊人的乌拉诺斯就是婆罗那[6]，他们的宙斯就是约维斯·巴特，狄斯匹特就是《吠陀经》[7] 中的朱斯庇达。近期对古印度神灵的研究，意外地使人们对希腊神话中错综复杂的形象有了一定了解。头发灰白、充满神秘色彩的复仇女神[8] 并非由希腊人创造，而是随着最古老的移民从东方传播过来的。神圣的印度猎犬萨罗摩为天神守卫着金色的群星和阳光，并替他把天牛，即滋养万物的雨云聚集起来挤奶，它还忠实地带领去世的虔诚信徒前往极乐世界。这个神灵在希腊人那里却变成了萨罗摩的儿子萨罗梅耶，也就是赫尔梅耶；那个令人费解的盗窃赫利俄斯神牛的希腊故事，毫无疑问与关于卡库斯的罗马传说有关，如今，我们可以将这个再也不会为人们所理解的传说，看作是充满幻想、意义深远的古老自然观的最后一声回响。

希腊-意大利族的文化

无论如何，确定印度－日耳曼族的文化在民族分裂之前达到了何种程度的任务，应该属于上古世界通史。而意大利史的特殊任务就是，尽可能弄清在希腊人和意大利人分道扬镳之时，希腊－意大利民族处于何种状况。这一任务并不是多余之举；借助这项研究，我们可以找到意大利文明的开端，也就是意大利史的起点。

农业

印度日耳曼人可能过着畜牧生活，只知道野生谷物。所有的迹象都表明，希腊－意大利民族当时已经掌握了种植谷物的方法，甚至懂得种植葡萄。支持这个结论的证据并不仅仅在于两个民族都掌握了农耕的技巧，因为总的来说，我们不能由于这两个民族都从事农业就断言他们同宗同源。

印度－日耳曼族的农业与中国人、阿拉米人和埃及人的农业之间存在历史联系，这是毋庸置疑的；然而这些民族要么与印度－日耳曼族毫无关系，要么就是在人类知晓农业之前就与印度－日耳曼族划清界限了。事实上，在古代比较发达的民族与在现代一样，经常会彼此交换工具和农作物；中国的编年史将中国农业的起源归功于某位帝王于某年引进五谷，这种说法至少从总体上来看，准确描述了远古文化时期存在的种种关系。两个民族有共同的农耕方式，就像有共同的字母、战车、领导阶层以及其他工具和装饰品一样，这更能证实两个民族在古代交往密切的推断，但并不能证明他们是同宗同源。而谈到希腊人和意大利人，我们对这两个民族彼此间的关系相对比较了解，有人推测意大利的农业、文字和钱币最初是由希腊人传过来的，这种说法完全是不可信的。另外，要证明两个国家的农业是否存在最密切的关系，可以看它们在农业方面是否有相同的古老用语：ager 与 ἀγρός；aro aratrum 与 ἀρόωἀ ροτρον；ligo 与 λαχἀινω 并存；hortus 与 χόρτος；hordeum 与 κριθή；milium 与 μελίνη；rapa 与 ραφανίς；malva 与 μαλάχη；vinum 与 οἶνος。同样，希腊和意大利在农业方面具备的许多共同点，也证明了这两个民族在农业上关系十分密切。例如，从刻在古阿提卡和古罗马遗迹上的犁的图案来看，其形状完全相同；两个民族选择的最古老的谷物都是粟、大麦和赤小麦；他们都习惯用镰刀割麦穗，然后将麦穗铺在光滑的打谷场上，用牲口将谷粒踩出来；最后，两个民族做饭的方式也相同：puls 与 πόλτος，pinso 与 πτίσσω，mola 与 μύλη；由于很久以后才发明出烘烤的方法,所以在罗马的祭祀中,通常用生面团或面糊,而非面包。意大利有"酒国"之称,这一名称可追溯到希腊的航海者最早到达意大利之时,这也证明了意大利在第一批希腊移民到来之前就开始种植葡萄了。因此,一定是在印度人离开各民族共同的发祥地之后,在希腊人与意大利人解除旧有关系之前,印度-日耳曼族才从畜牧生活过渡到了农耕生活,或更确切地说,是将农业与之前的畜牧业结合起来了。而且,在农业的肇始时期,希腊人与意大利人似乎不仅彼此联合成了一个整体,而且与这个大家庭的其他成员也联合了起来;以下至少是事实:最重要的农耕用语并未出现在亚洲的印度日耳曼语系中,但为罗马人、希腊人、凯尔特人、德意志人、斯拉夫人和立陶宛等民族所共有[9]。

在风俗和语言方面,各民族继承的共同遗产以及后来各自所取得的成果之间,远不能依据其细节和层次的不同来进行区分。目前几乎还未从这一角度研究过语言,对原始时代的历史研究主要不是取材于丰富的语言宝库,而是需要从浩如烟海但大部分都毫无价值的传说中去搜寻。因此,我们目前虽然只能指出,印度-日耳曼族聚居时代的文化与希腊-意大利族尚且和平共处时代的文化之间所存在的差异,但这已经足够了。将欧洲的印度日耳曼各族所共有而亚洲的印度-日耳曼族所没有的文化成就,与欧洲一些族群,如希腊-意大利族群和德意志-斯拉夫族群为了自身发展而创造的文化成就区分开来,这一任务如果真有可能完成,也只能等到语言学和历史学研究取得更大进步之后。毫无疑问,对于希腊-意大利民族和其他所有民族而言,农业成为了民族生活和人民个人生活的萌芽和核心，而且这一观念一直深植于这些人民的心中。农夫建造房屋和固定的炉灶，以取代牧人的简陋茅舍和经常移动的火炉，这在精神领域有所体现，并在女神维斯塔的身上得以理想化。维斯塔女神是唯一一位不为印度－日耳曼族所共有的神灵，她一开始就为希腊和意大利两个民族所共有。意大利民族最古老的传说之一就是该族人民从畜牧生活到农耕生活的过渡，这一转变要归功于国王意大卢斯，或者如意大利人曾经说过的，维大卢斯或维图卢斯，并巧妙地将他与最初创立意大利法制一事联系起来。除此之外还有另外一种说法：萨莫奈民族的传说将一头公牛当作他们原始聚居地的领袖，在最古老的拉丁民族的名称中，这个民族被称为"刈谷人"或"耕田夫"。所谓的罗马起始时期的传说将一个渔猎民族描述成一座城市的缔造者，这与神话并不相符。意大利与希腊的传说和信仰、法律和风俗，从始至终都与农业息息相关[10]。

不经过任何测量，即使是非常粗略的测量就进行耕种是难以想象的。与农业一样，两个民族测量土地面积和划分地界的方式也建立在同样的基础之上。奥斯坎人和翁布里亚人以一百平方英尺为一佛苏，正好与希腊人的普列特隆相同。他们划分地界的原则也是相同的。测量土地的人根据一个基点调节方位，然后先画两条线，一条自北向南，另一条自东向西，他就站在这两条线的交叉点上；接着按固定距离画几条与那两条交叉线平行的线，这样就将土地分成了若干个矩形，再把界桩立在这些矩形的四角上作为标记。伊特鲁里亚人可能也使用这种划分土地的方法，但他们并不是创始者。

我们发现罗马人、翁布里亚人和萨莫奈人都使用这种方法，在他林敦的希拉克略特人的远古记载中也出现了这一方法，这既不可能是希拉克略特人从意大利人那里借鉴的，也不可能是意大利人从希拉克略特人那里引进过来的，而是各族自古就共同拥有的。另一方面，罗马人具备一个独有的特色，他们严格实行正方形原则，即使有的地方有海岸和河流作为天然界线，他们也不会以此为界，分配土地时，最后一块也必须是正方形。

希腊与意大利经济的其他特征

希腊人与意大利人极为亲密的关系不仅体现在农业方面，在人类其他的早期活动中也有所体现。根据荷马的描述，希腊人的房屋与意大利一直保持的建筑模式相差无几。拉丁人的房屋中，最初用来居住的整个内房是其主要部分，叫做 *atrium*，也就是"黑室"的意思，摆放有家族祭坛、婚床、餐桌和灶台；这些与荷马史诗中所描述的 *megaron* 正好相同，里面也有家族祭坛、灶台和被烟熏黑了的天花板。然而，两个民族在造船方面就不尽相同了。带桨的小船为古印度－日耳曼族所共有，但发展至帆船并加以应用不太可能是希腊－意大利时期所发生的事，因为我们发现除了印度－日耳曼族共有的航海用语之外，希腊人和意大利人根本没有任何相同的航海用语。另外，意大利人在原始时代有共进午餐的习惯，神话将这一习惯的起源与农业的引进联系起来，亚里士多德则把它与克里特岛人的共餐制相比较；在用餐习惯方面，古罗马人还与克里特岛人和拉科尼亚人相同，他们是坐着吃饭，而不像这两个民族后来那样斜倚着长榻吃饭。用两块不同类的木头相互摩擦来生火的方法是各族人民通用的，但两片取火木在希腊语和意大利语中的名称是相同的，这绝非偶然："磨木"作 τρύπανον、terebra，"垫木"作 οτόρενs ισχάρα、tabula（可能是从 tendere、τίταμαι 演变而来的）。同样，两个民族的服装也基本相同，丘尼卡与希顿完全相同，托加只不过是一件比较肥大的希玛申。这两个民族在战争中所使用的武器，虽然在不断变化改进，但至少他们主要的进攻武器都是标枪和弓箭；就罗马而言，这一点明确地表现在最古老的战士名称之中[11]，而且这些武器适合于最古老的作战方式，但并不适于近距离战斗。因此，在希腊人和意大利人的语言和风俗中，所有与人类生存的物质基础有关的事物，都可以追溯到相同的基本要素；当这两个民族还是一个统一的民族时，他们就已经共同解决了世界对人类提出的最古老的问题。

意大利人与希腊人的性格差异

在精神领域，情况就另当别论了。人类面临的一个大问题就是，如何有意识地与自身、与同类、与同属一个整体的人和谐共处。这个问题的解决方法之多，不亚于古代帝国的郡县数量。人与人之间，民族与民族之间在性格上的差异都表现在这里，而不是物质方面。造成这种本质差异的原因，在希腊-意大利时代肯定还未显露，直到希腊人和意大利人分离，这种根深蒂固的精神差异才显现出来，并且其影响一直持续到现在。在意大利和希腊，家庭、国家、宗教和艺术在各自的发展过程中，特色如此鲜明，民族性如此彻底，以至于这两个民族在这些方面所依靠的共同基础犹如藤蔓爬满墙壁，几乎被完全覆盖，不为我们所见。希腊人的性格特点是：为个人牺牲全体，为城镇牺牲国家，为公民牺牲城镇；他们所追求的人生理想是善和美，但又经常安于怠惰；其政治通过加强各地区原有的地方独立性而取得了发展，但最终导致了地方政权的内部瓦解；其宗教观念最初使神灵具有人性，后来又否认神的存在；他们允许青年人赤身裸体地运动，充分伸展四肢，使其最宏伟、最可怕的思想得以自由发挥。罗马人的性格特点是：严格规定子敬父、臣敬君、人敬神；除了卓有成效的行为之外，他们别无所求，也不尊重任何东西，并敦促所有公民在其短暂的一生中无休止地劳动；男孩有责任蔽体遮羞；他们认为企图表现得与众不同的公民都绝非良民；国家是至高无上的，扩张国家领土的欲望是唯一不会遭到谴责的崇高理想。谁能想到这些对比鲜明的思想差异，溯其源头，竟然是始于最初的统一。两个民族的统一为其发展铺平了道路，并最终使其成为独立的个体。妄想完全揭开他们的面纱，实在是有些荒诞愚昧；我们只需尽力概述意大利民族的起源以及他们与古代的联系，以便为独具慧眼的读者指引思考的方向，而不是将自己的判断强加给读者。

家族与国家

在希腊和意大利，国内所有可以被称作家长制的要素都建立在同样的基础之上。其中主要包括社会生活中道德上和礼仪尊卑上的安排[12]，即丈夫必须遵守一夫一妻制，妻子如不恪守妇道则会受到重罚，母亲享有很高的家庭地位，以彰显男女平等和婚姻神圣。另一方面，不顾人类与生俱来的自然权利而粗暴地扩展夫权，尤其是父权的现象在希腊从未出现，它是意大利所特有的；道德上的服从唯独在意大利转变成了合法的奴隶制。同样，罗马人无情地坚持着一个原则，即完全剥夺奴隶的合法权利，这一原则涉及了奴隶制的本质，罗马人还把奴隶制造成的一切后果加以发挥；然而在希腊，减少奴隶制残酷性的措施早已在实践和立法中得到了实施，例如承认奴隶婚姻的合法性。

家族是氏族的基础，氏族即同一祖先繁衍的子孙后代的共同体；在希腊和意大利，国家产生于氏族。但由于希腊政治的发展十分薄弱，氏族在很长时期以来，一直拥有与国家政权相对立的民社势力；意大利的政权在诞生之初就已经非常完备，因此在国家权威面前，氏族完全失去了作用，国家是公民的集合，而不是氏族的集合。相反地，希腊人在氏族面前获得的精神独立和个人发展自由，相较于罗马要更早且更为彻底，这一事实十分明显地体现在希腊和罗马的人名上，两族的人名起初非常相似，后来却渐渐相差甚远。在希腊较早期的人名中，氏族的姓氏通常是以形容词的形式加在个人的名字之后；而与此相反，罗马的学者发现他们的祖先最初只有一个名字，就是后来的个人名字。虽然在希腊，作形容词用的氏族姓氏早就消失了，但后来在罗马和意大利，氏族的姓氏成为了人名的主要部分，个人的名字却成为了它的附属。与希腊人丰富而饶有诗意的名字相比较，意大利人尤其是罗马人的个人名字却毫无意义且数量在不断减少，这种现象似乎表明，后者的特点是将所有人民的个性都泯灭了，而前者的特点是促进个性的自由发展。我们可以设想，在希腊－意大利时代，家族共同体在族长的领导下联合在一起，这可能与后来意大利和希腊的政体大不相同，但一定已经包含了两个民族未来法律的萌芽。在亚里士多德时期仍然实施的"意大卢斯王的法制"可以说明，这两个民族的制度大致相同。这些立法必定包括共同体内部秩序的维持和司法的执行，应对外敌的军事组织和军事管制，族长的统治，元老会议，征召善战的自由公民以及某种宪法。审判、赎罪、报复都是希腊－意大利时期的概念。严苛的债务法规定，债务人要以其人身对自己所欠的债务负责，这是意大利人和诸如塔兰托的希拉克略特人都要遵守的法律。罗马宪法的基本思想——国王、元老院[13]以及仅有权批准或驳回国王、元老院提案的全民大会——都没有像亚里士多德在论述克里特古代宪法一文中那样表达得如此透彻。几个之前独立存在的民族在政治上友好交往甚至是合并为较大联盟的萌芽，同样是两个民族所共有的。对于希腊和意大利政治的相同基础，应该引起更大重视，因为它没有蔓延到其他印度日耳曼各族；例如，德意志的地方组织绝不像希腊和罗马那样始于选举君主政体。但在意大利和希腊，建立在这个共同基础之上的政体到底有多大区别，两个民族政治发展的全过程又如何完全为各自所独有[14]，这些在下文将会予以说明。

宗教

　　宗教方面也是如此。意大利和希腊一样，蕴藏于同一象征与寓言宝库中的自然观是民众信仰的共同基础；因此罗马与希腊的神鬼和精神世界大致相似，这将在后来的发展阶段中变得非常重要。在许多特有的概念中，在之前提及的宙斯－狄奥维斯和赫斯提亚－维斯塔的形象中，在神殿的概念中，以及在各种祭祀和庆典中，可以看出两个民族的敬神方式一致，这绝非偶然。然而，在希腊和在意大利一样，敬神的方式采取的是一种极具民族性且非常独特的形式，以至于保存下来的极少数古代共同遗产至今仍然依稀可辨，其中大部分还被人们所误解或根本无法理解。情况也只能是如此，因为正如两个民族本身存在的巨大差异，这种差异在希腊－意大利时期并未得到发展，但在民族分裂后却明显地开始发展演进，因此在他们的宗教观念里，概念和形象也发生了分歧，而在那之前，它们在精神世界中都是一体的。当云朵从空中飘过时，地里的农夫会将这一现象解释为是诸神的猎犬在把一群受惊的母牛赶到一起。希腊人忘了，母牛其实就是云朵，但却将仅仅为了某个目的而设想出来的诸神猎狗之子，变成了随时听候诸神差遣的机灵使者。当雷声响彻山谷时，他仿佛看见宙斯在奥林匹斯山上挥舞着雷神之锤；当蔚蓝的天空再次放晴时,他似乎注视着宙斯之女雅典娜明亮的眼睛;他自己创造的形象对其造成的影响非常之深,以至于他很快便把它们都看作了被自然之力的光辉所笼罩和照耀的人类,并根据美的规律随意地对它们进行塑造和改进。意大利民族用另一种方式表达了深植于自己心中的宗教观念,这种表达方式也同样十分强烈,他们坚守概念,且不能忍受任何形象来掩盖概念。希腊人献祭时会抬头望天,而罗马人却用纱布盖头,因为前者的祈祷是瞻仰,后者的祈祷是沉思。在整个自然界中,他崇拜的是精神的普遍存在。灵魂存在于世间万物,不管是人类、树木、国家还是仓廪,从其诞生到其灭亡,灵魂始终都伴随着它们而存在,成为自然现象在精神领域的反映。男子有阳性的保护神"天才",女子有阴性的保护神朱诺,疆界有界神,森林有林神,周而复始的年岁有岁神,依此类推,万物皆有其主宰。在行动和办事时,每个步骤都被神化了。例如,在为农夫祈祷时被召唤的神灵有休耕神、犁田神、犁沟神、播种神、覆土神、耙掘神,以至收运神、贮藏神及开仓神等。同样,结婚、生育和其他所有自然事件都被赋予了神圣的生命。抽象概念所包含的范围越大,神灵的地位就越高,人类对神也愈加敬畏。朱庇特和朱诺代表抽象的男性和女性;狄安娜或克瑞斯代表创造力;密涅瓦代表记忆力;玻娜女神或萨莫奈人的居普罗女神代表仁慈。对于希腊人来说,一切事物都有具体的形态,而罗马人却只能运用清晰明了的抽象规则;希腊人在极大程度上抛弃了原始时代的神话宝库,因为这些神话将概念表达得太明显了;罗马人保留下来的神话则更少,因为神圣的概念即使被蒙上最薄的寓言之纱,他们都觉得过于隐晦了。在罗马人当中，就连最古老、最普遍的神话都已经无迹可寻，如在印度人、希腊人，甚至是闪米特人中颇为流行的关于从洪水中幸存下来的人类共同祖先的故事，在罗马人中已经找不到任何踪迹。罗马人尊崇的神灵不像希腊人的那样可以结婚生子，它们不能隐形匿迹于凡人之中，也不需要琼浆玉液。但是，它们的灵性——对于理解力不强的人来说虽然平淡无奇——对人类的思想却具有很大的影响力，其影响力可能超过了希腊人依据人类形象创造出的神灵；历史虽未对此进行说明，但罗马人表示信仰的Religio一词可以为证，意为"约束"，这个词和类似的概念都是希腊所没有的。正如印度和伊朗虽拥有相同的文化遗产，但前者发展出了丰富多彩、形式多样的神圣史诗，而后者却发展出玄妙的波斯古经《阿维斯塔》[15]；因此，希腊神话以人为主，罗马神话以概念为主，前者重自由，后者重必然。

艺术

最后，适用于真实生活的事物，也同样适用于玩笑和游戏所捏造的生活，无处不在的玩笑和游戏，尤其是生活非常丰富而又朴素的远古时代的玩笑和游戏，并不排斥庄重的成分，只是进行掩饰而已。在拉丁姆和希腊，最简单的艺术元素是完全相同的：威严的战士舞蹈；"跳跃"；"饱食者"的化装舞会。他们披着绵羊皮和山羊皮，以玩乐的方式作为节庆日的结束；最后是笛子用合适的旋律来为肃穆或欢乐的舞蹈伴奏和调节气氛。希腊和意大利之间极为亲密的关系大概在这一方面表现得最为明显，但两个民族在发展过程中，从未在其他方面出现如此大的分歧。拉丁姆的青年教育仅仅局限于非常有限的家庭教育；然而在希腊，人们渴望形式多样而又能协调地锻炼身心的教育方式，于是创造出了体操运动和教育学这两门学科，国家和个人对此十分重视，并将之视为最高福祉。艺术发展欠缺的拉丁姆几乎处于未开化民族的水平；希腊却飞速地从其宗教概念中发展出了神话以及尊崇的神灵，并从这些事物中开拓出一个诗歌与雕刻的奇妙世界，历史中再未出现过类似的奇妙世界。在拉丁姆，对于公共和私人生活而言，除了智慧、财富和权势之外，没有任何东西能对其产生影响；只有希腊人才会去感受那令人愉悦的美的魅力，以似有情欲又似有理想的热忱去侍候娈童情侣，高唱神圣的战歌以重振颓丧的士气。

古文明在这两个民族中都达到了顶峰。两个民族虽属同宗，但发展却大相径庭。希腊人胜于意大利人的地方是更能为人们所普遍了解，并且其光辉更为明亮灿烂；但是，意大利人深知每一个个体都是整体的一部分，具备为了公共利益牺牲自己的献身精神，对自己尊崇的神灵笃信不疑，这些都是意大利民族丰富的珍宝。两个民族都获得了片面的发展，各自得以完成其发展历程；因雅典人不知道如何像法比氏和瓦勒里氏那样建国而去责备雅典人，或者因罗马人不会像菲狄亚斯[16]那样精于雕刻和像阿里斯托芬[17]那样善于作诗而去责备罗马人，这都是狭隘之见。事实上，正是由于希腊人具备独特的优良品质，所以如果他们不同时将自己的政体改为专制政体，就不可能从民族统一发展至政治统一。美的理想世界对于希腊人来说是至关重要的，并在一定程度上补偿了他们在现实世界中所缺乏的东西。希腊各地出现的民族统一倾向都不是直接建立在政治因素的基础之上，而是建立在竞技与艺术之上：奥林匹亚的竞技比赛、荷马的诗歌和欧里庇得斯的悲剧是使希腊人团结起来的唯一纽带。另一方面，意大利人为了自由毅然放弃个人的意愿，并学会听从父命，这样才会知道如何服从国家。在服从的过程中，个人发展可能会受到阻碍，最美好的人性之花的幼苗可能会夭折，但意大利人从中获得了强烈的爱国情感，这种情感是希腊人从未有过的。而且，在古代所有的文明民族之中，只有意大利人在自治的基础上建立了政体并实现了民族统一。意大利统一后，不仅把四分五裂的希腊民族的统治权，而且把全世界的统治权都最终掌握在了意大利人的手中。

注释

[1] 蒙古人种，是历史上人类分类学说里的一种人种，一般以多地起源说为基础。由于科技和社会的发展，人类学界已放弃了必须为人类分类的观念。人种特性现多被认为具有连续性。蒙古人种主要分布于东亚、中亚和东南亚，以及美洲与大洋洲。——译者注

[2] 我们可由一些墓志铭来推知它的发音，例如 θeotoras artahiaihi benn-arrihino 和 dazihonas platorrihi bollihi。

[3] 有人假定雅皮吉语与现代阿尔巴尼亚语有着密切的联系，但是比较语

言所依据的论点无论如何都是不够的，且对于如此重要的事实更是绝对不够的。如果这种密切联系能够得到证实，并且由于阿尔巴尼亚人也属于印度－日耳曼族，与希腊人和意大利人同辈，希腊半开化民族的遗迹遍布整个希腊，尤其是北部各省。因此，如果从另一方面来说，阿尔巴尼亚人是希腊半开化民族的残余，那么，我们就可以证明先于希腊人的民族就是先于意大利人的民族。但我们目前仍不能据此推断雅皮吉人曾渡亚得里亚海迁移至意大利。

[4] 大麦、小麦和赤小麦都野生于幼发拉底河右岸的阿那哈西北部（阿尔丰斯·德·康多，《植物地理学》卷二，934页）。巴比伦历史学家贝罗苏斯也提到过，大麦和小麦都野生于美索不达米亚。

[5] 如果说拉丁语中的 *vieo*、*vimen* 与德语中的 weave 及其他与之相近的词来源相同，那么，当希腊人与意大利人分离时，该词必定仍有一般的"编织"之意。这一含义直到后来可能在互不相属的地区才转变成"织"的含义。亚麻的种植虽然由来已久，但还不能上溯到这一时期，因为印第安人虽然熟知亚麻种植，但直到现在仍只用它来做亚麻油。意大利人知道大麻可能比知道亚麻更晚，至少 cannabis 一词看起来很像是一个以后借来的词。

[6] 婆罗那，印度教吠陀时代神话中的神灵，象征神权。他是天界的统治者。维持宇宙法则和道德律法，领导众阿底提耶行使这种职权。——译者注

[7] 《吠陀经》是印度教的著名经典。在印度传统中，有关宇宙的神秘知识称为吠陀（韦达），意思相当于知识、知道、智慧、智力、思想和看到真理的人。印度那些记述了吠陀知识精华的圣书，都称为《吠陀经》。《吠陀经》中包含了戏剧、历史、深奥的哲学，以及有关礼仪的简单课程、军事礼节的介绍和乐器的用法。——译者注

[8] 复仇女神，又名厄里倪厄斯（字面意思为"愤怒"），是希腊神话中的复仇女神。在古典时代的阿提卡地区，人们举行祭祀仪式时从不直接提到这些女神的名字，而使用其别名欧墨尼得斯（意为"善良"）。在罗马神话中，厄里倪厄斯的对应者是孚里埃（意为"愤怒"）。——译者注

[9] 因此，aro、aratrum 又见于古德意志语的 aran（犁耕，方言作 eren）、erida，斯拉夫语的 orati、oradlo，立陶宛语的 arti、arimnas，凯尔特语的 ar、aradar。所以，拉丁语中的 *ligo* 相当于德语中的 rechen，拉丁语中的 *hortus* 相当于德语中的 garten，拉丁语中的 *mola* 相当于德语中的 mühle、斯拉夫语中的 mlyn、立陶宛语中的 malunas、凯尔特语中的 malin。在这些事实面前，我们不能断定，居

住在希腊各地区的希腊人单单以畜牧为生。在希腊和意大利,人们都以牲畜的数量,而非土地的大小作为衡量一切私有财产的基础和标准。这并不是因为农业引进得比较晚,而是由于农业最初实行的是土地公有制。当然,在希腊人与意大利人分离之前,任何地方都不存在纯粹的农业经济,而是畜牧业与农业相结合(孰多孰少因地而异),其范围比后来要广阔得多。

[10] 在这一方面,最具重要意义的莫过于在最古文化时期,农业与婚姻及城市的建立都有密切的联系。所以,在意大利,与婚姻有直接关系的神是凯雷斯和泰卢斯,在希腊是得墨忒尔。古希腊的套语中称得子为"收获"。的确,罗马最古老的婚礼形式"献麦饼",其名称和仪式都来源于谷物的种植。在建立城市时使用犁,这是众所周知的。

[11] 在双方最古老的武器名称中,几乎都没有肯定地显示出其相互联系,虽然意大利语中的 lancea 毫无疑问与 logchei 相关,但该词在罗马语中出现得较晚,可能是从意大利语或西班牙语中借用过来的。

[12] 甚至在细节上也表现出这种一致性,如合法婚姻被称为"为生育合法子女而缔结的婚姻"。

[13] 罗马元老院是一个审议的团体,它在罗马共和国与罗马帝国的政府中扮演着极其重要的角色。元老院运作,像百人会议与部族会议,但有别于平民会议,是受到宗教约束的。它只能在献祭的神殿开会,通常在霍斯提里乌斯会所(新年第一天的庆典,是在邱比德神殿,战争会议则在柏洛娜神殿召开),之后会议只能在祈祷礼、献祭、占卜举行之后进行。元老院每天只能在日出与日落之间开会,而且不能在其他会议进行时开会。——译者注

[14] 我们当然不能忘记,在任何地方,相似的既有条件往往导致相似的制度。例如,罗马的平民阶级是在罗马国家的内部成长起来的,这一点毋庸置疑。然而,他们发现无论何处,只要有居民团与市民团同时发展起来,就会有与罗马相似的制度。当然,机遇对此也起到了促进作用。

[15] 《阿维斯塔》文献现包括用帕拉维文撰写的诗歌文集《阿维斯塔》和其他一些宗教典籍,它是波斯最古老的诗歌文集,也是波斯神话传说最集中的作品。该书内容广泛,涉及历史、政治、宗教、文学,特别是有关神话传说的内容丰富,只因许多散失,现神话传说的作品主要保存在《亚什特》全部和《万迪达德》的一部分中。——译者注

[16] 菲狄亚斯被公认为最伟大的古典雕刻家。雅典人,其著名作品为世界七大奇迹之一的宙斯巨像和帕特农神殿的雅典娜巨像。——译者注

[17] 阿里斯托芬(约公元前446—前385年),古希腊早期喜剧代表作家,雅典公民,生于阿提卡的库达特奈昂,一生大部分时间在雅典度过,

同哲学家苏格拉底、柏拉图有交往。相传写有四十四部喜剧,现存《阿卡奈人》《骑士》《和平》《鸟》《蛙》等十一部。有"喜剧之父"之称。——译者注

第三章

拉丁人的定居

印度-日耳曼族的迁移

印度-日耳曼族的故乡坐落在中亚的西部,一部分从这里向东南方延伸至印度以外,一部分向西北方延伸至欧洲以外。要更精准地确定印度-日耳曼族的原始居住地是十分困难的,但至少可以肯定的是,这个地点一定在内陆,远离海洋,因为亚洲和欧洲的印度-日耳曼族都没有出现过海洋的名称。许多迹象表明这一地点位于幼发拉底河一带,因此,令人感到不可思议的是,两个最重要的文明民族——印度-

日耳曼族和阿拉米族的原始居住地几乎在同一个地方。这种情况证实了这两个民族最初关系密切的假设，但即使他们的关系确实曾如此密切，也必定发生在有迹可寻的文化发展和语言发展之前。我们无法更精准地确定他们的原始发祥地，也无法跟随各民族迁移的脚步。欧洲的印度-日耳曼族在与印度人分开后，可能在波斯和亚美尼亚停留过很长一段时间，因为从种种表象来看，这个地区是农业和葡萄种植业的发源地。大麦、赤小麦和小麦都是美索不达米亚平原的本土作物，葡萄原产于高加索山脉和里海以南，李子、胡桃和其他易于移植的果树也都是当地的土产。值得注意的是，在欧洲的大多数民族中，如拉丁人、凯尔特人、德意志人和斯拉夫人，海洋的名称是一致的；因此，他们一定在分裂之前曾一起抵达黑海或里海的沿岸地区。意大利人从这些地区出发经哪条路线到达了阿尔卑斯山脉？当他们与希腊人还是一个整体时，曾在何处定居？要想解答这些问题，必须先弄清希腊人是经哪条路线到达希腊的，到底是从小亚细亚出发，还是从多瑙河流域出发？不管怎样，可以确定的是，意大利人像印度人一样从北方迁移到了他们的半岛。

翁布里亚-萨贝利族从北向南沿着意大利的中部山脊前进，这次迁移留下的痕迹依然清晰可见；的确，迁移的最后几个阶段完全属于有史可考的时期。关于拉丁人迁移的路线，我们知之甚少。他们大概朝同样的方向沿着西海岸前进，而且极可能早在萨贝利族开始迁移之前就已经出发了。河流淹没低地后，才涌上高坡，我们只有假设拉丁人早已在海岸上定居，这样才能解释为什么萨贝利人会甘心定居在崎岖的山区，后来他们才移出山区，只要有机会，就挤进拉丁各族的聚居之地。

拉丁族在意大利的扩张

众所周知，一支拉丁族定居在台伯河左岸至沃尔斯克山的乡村地带，但最初迁移至此时，人们似乎完全忽视了沃尔斯克山地，因为当时拉丁姆和坎帕尼亚的平原还可容人居住。根据沃尔西人的铭文来看，后来占领这里的民族与萨贝利人的关系比与拉丁人的关系更加亲密。另一方面，拉丁人可能在希腊人和萨莫奈人迁入之前就已经定居于坎帕尼亚，因为意大利的名词 Novla 或 Nola（新城），Campani Capua，Volturnus（该词源于 volvere，如 Iuturna 源于 iuvare），Opsci（农夫），这些词汇的出现早于萨莫奈人的入侵。这表明希腊人在建立库迈时，占领坎帕尼亚的欧松人就是一支意大利族，也可能是一支拉丁族。后来被卢卡尼亚人和布雷提人占领地区的原始居民，即意大利人（雄牛国的居民），据最杰出的观察家看来应属于意大利族，而不是雅皮吉族；我们可以将他们归入拉丁族，虽然这些地区在意大利政治发展开始之前就已经希腊化了，但由于后来萨莫奈人蜂拥而至，因此这里古代民族的活动痕迹早已荡然无存。非常古老的传说将同样绝种的西库尔人与罗马联系起来。例如，意大利第一位史学家——叙拉古的安提奥库斯告诉我们，一位名叫悉开洛的男子从罗马逃亡至意大利（即布雷提半岛），投奔国王摩格斯。

这位史学家认为，西库尔人（在修昔底德时期，意大利仍有西库尔人）与拉丁人同种，所以就以此作为叙述的依据。西西里岛希腊语中某些方言词汇与拉丁语非常接近，这可能是由于罗马人与西西里岛的希腊人在古代曾有贸易上的往来，而不是因为西库尔人和罗马人的语言自古以来就相同。然而种种迹象表明，在原始时期，不仅是拉丁姆，就连坎帕尼亚和卢卡尼亚地区、塔兰托湾和劳斯湾之间的意大利以及西西里岛的东半部，可能都居住着拉丁族的各个分支。

这些拉丁族各支的命运截然不同。那些定居在西西里岛、大希腊和坎帕尼亚的居民无法抵抗希腊人的文明，于是开始与希腊人接触交往，因此，他们要么像在西西里岛那样完全希腊化了，要么变得不堪一击，以至于后来在面对新势力萨宾部落时，还未作出明显抵抗就举手投降了。所以，西库尔人、意大利人、摩格特人和欧松人在这个半岛的历史上从未起过积极作用。然而在拉丁姆情况却有所不同，我们在那里没有发现希腊的殖民地，而且那里的居民经过艰苦卓绝的斗争，战胜了萨宾人和北方相邻的部落，得以保住他们的领地。让我们将目光投向这个地区，它注定会大大影响古代世界的命运，其影响力是其他地区所不能比拟的。

拉丁姆

在原始时代，自然界最伟大的冲突与碰撞在拉丁姆平原上演，缓缓流过的河水和不时喷发的大火山把土地层层堆叠，这片土地将决定世界的霸权掌握在谁的手中。拉丁姆的东部耸立着萨宾山和埃基山,这两座山都属于亚平宁山脉;南部是高达四千英尺的沃尔斯克山,它与亚平宁山的主脉之间隔着赫尔尼基人的故土萨科(即利里斯河支流特累鲁河)高原,沃尔斯克山向西一直延伸到特拉西那岬;西部临海,沿岸有少数无关紧要的海港;北部渐次融入伊特鲁里亚广阔的丘陵地带。这片壮丽的平原被包围其中,从翁布里亚山区流出的有"山溪"之称的台伯河,以及发源于萨宾山区的阿涅内河贯穿其间。小山丘像一座座岛屿分布于平原之上,有些是陡峭的石灰岩,如东北部的索拉克特山,西南部的基尔刻岬,同样还有罗马附近较低矮的贾尼科洛山;还有的是高耸的火山,已经熄灭的火山口成为了湖泊,许多至今仍然存在;其中最重要的是阿尔巴山,这座山四面广阔无垠,屹立于沃尔斯克山脉和台伯河之间。

在这里定居的民族就是我们通常所说的拉丁人,后来为了将他们与拉丁姆境外的拉丁民社分开来,又称之为古拉丁人。然而他们所占领的拉丁姆地区,只是意大利中部平原的一小部分。台伯河以北的所有地区在拉丁人看来都是外国,甚至是充满敌意的,他们与那些地区的居民不可能结成长久的联盟,也不可能共建和平,而且双方的休战似乎总是只能维持相当短的时间。台伯河自古便是北方的疆界,关于这道如此重要的界线是在哪一时期、何种情况下建立的,在历史上或比较可靠的传说中都没有留下任何痕迹。我们发现在历史的肇始时期,阿尔巴山以南的平坦沼泽地带是归翁布里亚－萨贝利族的鲁图尔人和沃尔西人所有;阿尔代亚和维利特莱不再属于拉丁的原始城镇。拉丁姆只占这片地区的中间一部分，周围是台伯河、亚平宁山支脉、阿尔巴山和海洋，面积约七百平方英里，略大于现在的苏黎世州。在卡沃峰上极目远眺，它是一片"平原[1]"。虽然这个地区是平原，但并非一马平川。除了部分因台伯河冲积而形成的海滩外，这片平原到处都是石灰岩山丘，海拔不高，但通常十分陡峭，还有一些深壑横亘其中。丘壑交错的地形在冬季形成了许多水潭；夏季，随着温度的升高，潭内一些腐烂的有机物散发出恶臭，产生有害的瘴气，这种气体在古代使当地的居民感染疾病，直至今日依然威胁着人们的健康。罗马共和国的最后一个世纪，在教皇的错误领导下，农业发展受到了忽视，认为瘴气的产生最初是因农业凋敝而导致的想法是错误的。其成因更主要的是由于积水无法自然排放，它所带来的影响从几千年前一直持续到现在。但大范围耕作确实能在一定程度上消除瘴气，虽然我们对这一做法的依据还未能作出充分解释，但一部分原因是，在地表进行耕作能加快积水的蒸发速度。在拉丁姆平原以及锡巴里斯和梅塔蓬托的低地地区，有一种现象让我们一直觉得不可思议：这些地区现在根本没有健康人口存在，旅客连一个晚上都不愿意逗留，可当时这里的农业人口却十分密集。我们必须牢记，处于较低文明阶段的人，一般能很快察觉到自然界的需求，并且能迅速作出反应来满足自然的要求；或许他们的身体素质比较灵活，更容易适应自己的居住环境。在撒丁岛，农业现今仍在完全相似的自然条件下进行；引发疫疾的瘴气仍然存在，但农民在穿衣、饮食和劳作时间的选择上格外谨慎，因此避免了瘴气的感染。

事实上，避免瘴气感染最有效的办法就是披着动物的皮毛，并燃起烈火；这就能解释为什么罗马的农民出门总是穿着厚厚的毛织衣服，而且从来不让自己的炉火熄灭。在其他方面，这个地区对移居的农民一定很具吸引力：这里的土壤用锄头和耙很容易耕作，即使不施肥也能生产，但是以意大利的标准来看，这种土地的产量并不高，小麦平均可以种一收五[2]；好的水源并不丰富，因此，居民们非常重视每一汪清泉，将之视为神圣。

拉丁人的殖民地

在后来因拉丁人而得名的地区里，关于他们是以何种模式生活的，历史记载中已无任何说明，我们几乎只能靠推论来进行揣测。然而，这样也许能得到一些信息，或至少可以作出具有一定可能性的推测。

氏族村落

远古时期，罗马的领土被划分成了许多个氏族村落，它们后来便形成了最早的"乡区"。我们从传说中得知，克劳狄区起源于阿涅内河畔的克劳狄亚氏族的定居地；最早划分的其他地区的起源也是如此，这从它们的名称来看就能断定。这些地区不像那些后来新增的地区以聚居地来命名，而是无一例外地以氏族名称命名；那些用自己的名称为最初罗马境内的各乡区命名的氏族，只要还未完全灭绝（像迦米利氏、伽勒里氏、勒蒙尼氏、波利氏、普庇尼氏、沃尔提尼氏那样），都是罗马最古老的贵族，如埃米利氏、科尔涅利氏、法比氏、贺拉提氏、梅涅尼氏、帕比里氏、罗密利氏、塞尔吉氏、沃图利氏。值得注意的是，这些氏族没有一个是在后来才定居于罗马的。每一个意大利地区，当然还有每一个希腊地区，肯定像罗马的地区一样，根据地理位置和氏族被划分成了许多个集体；这样的氏族聚居地就是希腊人所谓的"家"，他们的村落和邻里通常就是来源于这个"家"，就像罗马的部落一样。同样，意大利语中相应的名称"家"或"区"也表示氏族的聚居地，而且后来转化成了日常用语中所指的小村庄或村落，这一转化并不难理解。就像每家每户都有属于自己的土地一样，每个氏族或村落也有属于自己的氏族土地，这种土地一直到相当晚的时期依然存在，按家族共管土地的方式，也就是土地共有制来进行管理。氏族家族是否在拉丁姆本土发展为氏族村落，或拉丁人是否在迁入拉丁姆时就已经联结成了氏族，这些问题我们无法回答，我们也同样无法确定这样一种组织所要求的集体经济采取的是何种形式[3]，除了同宗的世系之外，氏族在多大程度上收容或结合了与它没有血统关系的外人。

政区

然而，这些氏族从一开始就没有被视为独立的群体，而是被当作政区的组成部分。这个政区最初是一些同种族、同语言和同风俗的氏族村落的集合体，共同遵守法律，互相给予法律援助，并携手抵御侵略及加强防守。这样的一个区就像一个氏族一样，因此非常有必要设立一个固定的地方中心；但是，由于氏族的各个成员，或者说是政区的成员都住在各自的村落里，所以政区的中心不可能是狭义的聚居地——城镇，而只是一个共同的集会场所。那里有法庭和神庙，政区的居民们每隔八天都会来此交流和娱乐，如遇战事，这个集会场所就是他们及其牲口的避难所，使他们免受入侵者的伤害，人们在那里比在村落里要安全得多；一般情况下，集会场所完全无人或鲜少有人居住。古代同一种类的避难所极为相似，如今在瑞士东部高地的几座山峰上依然能够看到它们。在意大利，这种地方被称为"高冈"，或"要塞"；它最初并不是一个城镇，但随着房屋自然地集聚在要塞周围，后来又有围墙将它环绕，它便成为了城镇的核心地区。要塞与城镇明显的不同之处在于大门的数量，要塞的门尽可能少，城镇的门却尽可能多，前者通常只有一道门，而后者至少有三道门。这些要塞是政区体制的基础，该体制在城镇形成以前就已经在意大利盛行了。意大利有些省份直到后来才达到城镇聚居的阶段，有些至今仍未完全达到，比如马尔西人的居住地和阿布鲁齐的小政区，在这些省份，古代政区体制的本质在某种程度上还清晰可辨。埃魁库利人即使到了罗马帝国时期仍不在城镇居住，而是住在无数个完全开放的村落里，那里有许多古老的团城，这些"荒城"和庙宇令罗马以及现代的考古学家感到惊讶不已，因为他们没想到居然能在那里发现人类的居住地。罗马的考古学家认为那里曾居住着原始居民，现代的考古学家却认为那里曾居住着佩拉斯吉人。如果不把这些建筑看作是围墙四立的城镇，而将其看作是该区居民的避难所，那么我们一定会更加接近事实，这样的避难所在古代肯定遍布整个意大利，只是建筑风格没有那么具有艺术性。当各族完成了向城市生活的过渡时，人们自然会用石墙将他们的城镇围住，那些仍然居住在完全开放的村落的居民也会用石墙来代替要塞的土墙和栅栏。在全国进入和平状态以后，人们不再需要这样的堡垒，于是这些避难所就废弃了，不久便成为了后代们的一个谜团。

最古老政区的所在地

这些政区有许多要塞作为其中心，且包括一些氏族在内，它们在意大利史的起始时期形成了原始的政治单位。至于这样的政区于何时在拉丁姆形成，以及占据多大的范围，我们无法得到确切的答案，这一问题也并不具备特殊的历史价值。与世隔绝的阿尔巴山是拉丁姆的天然屏障，为移居者提供了最洁净的空气、最清澈的河水和最安全的住所，新移民当然首先就要占领这个地方。

阿尔巴山

在帕拉佐拉上方的狭窄高地上，阿尔巴城从阿尔巴湖（即卡斯台洛湖）延伸至阿尔巴山（即卡沃峰），它通常被认为是拉丁族的原始居住地，也是罗马和古拉丁其他所有群体的母城；在这座山坡上，还坐落着拉丁远古的政区中心拉努维乌姆、阿里齐亚和图斯库隆。人们在这里发现了一些远古的建筑物。这些建筑物通常标志着文明的发端，并像站在那里的目击者一样，向后世证明帕拉斯·雅典娜现身时确实已经长大。在阿尔巴下方，往帕拉佐拉的方向到处都是悬崖峭壁，卡沃山山势险峻，从南边难以到达，从北边也同样不易接近，只有东、西边有两个狭窄的隘口可以自由进出，因此这里易守难攻。最重要的是一条地下大隧道，其深度达一人之高，它贯穿六千英尺厚的坚固火山岩壁，使阿尔巴山旧火山口所形成湖泊里的水得以排泄，降到了现在的水位，并且山上有了一大片可供耕种的土地。

萨宾山的余脉诸峰是拉丁平原的天然屏障，那里的政区要塞后来成为了大城市提布尔和普雷内斯特。在阿尔巴山、萨宾山和台伯河之间的平原上，还有拉比奇、伽比和诺门图姆；台伯河上的罗马以及海岸上的劳伦图姆和拉维尼姆，都或多或少地成为了拉丁族的移民中心，至于其他那些不太著名，甚至有些几乎已经被遗忘的地区，在此就不必赘述了。

拉丁族联盟

原始时期，上述这些政区在政治上都拥有各自的主权，且由其亲王统治，元老会和战士会议加以辅佐。然而，源于同一血统和同种语言的民族情感不仅普遍存在于所有人心中，而且还表现在重要的宗教和政治制度，即所有拉丁族政区的永久联盟之中。最初，根据意大利人和希腊人的惯例，最高领导权归联盟中集会所在的政区所有；阿尔巴区一般被认为是拉丁所有政区中最古老和最尊贵的，因此拥有了最高领导权。有权参加这个联盟的州郡起初有三十个，我们发现在希腊和意大利，组成一个共同体的成员数通常都是三十个。哪些政区是最初的三十个古拉丁民社之一，或者当提及阿尔巴的首府权利时，哪些政区是阿尔巴三十个殖民地之一，对此历史上没有记载，我们也无从考证。与派欧尼亚人和爱奥尼亚人在希腊类似的联盟中举行集会一样，这个联盟会举行"拉丁节"，地点在"阿尔巴山"，日期每年由最高首领指定，这一天，全族会杀一头公牛供奉"拉丁神"。所有参加典礼的民社都必须交纳规定数量的牲口、牛奶和乳酪作为祭品，并得到一块献祭的烤肉。这些习俗沿袭了很长时间，尽人皆知。关于这种联系在法律上比较重要的影响，我们只能加以揣测。

自远古时代以来，与阿尔巴山上举行的宗教庆典相关的，还有一些民社代表在附近的拉丁司法机构所在地举行的集会，位于菲伦提那河源处（马里诺附近）。实在难以想象，这样一个联盟在不具备某种管理权和适用于整个地区的法律体系的情况下，居然能够保存下来。据可信的传说记载，联盟对违反联盟法律的行为具有审判权，并且在这样的案件中甚至可以判处死刑。后来各拉丁民社共享合法权利，并在一定程度上允许通婚，这被视为原始联盟法律的一部分，因此，任何一个拉丁男人与任何一位拉丁女人所生的孩子都是合法的，可以获得地产，并能在拉丁姆的任何地方开展贸易活动。联盟还设立了一个联盟仲裁法庭，以解决政区之间的争端；但是，没有证据证明联盟对各民社媾和与宣战的主权曾加以限制。同样，毫无疑问，联盟的体制表明它可以以自己的名义进行防御战甚至是发动进攻战，这样就必须要有一个公爵来当统帅。但我们没有理由去设想在这样的情况下，每个民社依据法律一定要派兵出征，或者相反地，任何民社都禁止为了自身的利益而发动战争，甚至是攻击联盟成员。然而有迹象表明，在拉丁节庆活动期间，拉丁姆全境范围内实行"神命休战"[4]，希腊联盟在举行庆典期间也是如此；即使是正在交战的部落也似乎相互保证安全通行。

我们更加无法确定拥有领导权的政区所享有特权的范围，我们只能肯定的是，没有理由将阿尔巴拥有的领导权看作是对拉丁姆实行的一种真正的政治霸权，而且阿尔巴在拉丁姆的地位有可能，甚至很有可能还比不上伊利斯在希腊的名誉首领地位[5]。从总体上来看，这个拉丁联盟的范围及其司法权限可能总是反复变动；但它从始至终都不是彼此或多或少有些陌生的各民社的偶然结合，而是拉丁族的民族关系公正而必要的代表。拉丁联盟可能并不是在所有时期都包含了一切拉丁民社，但它至少从未赋予非拉丁族加入联盟的特权。在希腊，与之对应的不是德尔斐的庙邻会，而是彼奥提亚或埃托利亚的联盟。

以上这些粗略的概述应该足够了，如果再试图将线条描绘得更加清晰，那只会篡改这幅图画。那些最古老的政治单元，即各政区由于没有善于传唱记载之人，其休戚与共或反目成仇的纷繁表演已经退出了历史舞台。我们如今只能满足于了解以下一个不朽的事实：各政区拥有一个共同的中心，但他们的独立地位并未因此而丧失，他们非常珍视并不断增进同一民族的共属感。有了这些共有的东西，他们才得以为从政区地方主义向民族统一迈进铺平道路，每一民族都必然以政区地方主义为其开端，每一民族的历史都以民族统一为其归宿，或至少应该以此为归宿。

注释

[1] 如同 latus（边）和 platus（平地）一样，它指平地，与萨宾的山地有所不同，正如 Campania 虽指"平原"，但与萨莫奈不同。Latus 以前作 stlatus，与此无关。

[2] 一位法国统计学家杜罗·德·拉·马勒（《罗马人的政治经济学》，第二卷，226页），将法国奥维涅省的利马涅与罗马的坎帕尼亚相比。利马涅是一块地形复杂且不平坦的广袤原野，地表为火山石与火山灰分解而成，都是死火山的残留物。该地的人口每十六平方公里至少有两千五百人，是农业地区中人口最为密集的一个地方。地产一分再分，小到极点。耕田几乎完全依赖于人工，或使用铁锹、双齿耙，或使用锄头，只有在特殊情况下才用轻犁代之，由两头母牛来拉。农妇经常

亲自拉犁，以代替一头母牛。这两头牛既能产奶，又能犁田。农民每年收获两次，谷物一次，蔬菜一次，田地终年都不休耕。每亩耕地的平均年租为一百法郎。如果不是这样的土地，而是分属六个或七个大地主，由管家和短工耕种，以代替小自耕农，那么，一百年后，利马涅一定会如现在的坎帕尼亚一样，成为一块荒凉惨淡的不毛之地。

[3] 在斯拉沃尼亚，父权制家庭一直延续至今，全家人生活在一起，家庭成员通常达到五十人甚至是一百人，听命于由全家选出且终身任职的家长。主要由牲畜构成的家产都归家长管理，剩余的则按家族分支分配。个人的工业和商业所得仍归私人所有。脱离家庭的例子时有发生，甚至发生在男人身上。例如，男子入赘到一个异族家庭，这种情况可能与最古罗马人的情况大同小异。在这种情况下，家庭与民社相似。

[4] 拉丁人的节日被称为"休战日"，节庆期间不允许开战。

[5] 古往今来，人们经常宣称阿尔巴曾以攻守同盟的形式统治拉丁姆，但经过进一步探索，又没有充分的证据加以佐证。一切历史都不始于民族的统一，而始于民族的分裂。罗马经过几个世纪的奋战才终于解决了拉丁姆统一问题，阿尔巴决不可能早就解决了。值得注意的是，罗马虽然继承了阿尔巴，但从来没有自称是拉丁各民社的霸主，而仅仅满足于名誉首领的地位。当罗马有了实力并实现统一后，名誉首领的地位便使它有了口实。关于这个问题，我们没有真正的证据，而菲斯图斯的《论执政官》和哈利卡纳索斯的《狄奥尼修斯》中的几段，不足以使人们认为阿尔巴是拉丁人的雅典。

第四章

罗马的起源

罗马纳人

自台伯河[1]河口以北约十四英里，河流两岸都是海拔不高的丘陵，右岸的丘陵稍高一些，左岸的稍低矮一些。至少两千五百多年来，罗马人就与左岸的群山有着千丝万缕的联系。当然，"罗马"这个名字出现的具体原因以及出现的确切时间我们无从知晓，但可以确定的是，当地人最早的称呼不是"罗马人"，而是"罗马纳人"。在一种语言的发展早期，这种音变十分常见，但在拉丁语中，这早就停止使用了[2]，所以这足以证明，该名字产生于十分远古的时期。关于这个名字我们无法给出确切的推论，但很可能"罗马纳人"就是"河畔居民"的意思。

替提人与卢克雷人

然而生活在台伯河沿岸丘陵上的并不只有罗马纳人。在最原始的罗马公民结构中，有证据表明，该结构是由罗马纳、替提和卢克雷这三个原先各自独立的行政区域融合而成的统一体，换句话说，罗马是并区为城[3]产生的，这与雅典起于阿提卡[4]如出一辙。公社三分法[5]距今年代十分久远，这一点也许在罗马社会事务，尤其是与国家法相关的事务中体现得最为明显。比如罗马常用tribuere（三分）和tribus（三分之一）等字眼来表示"划分"和"部分"的概念，而且后一种表达（tribus），正如英语中的"quarter"一词，早就失去了原本表示数量的含义。

三个曾经各自为政的公社，在合并以后，成为一个公社的三个部分，虽然照旧各占公地的三分之一，并且平均摊派民军和元老会议成员，但是几乎所有最为古老的团体，比如贞女团、舞蹈团、田夫团、狼神团以及鸟占团等，它们的成员人数都是三的倍数，这可能也来源于三分法。甚至有观点认为，罗马民族是混合民族，这种观点还以三分法为佐证，持这种观点的人曾尝试用种种方法来证明，远古时期罗马就是由意大利的三个种族所构成的，他们竟然声称这个在语言、宗教和国家制度的发展中都独具特色的民族（其他民族鲜少能做到这一点），是由伊特鲁里亚人[6]、萨贝利人[7]、希腊人，甚至还有部分佩拉斯吉人[8]组成的松散联盟。

暂且不论那些自相矛盾、毫无根据的假设，我们可以用几句话来概括构成原始罗马共同体各个组成部分的民族特点：罗马纳人属于拉丁族，这一点毫无疑问，因为新的罗马共同体就是因罗马纳人而得名，所以这个联合起来的民社，它的民族特征也主要取决于罗马纳人的民族特征。

关于卢克雷人的起源，我们一无所知，但正如我们将罗马纳人归类为拉丁族那样，我们也可毫不费力将卢克雷人归类为拉丁族之列。然而，公社中的第二个民族——替提人，人们一致认为其发源于萨宾那，这种观点最早可追溯到替提祭司团所保留的一项传说，据说替提人在加入联合公社时，为保留萨贝利人的特殊祭献仪式，创立了这个祭司团。因此，可能在远古时期，拉丁人与萨贝利人的语言风俗差异远不如后来罗马与萨莫奈[9]人的语言风俗差异那样巨大，萨贝利人的一个公社可能加入了拉丁人的州郡同盟。而且正是由于在更古老、更为可信的传说中，替提人始终占据着优于罗马纳人的地位，很可能是入侵的替提人强迫旧有罗马纳人接受并区为城的做法。因此，不同民族的混合理所当然地发生了，但这种民族混合造成的影响甚至还不及几世纪后萨宾人阿图斯·克劳苏斯（即阿庇乌斯·克劳狄乌斯）率领族人和他的门客进入罗马所带来的影响。不能因为后来罗马人接纳吸收了克劳狄人，就说罗马是混合民族，同理也不能因为之前罗马纳人接纳吸收替提人，就把这个组合而成的群体划分为混合民族。

也许除了在宗教仪式中流传下来的零星民族传统之外，罗马民族中的萨贝利人成分已消失殆尽；尤其是在拉丁语言中，根本找不到任何证据可以证明罗马是混合民族等此类猜想[10]。如果说因为某个与拉丁人有着密切亲缘关系的个别种族的加入，拉丁人的民族性就会受到明显的影响，那真是匪夷所思了。另外，我们首先应当记住的是，在替提人与罗马纳人联袂共存的时候，拉丁民族是以拉丁姆而不是罗马为基础的。这个三合一的新罗马共同体，尽管有些原属萨贝利族的成分，但并未改变其罗马纳人公社的性质，即拉丁民族的一部分。

罗马——拉丁姆商业中心

早在台伯河河畔的城市聚落兴起之前，罗马纳人、替提人和卢克雷人可能先是各自为政，而后联合起来，占据了罗马山丘上的要塞，并且开垦了村子周围的土地。昆克提人在帕拉廷山举行的"狼神节"庆典很可能就是从这些原始时代流传下来的；狼神节是农民和牧民的节日，它最完好地保存了父系社会的淳朴娱乐活动，而且令人不解的是，在后来信奉基督的罗马，在所有异教节日中，这个节日保留的时间却是最长的。

罗马的地理特征

之后的罗马就是由这些聚落发展而来的。当然严格来说，罗马的建立并不像传说中认为的那样：罗马不是一朝一夕建成的。但是，罗马为何那么早就能在拉丁姆境内于政治方面崭露头角，这一点也会引起我们对这个问题的探讨，而根据当地的地理特征，我们只能得到与事实相异的推论，即罗马不可能在政治方面举足轻重。同大多数古老的拉丁城市相比，罗马所在地没有那么兴盛和丰饶。罗马城周围的葡萄和无花果都生长得不甚茂盛，且缺乏丰富的水源。卡佩纳门前面的卡美尼甘泉以及后来圈在图里亚努监狱的卡庇托尔水井，水量也不是十分充足。

此外，河流经常泛滥，由于河床十分平缓，雨季山洪暴发时，不能迅速将河水排入海里，于是丘陵间的谷地和低地时常是一片汪洋，随后这些地方就成了沼泽。对于移居到这里的人们来说，这个地方确实乏善可陈。在古代就有观点认为，在这个得天独厚的地区，只有罗马的所在地土壤贫瘠、环境恶劣，最早迁徙到这里的农民选择居住地时，肯定不是出于自愿；罗马城建立在这里，也肯定是迫不得已，或者其间有某些特殊的缘故。甚至传说都对这一点流露出惊奇的意味：一群从阿尔巴逃出来的人，在阿尔巴公爵的两个儿子罗慕路斯和雷穆斯[11]的率领下，建立了罗马城。这不过是太古稗史上的一次不成熟的尝试，想借此说明罗马建立在十分恶劣的条件之下，并把罗马的起源同其作为拉丁姆的首都联系起来。这些被认作是历史的故事，其实不过是不甚高明的粗浅解释，历史的首要任务恰恰是避开它们；但历史或许会更进一步，先考虑当地的特殊性，不关心这座城市如何发源，而就给它带来迅速高度繁荣，以及对它在拉丁姆所处的特殊位置提出积极猜测。

罗马的早期疆域范围

我们先来看看罗马最早的地理边界。罗马城的东面城镇有安腾尼、费登尼、凯尼那和伽比等，有些城镇离塞维亚城墙不到五英里，罗马的边界就在离城门不远处。罗马城南面十四英里处坐落着图斯库隆和阿尔巴这两个强大的公社，在南边，罗马的城区范围似乎从来没有超过距城五英里处的克琉利亚壕沟。同样，罗马西南方与拉维尼姆交界处距罗马城从未超过六英里。在内陆方向，罗马处处受到地域偏狭的限制，但在向海的那一面，罗马城自古就可以畅通无阻沿着台伯河两岸一直伸展入海。在罗马与海岸之间，古代没有任何行政中心，也没有任何迹象表明那儿曾是行政区的边界。

从对世间万物都能追本溯源的传说，我们了解到，台伯河右岸的罗马领土，即"七小村"，以及台伯河河口的大盐场，都是罗慕路斯王从维爱人手里夺来的；安库王曾在右岸的贾尼科洛山修建了桥头堡，在左岸的"河口"修建了被称为"罗马庇雷阿"的海港城市（奥斯提亚）。但比传说更为可信的证据，足以证明台伯河伊特鲁里亚河畔曾是罗马的原始领土；因为正是在这个地方，即后来通往海港大道上的四英里处，坐落着罗马生育女神、丛林和田夫祭司团的早期活动场所。实际上自远古时代以来，很可能曾一度作为罗马各氏族之长的罗密利氏就活动在这一带；而贾尼科洛山则是罗马城的一部分，奥斯提亚则是公民聚居地，或者换句话说，是郊区。

台伯河及其交通优势

这种情形绝非偶然。台伯河是拉丁姆交通的天然航道，这一带海岸缺乏海港，台伯河河口就成了航海家们所必需的下锚之处。此外，自从远古时代开始，台伯河就是拉丁民族抵御北方外族入侵的边防线。罗马不仅是内河贸易和海上贸易的集散地，还是拉丁姆沿海的边防要塞，再没有比它更合适的建城地点了。罗马的位置兼有易守难攻和临近河道这两大优势；从河流两岸一直到河口，都在罗马城的控制范围内，对沿台伯河或阿涅内河而下的内河船夫以及当时驾驶的船型不大的航海者来说，罗马的地理位置都是十分便利的；而且与紧靠海岸的地方相比，罗马能更加有效地防御海盗。

如果罗马的建立不是凭借其地理位置的商业优势和战略优势，那么至少罗马的繁荣是得利于此的；关于这一点还有很多线索可循，这些线索的重要性是历史小说的记载所无法比拟的。因此罗马很早就和凯雷建立了和谐的关系，凯雷对伊特鲁里亚的意义恰如罗马之于拉丁姆，所以凯雷是与罗马关系最为和睦的邻国，也是罗马最重要的商业伙伴。因此跨越台伯河的桥梁，以及罗马共同体中桥梁的建造都具有非同寻常的意义。于是桨帆船成为了罗马军的战舰。因此古罗马开始对进入奥斯提亚的货物征收港口税,刚开始的时候仅对兜售的物品征税,船员自用的物品免税,所以港口税实际上是一种商业税。之后罗马就出现了较早的硬币,并与海外国家缔结了商业协议。就这个意义上来说,很可能就像传说的那样,罗马也许并不是逐渐发展起来,而是创建而成的城市;罗马是拉丁城市中最年轻,而非最古老的成员。毫无疑问,在台伯河的拉丁边界商业中心兴起之前,这个地区已经实现了一定程度上的开化,阿尔巴山脉以及很多其他高地上也已建立起许许多多的堡垒。罗马城的建立,到底是出于拉丁同盟的决议,还是某位名不见经传、目光远大的缔造者的功劳,抑或是因其交通条件自然发展起来的,对此任何一种猜想都无法得到验证。

罗马的早期城市特征

但与罗马所在地是拉丁姆的商业中心相关的另一种看法就自然而然地产生了。当历史的帷幕从我们面前徐徐拉开,与罗马是拉丁社会的联盟这一说法相比,它更像是按契约成立的城市联合。拉丁人习惯居住在农场,只在节日、集会或者特殊情况才会用到公共城堡,这种习惯可能最早在罗马受到了限制,而拉丁姆的其他地方后来才慢慢限制起来。

罗马人并非不亲自经营农场,也并非不以农庄为家,但是坎帕尼亚的环境恶劣,这必然使罗马人尽可能选择居住在更加通风更加洁净的山城上。除农夫外，自古以来就有很多外地和本地非农业人口住在山城中。这在某种程度上是因为古罗马人口稠密，据估计，它的面积最多不超过一百一十五平方英里，其中还包括沼泽地和沙砾地。甚至在最早建制的时候，罗马城就拥有一支由三千三百名自由人组成的民防军，所以当时那里的自由居民至少已经上万。但进一步来讲，熟悉罗马人以及罗马历史的人肯定知道：罗马人公共活动和私人生活的特点，都是以其城市生活和经商之道为基础的，罗马人和其他拉丁人以及一般意大利人的区别正如城市人和乡下人的区别。当然罗马不是科林斯[12]或迦太基[13]那样的商业城市，因为拉丁姆实际上是一个农业地区，而罗马从来都是一个拉丁城市。但罗马和其他众多拉丁城市的不同之处，在于其商业地位，以及由此产生的罗马市民精神。如果罗马是拉丁姆的商业中心，我们就不难理解，罗马在发展拉丁农业的同时，当地的城市生活也得到了强劲迅猛的发展，这为罗马的辉煌历程奠定了基础。

与分析远古时期无足轻重而又大同小异的公社这种收效甚微的方式相比，研究罗马城在商业和战略上的发展过程，显得更加重要，也更加切实可行。罗马城的发展过程，在有关罗马逐渐形成的城墙和防御工事的传说中依然依稀可见，这些城防建设的发展过程，与罗马共同体作为一个城市而愈来愈具重要性的过程，肯定是保持一致的。

帕拉廷城

罗马在几百年的过程中发展成为城市。根据可信的证据，罗马最初的城址仅包括帕拉廷山丘，因为帕拉廷山丘呈不规则正方形，所以后来称罗马为"方形罗马"。直到罗马帝国时代，原来环城的城门和城墙都还清晰可见：其中两座城门的故址目前仍然为我们所知，一座是维拉布罗圣乔治附近的罗马门，另一座是位于提图斯凯旋门的慕吉奥尼门。塔西佗曾经亲自考察了帕拉廷的外墙，至少看到朝向阿文廷山和凯利乌山的那两面，并对考察到的内容作了记录。很多线索显示，这里曾是罗马城的原址和城市中心。在帕拉廷山上，发现了该聚居地的神圣标志，即所谓的"贮藏室"，最早定居于此的人将充裕的家用必需品囤聚在这个地方，另外还存有一块来自故乡的土壤。这里还有一座建筑，所有的家族因祭祀或者其他目的聚集在这个地方，在各自的炉灶旁议事。在这山上也有舞蹈团的集会所，里面保存着战神的神圣盾牌，"狼神"圣地和朱庇特祭司住所也在这里。

罗马建城的传说主要来自帕拉廷山及附近地区：罗慕路斯的茅草屋，罗慕路斯养父浮斯图卢斯的牧人小屋，盛着孪生兄弟罗慕路斯和雷穆斯的摇篮漂流停靠的神圣无花果树，建城者罗慕路斯从阿文廷山上投出的长枪，越过竞技场，落在围墙里，于枪柄里长出来的一株小茱萸树。还有很多这样的圣迹，都一一呈现在信奉者们面前。在当时，真正意义上的庙宇还不存在，因此帕拉廷山没有这类原始时期的遗址。而且公社的集会场所早就换到了其他地方，所以那些地点的原址都已经找不到了。我们只能猜测：贮藏室周边的空地，也就是后来所谓的阿波罗广场，是远古时期公民团和元老院的集会场所，在贮藏室上方搭起的台子，可能就是罗马公社早期的审判场。

七山

"七山节"保留了人们对帕拉廷山周围逐渐扩大的居住地的记忆。这些聚居地，也就是罗马的郊区，一个接一个地成长起来。它们有彼此分离且单薄的围墙作为防护，就像沼泽里外堤汇集到主堤上那样，这些围墙最终汇集于原先帕拉廷的围墙。所谓的"七环圈"，就是帕拉廷山本身；切玛卢山，即帕拉廷山坡，面对着绵亘于它与卡庇托尔山之间通向河流的一片低地；维利亚是连接帕拉廷山与埃斯奎林山的山脊，但在后来的帝国时期，这里几乎完全被建筑物占据；法古塔尔、欧庇阿乌和基斯庇乌，是埃斯奎林山的三座山峰；最后，苏库萨，又称苏布拉，是建在东面防御土墙外保护卡里纳山上新城的要塞，位于埃斯奎林山和奎里纳尔山之间凹陷地带文柯利的圣彼得寺下方。在这些明显是逐渐发展起来的建筑中，可以在一定程度上清楚地揭示帕拉廷罗马最早期的历史，尤其是与人们把后来根据这些最早期的行政划分而建立起来的塞维亚区划相比，情况更是如此。

帕拉廷与苏布拉地区的早期聚落

帕拉廷山是罗马公社的原址，是原先罗马城最古老，也是唯一的围墙。然而罗马城兴建的地址，和别的地方一样，不是在城堡里面，而是在城堡脚下。我们熟知的最早聚居地，也就是我们后来称为罗马城塞维亚区的第一、第二区，都位于帕拉廷山周围。这包括切玛卢山坡上的聚居地，还有伊特鲁里亚人街（这里保留了大约罗马建在帕拉廷山上的山城时期时，凯雷人和罗马人频繁贸易往来的记忆），以及维利亚山上的聚居地。这两个聚居地后来与城堡所在的山丘合并成了塞维亚城中的一个区。

此外还有构成第二区的部分聚落，也就是凯利岛山上的郊区。该郊区可能仅包括大剧院上方凯利岛山山顶这一部分；卡里纳山上的郊区，是由埃斯奎林山伸向帕拉廷山的山梁；最后是苏布拉山山谷和苏布拉山前堡，整个地区都是因这个地方而得名。这两个区一起，构成罗马城的雏形；罗马城的苏布拉区，从堡垒下君士坦丁凯旋门一直延伸到文柯利的圣彼得寺，并跨越下面的山谷。这个区似乎比后来按塞维亚体制并入帕拉廷区的各聚居地更为重要，也更古老，因为说到各区的排列，苏布拉区总是排在帕拉廷区的前面。有一件值得注意的往事，勾起人们对这两个城区抗争的记忆，保留在后来罗马一种十分古老的宗教习俗中：每年在大校场举行十月马祭典时，苏布拉区人和帕拉廷的人竞相争夺马头，根据前者或是后者获胜，将马头钉在苏布拉区的麻密利塔（旧址已无考），或者钉在帕拉廷山下的宫殿。古罗马城的两个城区就是这样开始公平竞争的。所以当时的埃斯奎林山（狭义的埃斯奎林山不包括卡里纳在内）是名副其实的"外部建筑"，或者说是郊区：在之后的城区划分中，埃斯奎林山属于第三区，而且总被认为没有苏布拉区和帕拉廷区那样重要。

附近的其他丘陵，比如卡庇托尔山和阿文廷山，很可能也一度被七山民社所占据；尤其是搭在台伯河沙洲天然桥墩上的"桩桥"，那时候一定就已经存在了，仅造桥祭司团就已经充分证明了这一点，还有伊特鲁里亚河岸的桥头堡，贾尼科洛山高地肯定也经历了同样的命运，但罗马人并没有将这两个地方纳入他们的防御工事之内。建桥必须完全用木头，而不能用铁，这种规定流传了相当长的时间，成了人们遵循的惯例，这显然说明这些原来是用作浮桥的，便于随时拆除或者焚毁。由此我们可以认识到，在很长时间里，罗马对河道的控制并不稳定，还常常失去掌控权。

这些逐渐形成的城市聚居地与罗马共同体自远古以来按国家法划分的三个民社之间的关系已经无法考证。由于罗马纳人、替提人和卢克雷人原先似乎是相互独立的公社，它们最初的聚居地肯定也是相互分离的；但可以确定的是，这三个公社在七山上并不是各居一城，古代和现代对此的假设构想，睿智的学者一定会将其与塔尔皮亚[14]的动人故事和帕拉廷战争看得同样重要。反之，罗马纳人、替提人和卢克雷人这三个部落肯定都分属在罗马古城的苏布拉区和帕拉廷区以及郊区，这也许可以联系到后来，不仅在苏布拉区和帕拉廷区，而且在随后并入罗马城的地区，都有三对阿格尔庙。七山上的帕拉廷城可能在那个时候已经有了一段历史，关于这段历

65

史，只有一些传说证明其存在过。正如林中的叶子悄无声息地落下来，迎接春天的蓬勃生长。七山上无人知晓的帕拉廷，将光芒和荣耀留给了闻名历史的罗马。

奎里纳尔的山丘罗马人

但帕拉廷并不是古代历史上唯一一个被纳入塞维亚城的城市。另一个是不远处位于帕拉廷对面、坐落在奎里纳尔山上的城市，该城的"旧堡"有朱庇特、朱诺和密涅瓦的圣殿，还有忠贞女神庙。那里公开保存着国家的条约，它显然是后来与卡庇托尔的构造相对应而建的。卡庇托尔山上也有朱庇特、朱诺和密涅瓦神庙，以及似乎同样用作国际法档案库的罗马信义庙，这确实可以证明，奎里纳尔也曾是一个独立公社的中心。这一点也可以从帕拉廷和奎里纳尔都信奉战神推导出来，因为战神是战士们的楷模，也是意大利公社最为古老的主神。与此相关的另一种情况是：战神的侍奉者，也就是"舞蹈团"和"狼神团"这两个远古祭司团，都并存于后来的罗马。帕拉廷有舞蹈团，奎里纳尔也有舞蹈团，帕拉廷的昆克提有"狼神团"，还有神殿很可能就建在奎里纳尔山上的"法比狼神团"[15]。

所有这些迹象，它们本身就有十分重要的意义，而且确定已知七山的帕拉廷城区范围，原先不包括奎里纳尔在内，后来塞维亚时期的罗马城，前三个区相当于之前的帕拉廷城，而奎里纳尔和附近的维米纳尔组成第四个区。正因如此，我们了解到，坚固的苏布拉外寨为什么建在埃斯奎林山与奎里纳尔山之间峡谷的城墙外。实际上这个地方正是这两个地区的交界处，帕拉廷罗马人在占领低地之后，必须在这里建一座堡垒以防御奎里纳尔人。

最后，奎里纳尔人用来区分自己与其邻近的帕拉廷人的名称，并没有在历史的烟波中被遗忘。正如帕拉廷城又叫"七山"城，帕拉廷的居民自称为"山人"，虽然罗马城的其他高地也会以"山"字自居，但这主要是指帕拉廷山。所以，虽然奎里纳尔山峰，以及邻近的维米纳尔山实际上都高于帕拉廷山，但它们在语言习惯上只被称作"山丘"。在祭祀记录中，奎里纳尔常常被干净利落地称作"山丘"，没有任何附加的表述。同样，这个山城通往其他地方的门通常称为"山丘之门"；住在这里的战神祭司被称为"丘僧"，以此区别于帕拉廷，由奎里纳尔山构成的第四个塞维亚城区，称为"丘区"[16]。罗马人的名称最早与当地产生联系，很可能正是来源于"丘人"和"山人"，而"丘人"也许曾经自称为"山丘罗马人"。这两座相邻城市存在的这种差异，可能源于它们属于不同的种族；如果说罗马公社是外族人在这块拉丁土地上建立起来的，那么就奎里纳尔公社来说，这个命题是完全站不住脚的[17]。

帕拉廷与奎里纳尔公社之间的关系

在这个时期，罗马共同体的所在地依然被帕拉廷的罗马山人和奎里纳尔的罗马丘人割据为两个独立的公社。它们水火不容,而且经常处于敌对状态,在某种程度上与如今罗马的孟提加尼族和特拉斯太维里尼族的关系有些相似。后来七山城的新城和郊区扩展得更大,在塞维亚城区规划中,罗马丘人不得不处于较低的地位,由此我们也许可以推断,七山上的公社很早就凌驾于奎里纳尔的公社之上了。但即使是在帕拉廷城内,也很难将这里各个不同组成部分真正完全融合起来。前文已经提到过苏布拉和帕拉廷每年如何争夺马头了;每座山城,甚至每个区,可能都感觉它们是分离多于联合,城市里没有公共的城灶,虽然各区的区灶同在一个地方,但却是并列放置,不会共同使用;所以,整个罗马与其说是一个统一的城市,不如说是众多城市聚居地的联合。

似乎很多迹象可以表明,旧日大家族的府邸多多少少仿照堡垒的风格建成,具备防御能力,这种预防被认为很有必要。相传罗马城这座宏伟的城垣是国王塞尔维乌斯·图利乌斯[18]修建的,最开始不仅包括帕拉廷城和奎里纳尔城,还包括原先不在城区范围内的阿文廷山地和卡庇托尔山地,国王将它们全都纳入一个单一的大城墙之内,于是就有了新罗马,闻名历史的罗马。但在着手这项伟大工程之前,毫无疑问,罗马与周围地区的关系已经发生了彻底的改观。因为当时罗马七山上的农民,像拉丁姆其他山上的农民一样,从事耕耘,只有平时空置的山顶避难所才可能有比较固定的居住地雏形,这个时期相当于拉丁族还没有出现商业活动的远古时代;后来帕拉廷和"七山圈"的聚居地渐渐繁荣起来,这与罗马公社占据台伯河口同时期发生。同样在这个时期,拉丁人发展到了可以进行更加活跃和自由的往来,尤其是在罗马,已达到城市文明的阶段;而且在单个公社和整个罗马共同体中,政治联合也可能得到了巩固。所以塞维亚城墙的修建,是这座大一统城市形成的基础,也是这个时代的产物;在这个时期内,罗马城有能力争取,并最终取得拉丁联盟的霸主地位。

注释

[1] 台伯河,是仅次于波河和阿迪杰河的意大利第三长河。源出亚平宁山脉富默奥洛山西坡,向南穿过一系列山峡和宽谷,流经罗马后,于奥斯提亚附近注入地中海的第勒尼安海。——译者注

[2] 类似的音变在下列十分古老的形式中一览无余:pars/portio, Mars/Mors, farreum/horreum, Fabii/Fovii, Valerius/Volesus, vacuus/vacivus。

[3] 并区为城并不完全是指一个地区的实体聚落,而是指此前都居住在各自的土地上,在并区为城后只有一个议会大厅以及一个法庭。

[4] 希腊中东部区名,南和东面濒爱琴海。雅典是阿提卡地区历史最悠久的城市,有些考古学家认为其他阿提卡城市也都是雅典城殖民的产物。该地区的文明以丰富的墓葬而闻名。历史上很少有派系斗争的记录,可能要归功于克勒斯忒涅斯的改革,其建立了一百三十九个地方社区以分配权力。——译者注

[5] 我们甚至可以回顾阿提卡的 trittus 以及翁布里亚的 trifo,发出这样一个疑问:公社三分法也许并不是希腊－意大利人的基本制度。因为罗马公社三分法无法解释一度独立的部族为何发生融合。但是要建立起这一命题,必须完全背离流传史料,假设这种三分法可能事实上在希腊－意大利地区更为普及,作为基础模式无处不在。翁布里亚人很可能在罗马统治的影响下,才采用"三分法"一词,无法确定是起源于奥斯坎语。

[6] 公元前九世纪和公元前八世纪,意大利半岛上出现了两个新民族:伊

特鲁里亚人和希腊人。古人认为伊特鲁里亚人来自东方的安纳托利亚，今天的一些考古发现也证实了这一点。从起源看，他们似乎不是古意大利人，正如他们的语言也并非印欧语系一样，他们的文明混合了来自东西方的各种因素。——译者注

[7] 萨贝利人是罗马崛起之前生活在意大利中部及南部的意大利人部落中翁布里亚-萨贝利人中的一支，包括萨宾人在内。首先使用这个专名的人是德国历史学家尼布尔，其中包括萨宾人、马西人、马鲁奇尼人和维斯提尼人。——译者注

[8] 佩拉斯吉人，指古代希腊人，对公元前十二世纪前住在希腊的前希腊民族的称呼。若干希腊作家（包括荷马、希罗多德和修提底斯）都提到佩拉斯吉人是个特殊民族，据说他们曾在色雷斯、阿戈斯、克里特和哈尔基季基等地居住过；公元前五世纪时他们遗留的村庄显然还保存着一种共同的非希腊语言。后来希腊语中这一名词被用来指所有土生土长的爱琴海居民。——译者注

[9] 萨莫奈又译为萨谟奈、萨莫尼乌姆等，是罗马时代位于意大利中部到南部的山岳地区。——译者注

[10] 虽然在传统上，拉丁语被认为是希腊语以及其他非希腊元素组合而成的混合语言，但如今已全方面与之剥离，甚至有开明的研究者（比如施维格勒《罗马史》，第一卷，蒂宾根版184、193页）仍然试图在拉丁语中找寻两种紧密关联的意大利方言的混合。但是遍查语言学或历史学的研究成果，并不能找到能够佐证这一假设的证据。一种语言表现出与其他两种语言存在相互关联，任何语言学者都知晓，这种情况更多是因为机体的自身发展，而非外在的互相交融。

[11] 罗慕路斯（约公元前771年出生，约公元前717年逝世）与雷穆斯（约公元前771年出生，约公元前753年逝世）是罗马神话中罗马城的奠基人。——译者注

[12] 科林斯位于伯罗奔尼撒半岛的东北，临科林斯湾。是希腊本土和伯罗奔尼撒半岛的连接点。同时又是穿过萨罗尼科斯和科林西亚湾通向爱奥尼亚海的航海要道。不仅是贸易和交通要地，同时又是战略重地。有旧科林斯和新科林斯之分，旧科林斯主要指希腊罗马时期的一个古希腊城邦，约在现在科林斯市的内陆八公里处。新科林斯则指的是现在的科林斯市。——译者注

[13] 迦太基（该词源于腓尼基语，意为"新的城市"）坐落于非洲北海岸（今突尼斯），是奴隶制帝国迦太基的首都，与罗马隔海相望。最后因为在三次布匿战争中两次失败，被罗马打败而灭亡。——译者注

[14] 塔尔皮亚，维斯塔贞女之一；同时也是罗马守城总督之女，后背叛罗

马引敌军进城。——译者注

[15] 传奇作家表明昆克提家族出自罗慕路斯，法比族出自雷穆斯，由此看来，昆克提的"狼神团"地位高于法比"狼神团"（奥维德《时日篇》，2373—2374 页；奥理略·维克托《论起源》，22 页）。法比族在奎里纳尔山丘上献祭，无论这一祭祀是否与"狼神节"相关，均可表明法比族是罗马山丘人。此外，昆克提狼神团的狼神在铭文中，称之为 Lupercus Quinctialis Vetus，人名 Kaeso（见《罗马研究》，第一卷，517 页）很可能与狼神崇拜有关，这一人名仅存于昆克提族和法比族中。因此著书立说者通用的 Lupercus Quinctialus 和 Quinctianlus 都是误用，昆克提团并不是晚期的 Quinctialieren，而是属于相对而言十分古老的昆克提。书中还提到阿尔巴各氏族如 Quinctier 或 Quinctilier（哈利卡纳索斯的《狄奥尼修斯》，第三卷，29 页）时，则应该使用后者，Quinctische 应该被视为古罗马的一个氏族。

[16] "奎里诺山丘"以后虽常用来表示山丘罗马人所居住的高阜，但我们无须因此认定 Quirinus 一词原本就是奎里纳尔人的专有称谓。因为一方面，如上所述，从十分古老的迹象看来，他们似乎都被称为"丘人"；另一方面，奎里人从始至终的含义仅指"有正式公民权的公民"，与"山人"和"丘人"的区别没有任何关系（比较下文第五章）。后来奎里纳尔人的名称是基于执战矛的死神本来是帕拉廷和奎里纳尔共同供奉的，在后世所谓奎努斯神庙中出土的古铭文仅将其称为战神，为了区别二者，特称山地罗马人的神为战神，而称山丘罗马人的神为奎里努斯。奎里纳尔人有时被称为"祭丘"，但这仅能说明它曾是罗马丘人的祭祀中心。

[17] 对于拉丁疆域内有外族居住这一说法，人们（例如参见施维格勒《罗马史》，第一卷，480 页）提出的论据大致基于瓦罗所倡导的关于语源学和史学的假说，后人照例遵循他的说法，认为拉丁文的 *quiris* 和 *quirinus* 与萨宾城名库雷斯有密切关联，所以奎里纳尔山丘居住着的是库雷斯人。从语言角度上说，这两个词的确存在着亲缘关系，但是以此来断言历史的真相，明显是不足为据的。此前有人表明这座山上的古圣地（除此之外，这里还有"拉提阿尔山丘"）是萨宾族的，但是找不到任何证据可言。Mars quirinus，Sol，Salus，Flora，Semo Sancus 和 Deus Fidius 无疑都是萨宾人的神祇，显然都形成于拉丁人与萨宾人尚未分离之时。Semo Sancus 之类的名称与后来逐渐衰败的奎里纳尔地有所关联（参见由此而来的 Porta Sanqualis），此外，台伯河的沙洲上也有这类名称，每一位不偏不倚的学者要能够将这一点视为这种崇拜由来已久，而非借鉴邻国。这并不能否认古老的种族

71

区别对此已经毫无价值，但如果情况确乎如此，那么在我们看来，古老的种族区别已经不复存在了。当代人关于罗马国民中有萨宾人的成分，常见的说法仅有助于严肃警告人们不要空穴来风，进行此类研究。

[18] 公元前578年到公元前534年是塞尔维乌斯·图利乌斯统治时期，此间，塞尔维乌斯·图利乌斯推行改革，改革内容包括：将能服兵役的公民按财产划分为五个等级，每个等级提供数目不等的军事百人队，共计一百九十三个百人队。创立百人队大会，取代了库里亚大会的宣战、选举、审判权力。一百九十三个百人队，每队有一票表决权。把氏族部落按地区划分为四个。塞尔维乌斯·图利乌斯的改革完成了古罗马由氏族制向国家的过渡。——译者注

第五章

罗马的原始政制

罗马的家庭

父母、子女、家宅、奴仆和动产,这些在任何情况下——包括一夫多妻制或一妻多夫制下,只要母亲的独特地位未因此丧失——都是构成家庭的天然成分。但在各民族的文化兴起之后,他们对家庭表现出来的理解和对待方式,存在着天然的差异,往往会造成很大的差别。有些民族对此理解深刻,有些则很肤浅;有的更多注重道德层面,有的更注重法律观念方面。但没有任何一个民族能像罗马人那样,朴实而严谨地遵循自然本身体现的法律原则。

家庭是最小单元。这个最小单元包括父亲过世后成为一家之主的自由男子，经过祭司用神圣盐饼庄严婚配、同甘共苦的妻子，还有他们的儿孙、儿媳、孙媳、未出嫁的女儿和儿子的女儿，以及这些成员的所有财物。然而，女儿的孩子则不在本家庭范围之内，因为，如果孩子是正常婚姻产下的，孩子就是男方家庭成员，若非婚生，就不属于任何一个家庭。在罗马公民心目中，人生的目的和本质似乎就是自有家世、儿孙满堂。死亡并非灾祸，因为死亡无法避免；但一个家庭或一个氏族的消亡，对公社来说却是灾难。因此很早的时候，公社就为无子女者开创了收养子女的方式，以避免这种祸患。

一家之主与其家庭

罗马家庭从一开始就享有较好的文化条件，家庭成员之间以道德伦理为纲纪。只有男人可为一家之长。实际上女性在财产获得方面，其地位并不低于男性；女儿和儿子有平等的继承权，母亲和其子女平等。但女性必须永远属于家庭，而不属于公社；在家里女性也不得不处在从属地位——女儿从属于父亲，妻子从属于丈夫[1]，失去父亲而尚未婚嫁的女儿从属于血缘关系最亲的男性亲属；在必要时，女性如果受审，是由这些男性来审判，而不是国王。然而在家庭内部，女性的角色不是奴仆，而是女主人。按照罗马人的观念，碾谷和烹饪是仆役的工作，罗马主妇不用做这些，她们主要督导女仆，再做些纺织；纺织对女人来说，其意义正如耕作之于男人[2]。同样，罗马民族对父母于子女的道德义务，有充分深刻的认知，如果忽视对孩子的教育，或者放纵他们，甚至任由他们挥霍家财，贻害后代，都被认为是罪过。

但从法律角度来看，"一家之父"的意志是唯一、至高无上的，全家都要绝对听从他的指示和管理。在家中一切对他来说都没有权利可言，不但牲畜、奴隶是这样，妻子儿女也是如此。因为女孩是男方自由选择的结婚对象，所以生下的孩子抚养与否，都由男方决定。这一公理并不是因为罗马人漠视家庭而生，恰恰相反，在罗马人的观念中，成家立业和生儿育女在道德上有其必要性，也是公民的义务，他们对此铭记在心。在罗马，公社对家庭扶助也许仅有这样一项规定：如果遇到一产三胞胎的情况，孩子的父亲应该受到救济；宗教上禁止遗弃男婴（畸形儿除外）以及至少头胎女婴，由此可以看出罗马人对弃婴的态度。不论弃婴看起来对社会有多大危害，弃婴者从一开始会受到政府惩罚或宗教谴责；因为毕竟父亲是至高无上的一家之主。父亲不仅对家庭成员有最严厉的管理权，而且有制裁的权力和义务，可以按自己的判断予以死刑或肉刑的惩罚。

成年男子可以另立门户，或者像罗马人自己说的，从父亲手里获得分给他们的"自己的牲口"；但从法律上来说，儿子所得的一切，不管是自己劳动所得，还是他人所赠，不管是在父亲家里还是自己家里，一概属于父亲的财产。只要父亲还活着，在法律上从属于他的人就不能拥有自己的财产，所以没有父亲的授权，财产不可以出让或赠送他人。从这方面来说，妻子、儿女的地位和奴隶没有任何区别，而奴隶可以不时获得自营家业的许可，经主人授权，也可以转让自己的财产。而且父亲可以将儿子当作财产转让给第三者，和出卖奴隶没有区别：如果买者是外族人，被买走的儿子就成了外族人的奴隶；如果买者是罗马人，因为一个罗马人不能成为另一个罗马人的奴隶，被买走的儿子至少可以称作是奴隶的替代品。除了上述关于对弃婴的限制外，父母的权利只在一些最恶劣的罪行发生时，才会受到法律的惩罚或者宗教的谴责。涉及这些罪行的规定有：不得出卖自己的妻子或已婚的儿子；父亲，尤其以丈夫的身份，在行使家庭裁判权时，在与本人或妻子的近亲商洽之前，不得对他的妻子和孩子判罪，这是家庭管理的惯例。但后一种规定并没有削减父权或夫权，因为行使家法时召集而来的亲属并没有审判权，而只能为主持审判的一家之主提供建议。

  一家之主的权力在本质上不受限制，不对世间任何人负责，而且只要他活着，这种权力就不会更改、牢不可破。根据希腊和德意志法律，成年男子实际上不仅在家庭关系上脱离父亲而自立，在法律上也是独立的；但在罗马，只要一家之主健在，他的权力就不会因年事已高或者精神失常而被剥夺，甚至是出于自己的意愿也不可以。只有这种权力的持有者会发生改变，因为儿子当然可以通过过继，转到另一位家主的权力支配之下；女儿可以经过合法婚姻脱离父亲的掌控，归于丈夫的管束之下，脱离自己宗族和神祇的护佑，加入丈夫的宗族，并受到其神祇的护佑，从此以后她就听命于丈夫，正如出嫁前听命于自己的父亲。根据罗马法，奴隶脱离主人得到自由，比儿子脱离父亲获得自由更容易；奴隶重获自由很早就得到了许可，形式也很简单；儿子要脱离父亲获得自由却到后来才得以实现，而且过程还很复杂。实际上，如果同时一位主人卖了自己的奴隶，一位父亲卖了自己的儿子，而买主将这两者都释放，奴隶因此可以获得自由，但儿子解放之后，却照旧受到父亲的管教。因此罗马人一贯厉行父权和母权，并将其变成真正的所有权。

一家之主对妻子儿女的权力虽然近乎他对奴隶和牲畜的所有权，但在实际上和法律中，家庭成员和家庭财产之间还是有很大差别的。一家之主的权力，不但在家庭范围内有效，而且是暂时的，某种程度上来说，也是代表性的。妻子儿女并非只为了一家之主而存在，其性质与财产因财产所有者存在、专制王国的臣民只为国王而存在不同；家庭成员确实是一家之主施展合法权力的对象，但他们同时也有自己的权利；因为他们不是物品，而是人。但他们的权利在当下是潜存的，不会见诸行使，只是为了维持家庭的团结，一家需要有个统一的代表来管理；但一家之主离世后，儿子立即接替其地位，父亲原先支配妇孺、财产的权力就尽归新主所有。但主人的逝世对奴隶的法律地位不会产生任何改变。

家庭与家族

家庭的团结十分紧密，所以在一家之主离世后，家庭并不会一哄而散。儿女因为父亲的逝世获得独立，但在很多方面仍会视自己为同一个家庭的成员；在很多事上都遵循这一原则，比如处理继承人和其他家族关系，尤其是在调整寡妇和未婚女子的地位方面。按照较早期的罗马观念，女人不具有管理自己和他人的权力，因此，管理她们的权力，或者委婉地说，对她们的"监护权"，仍属于她们所在的家庭；在一家之主离世后，这一权力由血缘最近的男性亲属行使，因此，通常是儿子监管母亲，兄弟监管姐妹。从这种意义上来说，家庭一旦建立，其结构就不会有所改变，除非男性后裔消亡殆尽；只是一代一代发展下去，家族关系肯定会渐渐疏远，到最后原来的"本是同根生"都无法证明了。

家族和氏族，或者按罗马人的说法，Agnati 和 Gentiles，它们的区别就在于此，也仅在于此。这两个词都指男系；但是家族有共同的祖先，一代代往上追溯，能够找出世代的次序；而氏族虽然也自称有共同的祖先，但已经不能完全指出具体的世代关系，所以不能确定亲疏。这在罗马人名表里表现得非常明白：例如"昆图，昆图之子，昆图之孙……昆图氏"，将所有祖先一一追溯，就是家谱；家谱记录完之后，补述的就是氏族的，表示这些人出自同一个祖先，"昆图子孙"的名字由他传给所有后裔。

家庭的附庸

此外，除了这些紧密团结的、受在世的一家之长掌控的家庭，或从这些家族分裂产生的氏族外，还有客民。"客民"

这个词指的不是宾客，而是外族相同阶层的人，暂时居住在别人家中；他们不是奴隶，因为奴隶在法律上被视为家庭的财产，而不是家庭成员；但是客民虽然不是某个公社的自由公民，但在所处的公社里却可以受到保护享有自由。这些人包括在他乡受到接纳和保护的难民，以及主人暂时不限制、有实际自由的奴隶。这种关系就其性质来说，与主宾关系或主奴关系不同，没有严格的法律关系，客民仍然不是自由人，但信义和习惯让他们的不自由状态有所减轻。因此一家的"客民"和严格意义上的奴隶构成听命于"恩主"的"仆从"。

按照原始的规定，主人有权收回客民部分或所有的财产，在遇到突发情况时，有权将客民重新贬为奴隶，甚至处以死刑；但事实与规定还是有出入的，主人不会像对奴隶那样，对门客行使家法；另一方面，主人在道义上有责任扶持和保护自己的门客，所以实际上门客的处境比奴隶更自由。特别是在门客的这种关系已经维续几代的情况下，他们事实上已接近法律上的自由了。如赦免者和被赦免者都去世了，赦免者的法定继承者要求再对被赦免者行使主人的权利，一定会被冠以大不敬的骂名。于是在家庭内部逐渐形成一群寄人篱下的自由人，他们既与奴隶不同，又与氏族中享有完全平等权利的人也不同。

罗马公社

在组织成分和形式方面，罗马城邦以这种罗马家庭为基础。罗马公社正是起源于罗米列氏、沃尔提尼氏、法比氏等氏族的联合（不管以什么形式联合）。这些氏族的土地总和就是罗马的领土范围。这些氏族的每一位成员都是罗马公民。凡是在这个范围内正常缔结的婚姻都是具有法律效力的罗马人婚姻，由此诞下的儿女享有公民权。凡是非法婚姻，或者未婚生育的孩子，不属于公社的成员。因此，罗马公民称自己为"有父之子"，因为从法律上来说，只有他们是合法婚姻下的产儿。氏族，以及包含在氏族中的所有家庭，直接融合成为城邦。在国家之中，家庭和氏族仍然存在；但男人在家庭和氏族中的地位并不影响他与公社的关系。在家里，儿子从属于父亲，但在政治权利与义务层面，父亲和儿子是平等的。

当然，这个时候寄人篱下的门客的地位会有所改变，恩主按自己的意愿收留被赦免的奴隶和门客，才会受到公社的包容；实际上他们仍然直接受到原属家庭的保护，他们不享有自由民的正当权利，也不需要尽公民应尽的义务，但在公社的宗教仪式和节庆活动中，并不完全被排除在外。这种方式将其更为广泛地应用于全体公社成员所涉及的事务中。由此可见，城邦和家庭一样，都是由原始成员和依附者，即"自由民"和"门客"构成。

罗马国王

氏族是以家庭为基础的，而城邦是由氏族组成的，因此罗马政体不论是整体还是细节，都仿照罗马家庭的模式。父亲是自然形成的家庭首领，家庭因为父亲而产生，因为父亲的离世而消亡。但公社是不会消逝的，公社也没有自然形成的领导者；至少在罗马公社，不存在天赋人权的领导者，罗马公社由自由平等的农人组成，不存在血统高贵的贵族。所以由他们自己当中的某一个人出任领袖，成为罗马公社的主人；正如后来在其住宅及附近地区，经常可以看到常年不熄的炉灶、封锁严密的公社库房，罗马维斯塔女神庙和珀那忒斯神庙，所有这些都可以表明，整个罗马曾统一置于一个至高无上的领袖领导下。王位一旦空缺，早已指定好的继承人便会立即依法履行君主职权；但只有在继任者召集所有能服兵役的自由人，正式要求他们宣誓效忠后，全体公社成员才对国王有绝对忠诚的义务。在此之后国王才完全具有发号施令的权力，就像一家之主在家庭中一样；并且与一家之主一样，国王是终身统治。国王的权力饱含神秘色彩，他与公社的神灵相通，征询神的旨意，平息神的愠怒，任命所有的男祭司和女祭司。国王以公社的名义与外族签订的协议对全体罗马人具有约束效力，但在其他情况下，与非公社成员签订的协议不会对公社成员有任何影响。无论是在和平时期还是战争时期，国王的"谕令"总是雷厉风行，所以每次他因为公事出面，在任何场合下，都有"校尉"手持斧钺和棍棒在前面开路。只有国王有权力向公民演讲，公共财产库的钥匙也只有国王拥有。

和作为一家之主的父亲一样，国王具有惩戒和审判的权力。对于扰乱秩序的人，国王可以处以刑罚，尤其是有人违反军队纪律时,国王会予以鞭答。国王对一切民事和刑事案件都有审判权,他可以决断生死,也可以决断一个人自由与否。国王可以剥夺一个自由人的公民身份,将其当作奴隶交给另一个自由人;国王甚至有权将自由民卖作奴隶,换句话说,就是将其流放。在判下死刑的处决后,国王有权力批准人们请求赦免的呼声,但他并没有必须这么做的义务。战争时期国王召集公民抗战,并且统领军队作战;尽管身负重任,在火情警报响起的时候,国王还是会亲临火场。

正如一家之主在家里是唯一至高无上的权威,国王是罗马城邦唯一至高无上的权威。国王可以将那些对宗教规则和政治法则特别熟悉的人召集起来,组成专家小组,要求他们献言献策;为了使权力更加方便有效地施行,国王也可以将某些职能委托他人,比如向公民发布通知的权力,在战场上指挥作战的权力,一些无关紧要的决策权,以及审理罪犯等;尤其是在不得不离开城内的时候,国王可以留下一个"城守",全权代理国王的职责;但所有王权周围官吏的权力都来自国王的权力,只有得到国王的任命才能任职,得到国王的欢心才能留任。

远古时期的所有官吏,特派的城守,以及步兵和骑兵统帅,都只是国王的委任官员,而不是后来意义上所谓的官吏。在法律上,没有,也不可能有任何对王权外加的限制;在公社内部,没有人敢来评价公社统治者的所作所为,正如在家庭内部没人敢评头论足一家之主。国王的权力是终身的,至死方休。元老院掌握着新王选举权,遇到王位空缺的时候,王权暂由元老院行使。在国王被提名之后,自由民才正式参与国王的选举;从法律上来说,王权是建立在永久存在的父老团基础上的，父老团通过国王空缺期的掌权，将王权过渡到新王手中，新王终身在位。"举世闻名的罗马因崇高的神佑而得以建立"，于是这一神佑便由第一个接受神佑的国王承继，连续不断地传给继任者，虽然当权的人持续在发生变化，但国家政权的统一却得到了维护。

在宗教领域，罗马人民表现出的以罗马狄欧维斯教为代表的团结统一，正如在法律上以君主为代表的团结统一，所以国王的服饰和至高无上的神一样；罗马城内人们都只能步行，只有国王乘车，他手执象牙鹰杖，脸上涂着脂粉，头上戴着黄金槲叶帽子，这都是罗马神祇和国王共有的殊荣。但如果我们因此就认为罗马政体是神权政治，那就大错特错了：意大利人对王权和神权从来不像埃及和东方那样，混为一谈。国王不是人民的上帝，而是国家的主人，这种说法更为确切。所以，罗马人没有某一特定家族特蒙神恩的概念，国王也不是拥有何种神秘的力量，并非有与其他人不同的资质。高贵的血统，以及同前任统治者的亲属关系，是新统治者的有利条件之一，但这并不是必要条件；任何身心健全的罗马成年人，在法律上都有成为罗马君主的权利[3]。因此罗马君主只是平常的罗马公民，因为自身优秀或者外界的契机，又因为国不可一日无君，正如家庭不可一日无主，所以才将他置于同辈之上，做他们的主人，就像一个农人被任命为众农人的领导，一名战士被任命领导军队。

正如儿子绝对服从父亲，并不是因为儿子的地位更低一等，所以公民听命于君主，并不是因为君主优于众人。这构成了对王权的道德约束和实际约束。当然国王也会做出有悖平等，但并不违反国家法律的事：他可以克扣战士应得的战利品，可以加重徭役，或者毫无缘由地征收苛捐杂税，侵占公民的财产；但如果国王真的这样做，他就忘记了自己的权力并不是神赋予的，国王是人民的代表，他的权力是在神的许可下由人民赋予的；如果人民也忘记了宣誓效忠的誓言，危急时刻谁会来为国王抛头颅洒热血？但法律对王权的限制在于国王只有权力执行法律，而无权更改法律。国王背离法律的行为，必须事先得到公民议会和元老院的许可；否则，该行为就不具有法律效力，就是暴政行为。所以在道德层面和法律层面来说，罗马的王权和现代的君权在根本上是不同的，在近代也找不到能与罗马家庭和罗马城邦相对应的例子。

公社的组织形式

罗马公民的划分以"族区"为基础，罗马公社由十个族区组成。每个族区有步兵一百人，骑兵十人，以及议员十名。几个公社合并后，每个公社就自然而然成了整个公社的一部分，原来的基数就是各部数量的乘数。这种分配法起源于公民群体的构成，这种分配法也应用于领土分配。传到现在的罗马区名很少，其中有一些显然是源于族名，例如法乌西亚，其他的明显起源于当地，例如维利恩西斯，所以每个区都有自己的领土，每个部落也有自己的领土，这一点无可置疑。在土地共有的远古时期，每个族区都包含了若干个前文说到的氏族土地。

这种政权组织形式非常简单，它同后来受罗马影响而兴起的拉丁族公社和自由民公社的模式不谋而合；这些公社一律有一百名议员。在三分制的传统中，罗马拥有三十个族区，三百名骑兵，三百名元老院议员，三千名步兵，这个额定数字屡见不鲜。

　　可以确定，这种古老的政制模式并非起源于罗马；拉丁各族都建立在这种古老的体制之上，甚至在拉丁各族分立之前就是如此。在这些情况下，有关罗马政体的流传史料十分可信；关于罗马公民群体的各种划分方法在历史上也都有迹可寻，只有区的划分是源于罗马建城；与此完全吻合的是，族区体制是在罗马开始出现的，而且从最近发现的拉丁公社的政制模式中，族区制似乎是拉丁市政制度的主要成分。

　　族区制度的核心一直在于区的划分。"部族"已经不是罗马至关重要的成分，因为"部族"的产生及其数量纯属偶然；凡是有"部族"的地方，它们存在的意义不过是保留这些"部分"曾经作为整体的记忆[4]。在流传的史料中，没有记录任何部族有过自己特殊的办事机关或集会；很可能为了维护罗马共同体的统一，这些联合起来的部族实际上并不被允许存在这样的制度。甚至在军队中，步兵军官和部族的统领数量相当，但是这些军团护民官并非统率一个部族的士兵；而是每一个军团护民官和全体护民官一起，统率所有步兵。各氏族分布在这几个区内，氏族之间的界限和家族之间的界限都是自然形成的。

　　立法权通过修正的方式，对这些氏族族区起到干预作用，将较大的氏族一分为二，也可以将较小的氏族合并起来，这在罗马流传史料中已经无迹可寻。但无论如何，这些干预发生的范围十分有限，所以氏族的基本亲缘关系不会因此改变。所以我们不可以认为氏族和家庭的数量都是法律规定、固定不变的。如果说区应该配备步兵一百，骑兵十名，那么每个氏族应该出骑兵一名，每个家庭出步兵一人，这既未见于可信的流传史料，也难以令人信服。在这个古老的政制体系中，唯一分承功能的是族区，罗马一共有十个族区[5]，在有若干个部族的地方，每个部族分为十个族区。这样分出来的每个"责任区"都是真正意义上的统一体，至少在举行公共节日庆典的时候，其成员是要集会的。每个责任区都有一位特设的负责人，以及自己的祭司；毫无疑问，征兵和征税都是以族区为单位，审理案件的时候，公民也是分区聚集，分区表决。但这种制度开创的原意并不在于方便表决，因为如果原意如此，区的划分数量一定会是奇数。

公民之间的平等

公民对待非公民并不友好，但在公民内部每个人的权利都是完全平等的。罗马人严格执行这两个原则，毫不妥协，在这方面也许没有哪个民族能与之比肩。荣誉公民制的设立原来是为了调和公民与非公民的矛盾，但也许正是罗马人对这种制度的态度，让罗马公民与非公民的差异更加一览无余。当公社经过决议，允许一个外地人加入公民团时，他虽然可以放弃之前的公民权，完全地融入新的公社，但也可以兼有新旧公民资格。这是种古老的惯例,在古希腊一直都是这样,到后来,同一个人往往同时是若干个公社的公民。但在公社概念更为强烈的拉丁姆,人们不能接受一个人同时成为两个公社的公民;所以,新入选的公民如果不愿意放弃之前的公民权,这种名义上的荣誉公民资格,其意义仅仅是殷勤待客的情谊以及保护客民的义务,而对外邦人早就是这样的态度了。

但在对外人严加限制的同时,罗马公民在公社中的权利不平等也被完全排除。前文已经提到家庭中存在的种种差别,这当然不可以置之不理,但至少在公社中这些差别是无足轻重的;儿子在财产权上从属于父亲,但在扮演公民角色的时候,儿子也可能处于支配地位,有权对父亲发号施令。但罗马没有等级特权:实际上替提人先于罗马纳人出现,这两个部族又先于卢克雷人,但它们在法律上的地位是完全平等的。当时罗马公民组成的骑兵只在单线作战的时候才会被派往前线,有时候是骑马,有时候是步行,与其说是特殊兵种,不如说是一支精兵或后备军,因此骑兵在物质上最为富裕,装备最为精良,士兵也训练有素,他们自然而然地享有比步兵更高的威望;但这纯粹是实际上的差别,因为毫无疑问,只有出身世家的人才有机会加入骑兵队。引起法律上差别的,仅仅是按照政制对公民做出的划分;所有公社成员的法律平等也只是表面上的平等。

实际上从着装的差异,可以区分公社首领和公社成员,也可以区分服役从军的成年人和不具备入伍资格的未成年男性;除此之外,人无论贫富贵贱,外出时必须一律穿白毛料做的托加。这种公民享有的高度平等，无疑是起源于印度－日耳曼公社的政制；但罗马人将这种政制了解得如此详细，将其执行得如此准确，使其成为拉丁民族最鲜明、最具影响的特点。我们也许还记得，在意大利，没有任何文化发展水平较低的早期种族臣服于后来的拉丁移民。他们没有关于被征服民族的事务需要处理，因此不仅没有像印度那样发展起种姓制度，也没有像塞萨利[6]、斯巴达一样。也许整个古希腊的贵族，没有像德意志那样具备发展等级差异的契机。

公民的义务

国家财政的维持理所当然有赖于全体公民。公民最重要的义务是服兵役，因为公民有从军的权利和义务。公民群体同时又是"战士团"：在古代祈祷文中，人们祈求战神赐福于"长矛兵团"，这个兵团以及国王所称的"长矛兵"[7]，都是战士的象征。作战军队，即所谓的军团如何编制在前文已有叙述。在三分制的罗马公社，军队有骑兵的三个"百夫队"，由三个骑兵大队首领统率[8]，步兵的三个"千夫队"，由三个步兵队长率领，步兵大概从一开始就是公社所征兵丁中的精锐。此外，也许再加上一定数量军阵外作战的轻装步兵，尤其是弓弩手[9]。国王通常自任军队主帅。除了服兵役外，公民可能还要服其他的徭役，比如执行和平时期和战争时期国王下达的指令，服为国王耕耘土地或兴建公共设施等劳役。罗马城墙保留着"徭役"的称呼，足够表明建城工程队给公社带来的负担多么沉重。

　　罗马没有常规的直接征税，也没有常规的直接财政支出。因为政府对服兵役、劳役和任何公务不会支付报酬，所以以征税来缓解公社的负担是没有必要的；即使有报酬，也是给相应的地区或者由不能或不愿服役者付给服徭役的人。公祭时需要的祭品由诉讼捐项下筹款购买；普通诉讼案件的败诉人按受争议财物价值的多寡上交一种所谓的"牲畜罚款"。公民是否经常给国王送礼，史料中没有提及。另外，公民要缴纳港口税和领土税，尤其是将牛驱赶到公共牧场放牧应交的"牧捐"，以及公有土地承租人以其一部分产品交付的租金。此外还有"牲畜罚金"、没收财物和战利品。遇到有需要的时候，就会强行摊派捐款，然而这在罗马人看来是强行借款，因为在时局好转之后捐款会被退还；但不能确定这种捐款是摊派给全体公民，还是摊派给居民；但后者的可能性更大。

　　国王管理财政。根据典籍记录，罗马最后的王族，塔克文氏拥有很多土地，但国有财产与国王私有财产不同，特别是战争所得的土地，似乎都被当作是国有财产了。国王管理公共财产是否会受到习俗的限制，受到多大程度上的限制，这点我们无法确定；但后来的发展进程表明，遇到与习俗有出入的地方，国王从不与公民商讨，关于强行摊派捐款和分配战争所得土地，则习惯与元老院磋商。

公民的权利

但是罗马公民看来除了纳捐和服役，他们也可以参与政务。因此，当国王召集公社全体成员（不包括妇女、和尚、不能行军打仗的孩子），即所有被称为"长矛兵"的人，在裁判所，向他们通告情况或者正式命令他们第三周集会，逐区向他们了解情况。这种正式的公民大会由国王指定按期举行，通常一年两次，一次在三月二十四日，另一次在五月二十四日，国王认为有必要的时候可以随时召开。但公民被召集起来不是来畅所欲言，而是来听国王发言；不是来向国王发问，而是来回答国王的问题。集会的时候只有国王，以及国王认为可以允许发言的人以外，其他人没有说话的权利；公民发言只是对国王所提问题的简单答复，没有讨论，没有推理，不提条件，也不将问题作细致的分析。然而，罗马公民团，正如德意志的公民团和古老的印度日耳曼公民团一样，是主权国家思想的终极基础。这种主权在很多时候都是潜在的，或者说只在公民自愿向国王效忠的时候，这种主权才可以表现出来。因此，国王在登上王位之后，就会向集会的各区询问他们是否愿意对他竭忠尽力，是否愿意按照惯例承认他和他的部下；对这一问题肯定不可以有否定的答复，正如一位世袭的君主一定会备受尊敬，没有人敢抵触。

公民既然是执掌权力的人，那就不在平时参与政事，这完全顺理成章。只要公共事务仅限于落实现有的法律规范，那么至高无上的王权就不能也不应该进行干涉：治国理政的是法律，而不是立法者。但是当现行法制有所变动，或者只是在特殊情况下的必要违背，都需要君权进行干预；遇到这种情况，公民都会按照罗马政制采取行动；所以主权的行使都是靠公民和国王或摄政王通力协作来实现的。

正如统治者与被统治者的关系是通过口头问答的方式建立的，这和订立契约没有什么两样，公社主权的行使都是以发问的方式，由国王向公民们发问，大多数区对于这个问题都给予肯定的答复。在这种情况下，他们理所当然也可以表示不赞同。所以，对于罗马人来说，法律本不像我们理解的那样，是统治者对整个公社下达的命令，而是组成国家权力的各代表以阐明和反驳的方式所缔结的契约[10]。实际上任何不合法制常规的事情都需要订立这种立法契约。根据法律规定，任何人都有权将自己的财产赠予他人，但条件是即时转移；财产的所有权暂时继续归属财产所有者，在他死后立即转移给另一个人，这在法律上是不可能的事，除非公社认可这种做法；在这件事上，公民不仅在族区集会的时候得到准许，而且在临战对敌时也同样可以。这就是遗嘱的来源。按照法律，自由是公民不能失去、不能放弃、不可剥夺的权利，所以不隶属于任何一家之主的人不能再从属于另一个人而居于人子的地位，除非公社允许。这就是收养义子。

依照法律，公民权只能通过出生获得，而且公民权是不可剥夺的权利，除非公社授予贵族地位或者公社允许放弃公民权；毫无疑问，最开始的时候，如果没有得到区的决议，这两种情况都不可能生效。按照法律规定，一个罪人应该被判死刑，国王或者国王代表如果已经作了审理和宣判，这个人就会被毫不容情地处决；因为国王只有审判权，没有赦免

91

权,除非被判死罪的公民向公社请求饶恕,而审判官给了他请求赦免的机会。这就是上诉的起源,上诉主要指的是被认定有罪的犯人如果不承认有罪,就没有上诉的权利;犯人如果肯认罪,并且提出请求宽大处理的理由,才可以上诉。

按照法律规定,和邻国缔结的永久性条约不容许取消,除非公民受到该条约的损害,认为自己不该受到它的束缚。所以在筹划扩张战争之前,必须和公民商讨,但是在防御战,或者战后媾和的时候,如果对方破坏条约的情况下,就不需要召集公民讨论;但是好像在这种情况下,问题不像通常那样向公民大会提出,而是直接向军队提出。所以一般来说,每次国王筹划改革,修改现行法律,必须征求公民的意见;从这一方面看来,立法权自古就不属于国王,而是国王和公社共同的权力。在这一事例和所有类似事例中,国王的行为如果没有公社的参与,就没有法律效力;国王个人宣布某个人为贵族,即使在事实上产生了实际的影响,但在法律上是无效的,这个人和以前一样还是非公民。从这方面来说,虽然公民大会似乎在初始时受到限制和束缚,但它自古以来就是罗马共和国的重要成分,而且在法律上,不是和国王平行,而是高于国王。

罗马元老院

但是除了国王和公民大会外,在古老的罗马政制中,还有第三种权力,它与国王权力不同,本来不为行政而设置,与公民大会也不同，原本不是为了立法而设立，但它与二者相互协作，其权力范围也在二者之上。这就是元老院。毫无疑问，元老院起源于氏族组织：根据古代流传史料，在罗马建城之初，元老院由所有的家长组成，从国家法的角度看，这只在以下情况中是合理的：后来的罗马氏族，除了很晚才迁入的，都自谓与罗马古城的这些家长有渊源，认为他们是自己的祖先和始祖。

在罗马，或者说至少在拉丁姆，曾经在一段时期内，城邦的每一个组成成分，即氏族，跟城邦一样，实际上像君主专制下的组织一样，在长者的统治下，该长者由族人推选或者前任者任命，或者世袭继承；当时的元老院不过就是这些氏族长老的总称，从而成为一个独立于国王和公民大会之外的机构；但是元老院和公民大会不同，公民大会由全体公民直接组成，而元老院是由公民的代表组成的，具有代议制性质。拉丁民族在很早的时期，每个氏族肯定都经历过一个相对独立的阶段，由氏族发展到公社，经历的第一个阶段，也是最艰难的一个阶段，即保留氏族长老，很可能远在罗马建城之前，拉丁姆就已经度过了。

据我们所知，罗马氏族里没有所谓的族长，所有氏族成员均出于或者自称出于一个共同的祖先，但在世的族人中，没人敢说自己是这个共同祖先的代表，所以即使是在财产继承和监护妇孺的事情上，如果一家之主不幸去世，就需要整个氏族共同承担。但是由于元老会议的性质，很多重要的法律后果往往都归属于罗马元老院。简而言之，元老院的实际地位并不只是国务议会，而且高于国务议会，不过是国王召集亲信开会,供国王咨询建议而已;正如荷马描述的那样,诸侯和人主围着国王应席而坐,讨论政事,这和当时的元老院没有什么区别。元老院成员是由氏族首领组成的,因为氏族数量不是固定的,所以元老院的成员数量也不固定。但是在远古时期,也许在罗马还未形成之时,公社元老院成员的数量是固定的一百位,不考虑当时的氏族数量,所以在三个原始公社合并之后,元老院成员数量就增至三百,以后三百就成为元老院的固定成员数额,从国家法的角度来看,这是必然的结果。此外,无论在什么时候,被召集进入元老院的长者都是终身任职;到了后世,这种终身制更多的是在事实上延续了,但在法律上并非如此,元老名录不时会修改,那些不称职不得人心的长者会被除名,这种办法是随时间慢慢演变而来的。

在氏族首领不再处于至高无上的地位时,元老的选择权就理所当然地属于国王了;但是在较早的时期,人们对氏族的独特性还念念不忘,国王在选择元老的时候,通常在一位元老辞世之后,从其原先所在的氏族中委任一位德高望重的人来接替。我们可以推测,大概后来随着公社融合的程度越来越高,公社内部渐趋统一,这种元老选择的方法才作废,完全由国王自由决断,所以只有在国王不选人补替的时候才会被认为没有尽职。

元老院的特权——权力过渡

元老院的权力建立在以下观点的基础之上：公社由氏族组成，公社的统治权依法应该属于全体氏族族长，虽然这种统治权在家庭内部，就彰显出了严格的罗马君主制度的概念，但当时只能由其中一位长老，即国王来执掌。元老院的每一位成员，虽然在实际上不是公社国王，但在职权方面，却跟国王没有太多差别；所以长老的标志虽然亚于国王，但两者性质相似：长老穿的鞋跟国王的很像，都是红色，只是国王的鞋略高一点，也更加精巧。

正是这个原因，如前文所述，国王去世的时候，罗马公社的王权不会空缺，元老们会立即接掌王权。但是根据只能有一个国王这一不变的原则，即使这个时候确实只有一个人在执掌政权，这种"摄政王"和选任终身任职的国王，他们之间唯一的区别仅在于任期的长短，不在于权威的大小。摄政王的任期对单个掌权者来说一般是固定的，不会超过五天；根据这个规定，元老们轮流执政，每位摄政王任期截止的时候，按抽签决定接任顺序，将职权转让给下一位任期也只有五天的继任者，直到任期终身的国王有人补任为止。因此公社不对摄政王宣誓效忠也是可以理解的。但是摄政王不仅有权力和义务执行所有原属于国王的职责，甚至有权任命一位终身任职的国王，但是有一个例外，即第一个被指定担任摄政王的人不具有任命终身在职的国王这一权力，可能是因为第一位不是被前任者推举的，所以被认为不够资格。因此，元老院执掌着罗马共同体的最终统治权，也是罗马共同体的神圣庇护，保障了罗马共同体及其君主制（但不是世袭的君主制）连绵不绝地发展。所以，据后来的希腊人看来，元老院似乎就是众王会议，其实这本来不足为奇，因为元老院实际上正是这样发源而来的。

元老院与公社决议——元老院的权威

但是，元老院不仅是王权永恒鲜活的表现，而且也是罗马政制的一个重要成分。当然元老会议没有权力干涉国王的政务。但是当国王不能亲自统兵作战或者解决法律纠纷的时候，他都会从元老会议中选人作为自己的代表，代为行使权力；因此后来军队最高军职通常交给元老，在选任陪审员的时候也优先起用元老。但是在统领军队和司法管理方面，元老院从未以团体的身份受到国王咨询；所以后来的罗马元老院也没有统领军队和司法裁决权。

另一方面，元老会议还被视为现行体制的维护者，监察国王和公民的违法行为。公民应国王的提议而通过的一切决议案，元老院都有审查的职责。如果决议有违反现行法律的嫌疑，元老院就可以不予批准；换句话说，根据政制要求需要公社决议的时候，比如修改政制、接纳新公民、发动扩张战争等，元老会议都有表决的权利。当然我们也不能认为彼时的公民和元老院，和当今的立宪制国家的两院一样，共同享有立法权；元老院只是法律的维护者，不拥有立法权，只能在公社作出的决定似乎超出了权限，违反对神祇的现行义务、违背对他国的承诺或者妨碍了公社本身规章体制的时候，才能宣告废止这种决议。但更为重要的事情，比如罗马国王已经提出宣战，而且得到了公社通过，成为一项决议；又比如当其他公社应该支付赔偿，但该要求得不到满足的时候，罗马使者就会恳请神灵主持公道，并且在结束的时候说："但是关于此事，我们需要询问一下国内的长者，以确定如何才能捍卫我们的权利。"只有元老会议通过了这一决议，公民大会决定、元老院批示之后才能正式宣战。当然，这一项规则的用意和效果都不是使元老院永久干涉公民的决议案，也不是利用监护权剥夺公民大会的最高权力；但正如在王位空缺时，元老院保持了公社政制的延续，我们也能感觉到元老院在面对公社这一最高权力的时候，起到了维护法纪的作用。

元老院充当国务院

与上述相关的，还有一种似乎非常古老的规则：国王要将议案提交公民表决，必须提前将议案提交给元老院，并且经过元老院全体成员逐一表决。由于元老院有权否决通过的决议，国王自然很清楚必须提前确保元老院不会有反对意见；而且通常来说，一方面，按照罗马人的习惯，在做重大决定之前，都会事先和他人商议；另一方面，根据它的组织构成，元老院担任着公社统治者政务咨询机构的角色。

正是由于元老院为国王提供咨询的习惯，而不是上文描述的职权，造就后来元老院的权力越来越大；但是元老院的咨询作用本来无足轻重，只不过是国王咨询的时候，元老院有回答的职责。遇到不属于司法也不属于军队的重要事务，例如，除了提交给公民议会的议案外，还有征税、摊派徭役、召集公民服兵役以及发动扩张战争，国王都要事先咨询元老院，虽然很频繁，但在法律上并不是必不可少的流程。只要有意愿，国王就可以召集元老会议，提出自己想要咨询的问题；若没有被问及，元老不得发表自己的意见，元老未被召集，更不得私自开会；但有一个例外，在王位空缺时元老们必须开会决定摄政王的继任顺序。而且除了元老外，国王还有请自己信任的人一起讨论国事的自由，这一点极为可信。当然，提供的建议不是命令；国王可以不按照得到的答复去行事，而元老院的观点就没有施展的余地，除非上述的否决权，但这否决权并不是普遍适用的。"我选你们来，不是让你们来领导我，而是要你们听从我的吩咐。"这是后来一位作家借罗慕路斯之口说的话，从这个方面来说，这句话所表述的元老院的地位大致上是准确的。

罗马的原始政制

现在我们来总结一下。罗马人认为，主权是公社固有的权力；但是公社没有单独行使主权的资格，在遇到违背现有规则的时候，只能与国王和元老院共同行使权力。终身任期的元老们组成的公社元老会议和公社平起平坐，元老会议实际上就是在王位空缺时，召集起来执掌王权的一群官吏，由其中的成员轮流摄政，直到新王登上王位；元老会议还有推翻公社不合法决议的权力。正如塞勒斯特所说：王权至高无上，但受到法律的约束；所谓的至高无上，指的是不管国王的命令正义与否，首先必须无条件遵循；所谓的受到约束，是指国王的命令如果和惯例相冲突，没有得到真正的权力执掌者，即人民的准许，就不具有持久的法律效力。因此，罗马最古老的政制，在某种程度上是与君主立宪制截然相反的。在君主立宪制政体中，国王是国家全权的执掌者和载体；因此，比如只有国王才有宣布特赦的权力，但是治国理政的权力却属于人民的代表，以及对人民代表负责的行政部门。在罗马政制中，公社行使的职权和英国国王的职权颇为相似：在英国，特赦权是国王独有的权力；但在罗马，这一特权属于公社，罗马的政权完全掌握在公社首脑手中。

最后，如果我们探寻一下罗马及其公民之间的关系，就不难发现，罗马远不只是为了防卫而联合起来的松散联盟，也不是近现代所谓绝对专制的强权国家。毫无疑问，罗马公社在征收赋税和惩治犯罪方面，对公民个人有统治的权力；但是任何特定的法律，对某一个人诉诸法律或者以惩罚胁迫，由于其行为在大多数人看来并非有罪，即使形式上没有任何疏漏，但对罗马人来说似乎就是武断和不公的。财产权和宗族权更多的是重合，而不仅仅是相互关联，公社对其的干涉更加有限；罗马的家族制度并没有完全废止，公社的发展并不是以牺牲家庭为代价，正如吕库古[11]的警察制度。国家可以监禁或者绞死公民，但是无权剥夺公民的子嗣、没收公民的土地，甚至无权向公民长期征税，这是罗马古老政制最不可否认、最值得称道的准则。在诸如此类的事情中，公社本身也受到限制，不得侵犯公民的权利，这种限制并不只是一种抽象的概念，在元老院依法行使否决权时有其表现和实际运用，因为它对违反这种基本权利的公社决议确实有废止的权力和职责。罗马公社在其范围内权力至高无上，这是其他公社难以比拟的；罗马公民在法律上享有绝对的安全，不会受到其他公民或者公社本身的干涉，这也是其他公社难以企及的。

罗马公社就是建立在这些规则之下的：罗马是一个自由的民族，理解服从的义务，明确拒绝所有祭司装神弄鬼的作弄，在法律面前，彼此之间完全平等，有自己鲜明的民族性，同时又明智豁达，大开与外界交往的门户（这一点会在后文表述）。这一体制既不是人为创制，也并非假借其他国家，它是在罗马人民之中产生并随罗马人民共同成长起来的。当然，罗马政制建立在早期意大利、希腊意大利以及印度日耳曼政制基础之上，但荷马史诗和塔西佗[12]关于德意志的纪实中所描写的体制，肯定经过了长久政治发展阶段，才最终形成最古老的罗马公社政制。希腊人的欢呼喝彩，德意志人的敲打盾牌，都有表示公社主权的意味；但这种形式与拉丁族区会议那种有条不紊的职权和循规蹈矩的意见发表，都有很大的差别。此外，罗马国王的紫袍和象牙杖确实是从希腊借鉴来的，而不是从伊特鲁里亚人学来的，罗马的十二名扈从以及很多其他表面的安排都是从国外引进的。但是罗马的政制，的的确确是罗马本土发展起来的，或者至少是从拉丁姆发展起来的。其中借鉴的成分都是微不足道的，政制观念的词汇都是用拉丁人所造的文字来表述的，从中就可以清楚地认识到这一点。

　　这种政制实际上奠定了长期罗马国家的基本观念；因为只要罗马公社还存在，无论其形式如何变化，行政长官有至高无上的号令权，元老会议是国家的最高权威，每个特殊的决议必须得到至高无上的主权，即公社的准许。

注释

[1]　不但旧的宗教婚姻是这样，世俗婚姻亦是如此，原先虽然未规定丈夫对妻子的财产所有权，但由于这种正式惯例和时效等法律观念易于应用于这种婚姻，为丈夫获得这种权利大开方便之门，丈夫在获得这一权利之前，尤其在迄至时效告终的时期内，妻室（正如日后先行试婚而后结婚）还不成其为"妻室"，而是未婚妻。罗马法中有这样一条原则，妻室不受丈夫支配就不成其为已婚妻，只是有名无实之妻（西塞罗《辨谬篇》，第三卷，14页）。这一原则直到罗马法臻于完备之时仍然未发生变迁。

[2]　以下墓志铭虽然属于相对较晚的时期，但是在此有必要叙述一番。如下：
　　　　过客啊，我的献词很短，请驻足细读。
　　　　这墓石并不精美，底下却掩埋着一位美人，
　　　　双亲称她为克劳迪阿；她挚爱夫君，忠心不贰，
　　　　她膝下育有二子，其一仍存于世上，另一个已没入黄泉，
　　　　她谈吐悦耳动听，举止优雅文静，
　　　　她操持家务，并自纺羊毛。我已倾诉完毕，君可移步前行。
　　原文为拉丁文（见《拉丁铭文大全》，1007页），纺羊毛也算是纯粹尚德之举，这也许更能说明问题，但这在罗马墓志铭中屡见不鲜。（以下为拉丁文）《奥雷利》4639页："最好、最美、从事纺织、虔诚、知廉耻、端庄、贞淑、足不出户。"《奥雷利》4860页："她端庄、正直、知耻、柔顺、从事纺织、勤奋、忠贞，酷似其他贤妇，足可与之媲美。"《图里亚墓志铭》第一卷，30页："知耻、柔顺、和蔼可亲、平易近人、勤纺织、有信仰而不迷信，衣着朴素，服饰不求观瞻，

实乃良善家族一员。"

[3] 《狄奥尼修斯》(第五卷,25页),跛足者不得居最高职位。罗马公民资格不但是雄居王位的必要条件,而且是充当执政官的必要条件,这不言而喻,因此,对库雷斯公民的奇谈,实在不值得煞有介事地批驳。

[4] 从它们的名称中也可以看出这一点。如法学家所知晓的那样,所谓"部"不外是过往或将来的"整体",所以在当下并无实际意义。

[5] 简单的十区体制早已绝迹,但是这一制度即使在罗马也有实际应用,而且让人惊奇的,是其应用于共食婚,我们可以从其他理由得到这样的观点:在我们掌握的法律史料中,提到过的所有正式仪式里,这一典礼最为古老。行此礼时,十证人制与十区制之间的关系似乎与三十庶从与三十区制的关系如出一辙,这一点毋庸置疑。

[6] 塞萨利或塞萨利亚位于希腊大陆的中部,周围环绕着高山,在北部与马其顿接壤,西部与伊庇鲁斯接壤,东部海岸线位于爱琴海。塞萨利是一个位于古马其顿南部的国家,它所在的位置是一个开阔的山谷,四周群山环绕,湍急的河流从山上流下来,在山上汇成河流。河流流量越来越大,流向平原,最终汇成了塞萨利的中心河,蜿蜒向东方流去,汇入一个叫做潭蓓谷的著名山谷。——译者注

[7] 古人把 Quiris、quiritis 或 quirinus 解释为"长矛兵",这个词源于 quiris 或 curis(长矛)和 ire。从这方面来说,与 samnis、samnitis 和 sabinus 一致,甚至古人也认为这个词源于 saunion(希腊文,长矛)。与此类似的还有 arquites(弓箭手)、milites(千夫队士兵)、pedites(步兵)、equites(骑兵)、velites(无盔甲、只有斗篷的士兵),即使词源不确定,却与罗马对于公民概念的解读密不可分。同样,Juno quiritis,(Mars) quirinus,Janus quirinus,都被设想成"挥舞长矛的神";quiris 用来称呼人的时候,意为"战士",换句话说就是"正式公民"。这与语言习惯表达相符。凡是涉及地点,绝对不使用 quritens 一词,而用 urbs Roma, populus, civis, ager Romanus(罗马和罗马人)等词。因为 quiris 与 civis 或 miles 相同,都没有任何本地含义。恰恰基于这个理由,这些词不能混用。人们不说 civisquiris,是因为这两个词虽然意义相殊,但表示同一法律概念。反之,在庄严地主持公民葬礼时,说"这位战士已经随死神携手离去";同样,国王以这一名义称呼集会的公民。他开庭断案之际,也按照可执戈防卫的自由民法律进行宣判。populus Romanus, quirites(populus Romanus quiritium 一词没有充分证明)意为"全公社与全体公民",因此,在一句古老的套语中,populus Romanus 与 prisciLatini 相对(贝克尔,《手册》,第二卷,20—21页)。以上的事实在我们面前一览无余,如果我们仍然坚持以

下的说法，似乎罗马公社曾与相似的奎里特公社对峙，这两个公社合并之后，在宗教仪式和法律习惯用语方面，被合并新公社的名字代替了施行合并公社的名字。所以，除了对语言和历史没有足够认知外，没有其他的缘由可循。

[8] 《狄奥尼修斯》（第二卷，64页）在叙述努马的八个宗教机构时，先叙述库里亚和主祭，然后第三才列出骑兵统领。根据《普雷内斯特历书》，三月十九日在大会场举行节日庆典。瓦勒里·安提阿斯（见哈利卡纳索斯的《狄奥尼修斯》，第一卷，13页及第三卷，41页）给最早期的罗马骑兵指定了将领，名为Celer和百夫长，而在《名人传》第一卷中，又称Celer为百夫长。此外，布鲁图斯在罗马诸王受到驱逐之际，据说曾充任骑兵队长之职，而且据《狄奥尼修斯》所说（第四卷，71页），他甚至利用职务之便，建议放弃塔克文族。最后，彭波纽斯以及可能部分是引论《狄奥尼修斯》的利杜斯也说骑兵队长就是安提阿斯所说的Celer，就是共和时代独裁官的骑兵统领，帝国时代的禁卫长官。现存文献中论及骑兵队长的只有这些，其中最后一种说法不但出于相对较晚的时期，甚至所依据的材料也值得考究，与骑兵队长的含义有出入，它只能用来表达"骑兵队长"的意义。但是共和时期的骑兵统领仅仅在非常时期受到推举，到后来这一现象不复存在，骑兵队长必须主持每年三月十九日的庆典，所以该官职是常设的，二者不可混为一谈。彭波纽斯之说显然完全是根据布鲁图斯的传闻衍生出来的，愈传愈玄，我们可以不予理会；但我们可以大致得到这样一个结论：在数目和性质上，骑兵队长与骑兵统领存在很大的差异。

[9] 以下显然非常古老的表达形式，轻装步兵和弓弩手以及之后的军团编制，都可以说明这一问题。

[10] 意为约束（对某事负有义务）。众所周知，一般指契约，但其附带的含义为此契约的条件由提议人决定，对方只能接受或拒绝，这种情形正如公众拍卖那样。在罗马社会公约中，提议者为罗马国王，接受者是人民；对于后者有限的参与协作，在文字上也有简明扼要的规定。

[11] 吕库古生于公元前七世纪，创立了斯巴达的政体形式，他是一个带有传说色彩的人物，阿波罗神殿的女祭司在传达神谕时称他是"诸神所钟爱的人，不是凡人，而是神"。吕库古正是凭着这个神谕而受到斯巴达人包括国王的尊重，从而为斯巴达人制定了一系列不成文的"端特拉"（神谕或律法），并且让斯巴达人发誓永远遵守这些法律。——译者注

[12] 塔西佗（约55—120年）是古代罗马最伟大的历史学家，他继承并发展了李维的史学传统和成就，在罗马史学上的地位犹如修昔底德在希腊史学上的地位。——译者注

103

第六章

非公民与政制改革

帕拉廷与奎里纳尔的城市融合

每个民族的历史,尤其是意大利的历史,都是大规模"并区为城"的历史。据我们所知,罗马在最早期的时候就采取三分制的形式,这种类似的合并一直在进行,到罗马的精神活力完全消逝才瓦解。原始的罗马纳人、替提人以及卢克雷人公社的融合,我们只知道这直白的事实,其过程我们一无所知,除此之外,山丘自由民融入帕拉廷罗马人,也是这类合并最早期的例子。两个公社之所以能合并,也许是因为它们的组织形式在本质上是相似的。为了解决合并产生的问题，必须对以下两种情况进行选择：一种是保留两种政制；另一种是废除其中一方的政制，将剩下的一方推广到联合后的整个公社。

关于圣地和祭司团，则是两者的都保留。自此以后，罗马公社就有了两个舞蹈祭司团、两个牧神祭司团。因为有两种战神，所以公社有两种战神的祭司：一种是帕拉廷祭司，以后通常被称为战神祭司；另一种是山丘祭司，被称为奎里努斯祭司。虽然已经无法考证，但是很可能罗马所有的古拉丁祭司团——占卜团、高级祭司团（大祭司团）、维斯塔贞女团以及外交团——都同样起源于帕拉廷和奎里纳尔这两处的联合祭司团。在地域分区方面，帕拉廷城原来有三个区，即苏布拉区、帕拉廷区以及城郊区，再加上奎里纳尔城作为第四个区。说到最初的并区为城，新被纳入的公社，至少被当作是新公民团的一部分，因此在某种意义上仍然是一个政治团体；但在罗马山丘人以及后来的合并过程中，这种情况并没有得到延续。在联合之后，罗马公社依旧分为三个部分，每个部族各有十个族区；无论罗马丘人之前是否有自己的分区，在合并之后肯定都被分配到已有的部族和族区内。分配方法很可能是这样安排的：每个部族和族区接收分配一部分新成员，但新成员在这些地方并不能完全和旧有的公民相互融合。以后这些部分分为两级：替提人、罗马纳人以及卢克雷人分别被分为第一级和第二级。罗马公社的所有机构体制都是成双的，很可能也和这种分区方法有联系。神圣贞女有三对，很明显表示这三个部族每个部族都有一对代表，第一级和第二级各一人；每条街道都供奉着一对家庭守护神，大概是出于同样的原因。在军队中，这种安排尤其明显：在合并之后，三分制的罗马公社中，每半个部族出一百骑兵，于是罗马公民骑兵增加到六个"百夫队"，骑兵队长也大概因此从三个增加到六个。

关于步兵的相应增加没有任何流传史料可供参考；但是后来征发军团都习惯两个接两个，大概也是起源于此，也许是因为这种加倍征兵的做法，指挥军团的分区长官通常不是原来的三个，而是六个。可以确定的是，元老院的席位没有相应地增加，相反，直到七世纪，三百位元老这一原始数目依然是元老院席位的常额；但新纳入公社中的一些更为显要的人物，他们要加入帕拉廷城元老院也是完全合乎情理的。关于行政长官的任命也是这样：这个联合起来的公社只有一个国王，国王的主要副手，尤其是守城吏，没有任何变更。似乎帕拉廷山城的宗教体制得到了延续，在军事方面，由于公民数量加倍了，兵力也加倍了；但在其他方面，奎里纳尔城并入帕拉廷城实际上是前者隶属于后者。我们也许可以大胆地推测，帕拉廷旧公民和奎里纳尔新公民的区别，相当于替提人、罗马纳人以及卢克雷人的第一级和第二级的区别，因此奎里纳尔各族被称为"第二级"或"次等氏族"。然而这种差别更多的是声誉上的，而不是法律上的优劣之分。在元老院举行表决的时候，在旧氏族元老表决之后，"次等氏族"的元老才被征询意见。

同样地，山丘城区的地位甚至比帕拉廷的城郊区还低；奎里纳尔的战神祭司的地位比帕拉廷的战神祭司低；奎里纳尔的舞蹈祭司和牧神祭司也比帕拉廷的低一等。因此，通过并区为城的方式，帕拉廷公社和奎里纳尔合二为一，成为并区为城承前启后的阶段，即前承早期替提人、罗马纳人以及卢克雷人的混合，后启所有后来的融合者。加入的公社在这个新的整体中不可能自成一个部族，但是每个部族都允许拥有至少一个单独的部分；其宗教体制不仅得到了保持（这种情况在以后也是如此，比如在攻占阿尔巴之后，阿尔巴的宗教体制并没有消失），而且上升为整个联合公社的体制，这种情况在后世没有再重现。

门客与客民

两个实质上相似的公社合二为一，其结果是公社的规模增大了，但其内在的性质并没有发生变化。但是另一种进程缓慢而影响深刻的融合方式，也是发源于这个时期，即公民和"客民"的融合。在罗马公社，除了公民外，一直还存在着受公社保护的一类人，因为他们依附于一些家庭，所以被称为"门客"，又因为不具有政治权利，所以被贬称为"平民"[1]。他们介于公民和奴隶之间，在前文已经有所叙述，早就存在于罗马的家庭之中。但不管是在法律上还是在事实上，这个阶层的地位都越来越重要，其原因有二：第一，公社本身就有半自由的"客民"，以及奴隶；尤其是在一座城市被攻占，其城邦被瓦解的情况下，征服者最好不要将当地的自由民正式卖为奴隶，而允许他们保留事实上的自由，因此他们似乎是以公社被释奴的身份同氏族或者国王建立门客关系。第二，公民在法律上对门客依旧有所有权，由公社本身的性质以及公社对个体公民的权威来看，门客应该受到保护，以免受到滥用"所有权"的侵害。在距今非常遥远的历史时期，罗马法就开创了一条关于客民全部法律地位的原则：主人的公开法律行为，比如建立遗嘱、提起诉讼或者人口调查时，公开表示或者默认放弃对客民所有权，那么他自己或者他的合法继承人，就不再有权利擅自撤销或者重申对被释者及其后裔所作的弃权决定。

客民及其后代不因他们的地位而具有公民或者客人的权利：因为获得公民身份，需要公社正式授予，但他作为宾客，必须具有在与罗马缔结条约的公社里原有的公民权利。他们得到的是一种法律保护下的自由，但是在法律上，客民仍然是不自由的。因此在很长一段时间内，他们的所有财产关系和奴隶的一样，在法律上均被认为是主人与财产的关系，所以主人必须在法律程序上代表客民；而且在有必要的时候，主人还可以向他们征收捐款，他们如果犯罪，主人也可以将他们召集到跟前予以惩治。然而，这些客民渐渐脱离了束缚，开始以自己的名义获得和转让财产，可以在没有主人干预的情况下，向罗马公民法庭提出诉讼并获得合法补偿。

在婚姻和财产继承方面，法律很早就允许外籍人与公民权利平等，而那些严格意义上不自由、不属于任何公社的客民，则很久之后才获得这一法律上的平等；但是法律不能禁止客民在自己的范围内缔结婚姻，也不能否认因为婚姻建立起来的法律关系，比如夫权、父权、父系亲属权、宗族权、财产继承权以及监护权,都按照公民相应的法律关系来处理。

从某种意义上来说,待客法的运用才产生了类似的后果,外籍人因此而长久地定居罗马,在那里成家立业。从这个方面看来,自远古时期以来,罗马就盛行十分开放的政策。在继承的平等权上,罗马法没有区别对待,而且没有查封地产的做法。一方面,罗马法允许每个有能力的人在有生之年自由处置其财产;另一方面,据我们所知,所有和罗马公民打交道的人,甚至是外籍人和客民,都有权获取动产,并且从允许将不动产当作私人财产之后,在某些条件下,他们也可以获取不动产。罗马实际上是一个商业城市,它初期的重要性有赖于国际贸易,而且对所有因不平等婚姻产下的孩子、被赦免的奴隶以及放弃原住地公民权迁入罗马的外籍人,一概赋予自由定居的权利。

与公社并存的客民阶层

所以,最初公民实际上是保护者,非公民则是被保护的对象;然而和其他公社一样,罗马允许自由定居,但不开放公民权,很快这种法律关系就越来越难以与实际状况相调和。贸易日益繁荣,拉丁同盟缔结后,所有拉丁族人在私法方面(包括获取土地财产)取得了完全平等的地位,由于经济繁荣而越来越多地解放奴隶,必然导致即使在和平年代,客民的数量也急剧上升。被武力征服并入罗马的邻近城邑,其大部分人口不管是迁入罗马城,还是留在现在沦为乡村的旧所,通常都是放弃自己在当地的公民权利,换取罗马的客民资格,于是客民的数量就更多了。此外,战争义务专门由旧公民履行,贵族的后裔日益减少,而客民不需要付出流血牺牲,就分享胜利的成果。

在这种情况下,唯一令人惊奇的是,罗马贵族并没有像想象中那样快速消亡。地位显赫的外族在离开家乡、迁入罗马,或者他们的城市被罗马征服之后,可以被赋予公民权利,但是罗马在很长一段时间里还是一个人口众多的公社,却不能因此得到解释,因为这种权利赋予似乎一开始就很少发生,而且随着公民权利的价值日益增高,这种特许就更加少见了。更加重要的一个原因,是倡导世俗婚姻制,一对同为公民的男女,缔结过世俗婚姻并居住在一起,即使没有举行共食婚婚礼[2],他们诞下的孩子完全具有公民权,和举行献糕式婚礼而缔结婚姻产下的孩子是平等的。世俗婚姻在《十二铜表法》之前就存在于罗马,但可以肯定不属于罗马的原始政制,其引入罗马很可能至少是为了防止贵族的消亡[3]。除此之外,还有一些其他在很早就存在的措施,用以维持这些家庭子孙繁盛。

然而,客民的数量总是有增无减,而公民的数量最多算是没有减少;所以客民必然在不知不觉中获得另一种比较自由的地位。非公民不再仅仅是被解放的奴隶或需要被保护的外籍人,还包括在战争中被征服的其他拉丁公社的旧公民,尤其是拉丁移民,他们生活在罗马,不依赖于国王或其他公民的恩惠,而是依赖于联盟赋予的权利。客民获取财产在法律上不受约束,所以他们可以在新的处所获取钱财、购置房产，像公民那样，将家产传给子孙后代。投靠某个特定的公民家庭，寄人篱下，是一份苦差事，这种关系渐渐归于淡化。被解放的奴隶或者迁入的外乡人，如果依然在城邦内处于完全孤立的地位，到了他们的子嗣，尤其是他们孙辈那一代，情况就发生了变化，正是这种状况使他们与主人的关系不再那么重要了。在较早的历史时期，客民完全依靠主人的干预获得法律保护，以后城邦日益巩固，氏族和家庭的重要性就随之日益消减，门客的利益受到损害的情况在减少，甚至在没有主人干预的情况下，可以越来越频繁地从国王方面得到公正和补偿。很多非公民，尤其是已经解体的拉丁公社成员，正如前文所述，很可能一开始就不是国王或者大氏族的客民，他们和公民一样，服从国王的管辖。事实上，国王对公民的主权最终取决于遵从者的意愿，因此国王必然很乐意从自己的门生中建立一个更愿意服从他的组织。

平民

因此，在罗马公民之外，罗马又发展出了第二公社——由客民发展起来的平民。这个名称的改变具有重要意义。在法律上，客民和平民没有任何区别，"依附者"和"庶民"没有任何差别，但实际上两者之间却有很大的区别，因为前者强调他们对具有政治权利的社会成员所存在的依附关系，而后者仅仅表示他们不具有政治权利。自由客民此前特殊的寄人篱下的感觉消失之后，便情不自禁地感受到在政治上低人一等；但是国王在施政的时候一视同仁，所以避免了具有政治权利和不具有政治权利这两大阶层之间发生政治斗争。

塞尔维乌斯政制

客民和公民之间的敌对态势，似乎要酿成革命斗争，但是他们走向融合的初步阶段却没有以革命的方式进行。以国王塞尔维乌斯·图利乌斯的名字命名的政制改革，其历史渊源和同时期的其他事件一样不为人所知，我们不是通过流传史料了解到这个时期的历史，而仅能从后世的政制中推测。但是就其性质看来，这次改革肯定不是平民要求进行的，因为新的政制只给他们附加了义务，却没有赋予他们任何权利。新体制更可能是由于某一位开明君主的倡导，或者是出于公民的急切要求，分担额外的责任。一方面认为非公民应该纳税，要承担促进城邦发展的义务，服徭役；另一方面要服兵役。这些都包括在塞尔维乌斯政制中，但是二者并不是同时实行的。争取非公民加入公社也许是出于经济上的负担。纳税服役这些义务和责任很早就扩展到"财产所有者"或者"定居者"，只有完全没有财产的，即"无产者"还无需承担；其次就是将非公民纳入服兵役的范围，这在政治上具有更加重要的意义。服兵役的义务从此以后不再落在公民身上，而是落到土地所有者身上，不管是公民还是客民，于是兵役从原来的人身负担变成了财产负担。该制度的细节如下。

塞尔维乌斯政制下的五个阶层

凡是从十八岁到六十岁的财产所有者，包括世居父老的同族子弟，不管其出身如何，都有服兵役的义务，所以即使是被赦免的奴隶，如果他们十分例外地拥有了财产，也必须服役。拉丁人也拥有地产，只要他们到罗马定居（毫无疑问，大多数拉丁人都会这样做的），就也需要服兵役，非拉丁族人则不允许在罗马获取地产。有服役义务的人，根据他们所拥有土地的多寡，分为正式服役或全额胡符[4]地产所有者。他们必须自带全副盔甲去应征，由此看来作战军队主要由他们构成。以下四级更小的土地所有者，分别拥有一整个农场地盘的四分之三、二分之一、四分之一和八分之一。他们也需要服兵役，但是不必自带全副盔甲，因此他们的地位低于第一种全额服役者。按照当时土地分配的情况，几乎一半的农户都拥有整个胡符的地产，其余各级土地所有者中，拥有整个胡符的四分之三、二分之一和四分之一的，各占总数不到八分之一，而拥有八分之一胡符的土地所有者占八分之一。城邦以此规定步兵的征发比例，每位拥有整个胡符地产的土地所有者出八十名，往下三级各出二十名，最后一级出二十八名。

骑兵

骑兵征发也是按照同样的方法。骑兵队的数量翻了三番，与步兵的唯一区别是原先就存在的六个沿用旧名的骑兵队（即替提、罗马纳以及卢克雷的第一、第二队）都是由贵族组成，而十二个新骑兵队主要由非公民组成。这种区别之所以存在，很可能也是因为实际上在当时步兵都是作战时重新编制，战争结束重返家园即行解散，而骑兵不论是在战场上还是在和平时期都与马匹形影不离，定期举行操练演习，这被当作罗马骑兵的节日，一直延续到距今不远的时期[5]。因此骑兵队一旦编制，并得到允许，即使在这场改革之下，它们的原始名目都没有发生改变。为了使每位公民都可以为骑兵贡献一份力量，未婚女性以及未成年的孤儿必须为士兵提供马匹（每位士兵两匹马），以及喂马的草料，以代替本人服役。总的来说，作战时骑兵与步兵的比例是一比九，但是骑兵在实际中用得更少。

非财产所有者（在征兵列表上仅次于有义务服兵役的人）须为军队提供工匠、乐师以及提供补充兵源，让他们跟随军队出征，但不配备武器。在战场上遇到有士兵患病或者阵亡，战场上出现空缺的时候，补充兵就使用这些人的武器装备，接替他们在队伍中的位置。

征兵区域

为了便于征集步兵，罗马城被分为四个"部族"；原先的三分法因此被废止了，至少在当地不再有存续的意义了。所谓的四个部族，就是帕拉廷部，包括帕拉廷高地和维利亚；苏布拉部，与其同名的苏布拉街、卡里纳以及凯利乌都属于这个部；埃斯奎林部；由奎里纳尔和维米纳尔组成的科林部。科林部是"丘部"，有别于卡庇托尔和帕拉廷的"山部"。

这几个地区的形成过程，在前文已经提到过，这些地区如何从帕拉廷和奎里纳尔这两座古城发源也有所表述。但是经过什么样的过程，每个作为财产所有者的公民才被分属到其中的某个城区，我们无从知晓，但情况确实是这样的。从征兵抽调的士兵数量来看，这四个地区的人数大致是相等的。这种划分方法最初只是基于土地，然后推而广之基于土地所有者，完全是出于行政管理方面的考虑，绝对不带有任何宗教的意味；因为实际上在每个城区，都有六座神秘的亚盖尔教堂，但该城区并没有因此成为教区，正如每条街都建有家庭守护神的祭坛，但那些街并不因此成为带有宗教性质的街道。

这四个征兵地区所出的士兵各占总兵力的四分之一，而且每个地区要提供一些分队，所以在每个城区，军团和百夫队的应征士兵人数都相等，目的是要在一个共同公社的征兵制中，消除所有氏族和地方性的差异，尤其是通过军队倾向平等的精神，将客民和公民融合为同一个民族的人。

罗马军队编制

在军事方面，男性中有服兵役能力的人口被分为第一类和第二类征兵，前者从十八岁到四十六岁，称为"少壮兵"，这一类大多数分配到战场作战，而"老兵"则留在城邦内守卫城墙。军队的步兵单位是现在的双军团，队列和武装完全按照古多利安人的形式，每个方阵六千人，纵深六层，正面由一千名配备重武器的士兵守卫，并附带有二千四百名未装备武器的士兵。每个方阵四面的外围第一排，即作战军队，由那些拥有整个胡符地产、全副装备的装甲步兵组成；第五、第六层则是装备较差的第二、第三级农人；最后两级则附加在方阵后面或者在方阵旁边作为轻装部队参与战争。方阵如果遇到出现空隙的情况是十分不利的，需要有马上提供补缺增援的准备。

因此每个军团有八十四个百夫团，也就是八千四百人，其中六千人是重装士兵，第一级四千人，接下来的两级各一千人，二千四百名轻装士兵，这其中一千人是第四级，一千二百人属于第五级；每个征兵区大概为一个方阵出两千一百名士兵，为一个百夫团提供士兵二十五名。方阵是用于征战的军队，另一部分类似的军队却被认为是"老兵"，是作为留下来守卫城市的部队。这样算起来，步兵的常额共一万六千八百名，分为一百六十八个百夫队，其中第一级八十队，接下来的三级各二十队，最后一级二十八队，而两队补充兵、数队工匠以及乐师还不包括在内。骑兵分配在各军团中，共有一千八百匹马，通常在军队进攻的时候出动，但是每次仅出动总数的三分之一。因此罗马军队第一、第二类征兵的常额接近两万人；毫无疑问，这个数字，与施行新制时罗马能够从军人口的实际人数大致相当。随着人口增长，军团的数量却没有增加，但是这几个地区因为额外的兵力得到了巩固，而基数没有丝毫减少。罗马的所有团体在总体上对数额都有限定，往往通过允许额外人员加入来规避它们受到的限制。

土地清查

与这种新的军队制度同时并举的,还有更加严格的城邦土地清查。地籍造册或许这时候才施行,或许至少在这个时候才规定得更加缜密。各级土地所有者,必须将自己的土地及其附属物、地役权、奴隶、驮载用的大牲口都正式登记。财产转让如果在非公开没有证人的情况下进行,就会被宣告无效;地籍册和征兵册一样,按照规定每四年修改一次。因此,依法购买和财产登记这两种制度都是从塞尔维乌斯的军事制度发展而来的。

塞尔维乌斯军事制度的政治影响

很明显这整个制度在一开始就是具有军事性质的。在所有这些详尽的制度体系中,凡是涉及百夫团的使命,都无一例外纯粹出于军事上的目的;但是每个习惯对这些内容细思考量的人,仅仅依据这个原因,就足以断定百夫队经过后期的改革,才在政治事务上开始发挥作用。在很早的时期,一个人很可能年过六十就会被排除出百夫团,那么百夫队的设置,从一开始意图成为类似或者平行于区的公社自由民的代表团体,就没有任何意义了。

然而,百夫队制的创立,仅仅是为了将客民纳入征兵范围,以扩大公民的兵源,但是如果认为塞尔维乌斯体制的建立是为了在罗马施行财权政治,那就大错特错了;但是罗马居民承担了额外服兵役义务,因此他们的政治地位还是受到了实质的影响。有服兵役义务的人,只要城邦没有腐败,就有成为军官的可能;在罗马,平民毫无疑问也可以被选任为百夫长和军团司令官。此外,区会到这时还代表着公民专有的政治权利,并没有因为百夫队而有所削减,但是很显然,这并不是公民团作为区集会,而是作为公民征兵行使的权利,这一权利这时应该转移到了公民和客民组成的新百夫队。从此以后,每当君主想要发动扩张战争,必须征询百夫队的同意。因为要了解随后的发展过程,我们必须了解百夫队开始参与政治事务的情况;但是百夫队最初获取这种权利,更多是自然发展的结果,而非人为的创造,到了后来的塞尔维乌斯改革,和改革之前一样,区会仍被当作是正式的公民团体,公民团对君主表示服从,全体人民必须效忠于君主。

除了这些新拥有土地的正式公民,还有来自拉丁姆定居于此的外籍人,他们也需要承担公共义务,如纳税和服徭役;那些不在部区范围内的非定居公民,没有服兵役和投票选举的资格,仅仅被视为"拥有纳税权"。

之前罗马公社成员只分为两个阶层,即公民和客民,改革之后建立起了三个政治阶层,这三个阶层决定了数百年间的罗马国家法。

塞尔维乌斯改革的时间和时势

罗马公社的这种新的军事组织制度,什么时候形成,如何形成，我们仅仅能加以揣测。这种军事制度为罗马四个区的形成奠定了前提；换句话说，塞维亚城墙肯定在改革发生之前就已经拔地而起了。但是罗马城的领土这时肯定已经远远超过了原来的边界，所以才能有八千名拥有整个胡符地产的土地所有者，以及很多拥有较少地产的人，或者这些财产所有者的子孙。罗马通常每农户拥有多少面积的土地，我们不得而知，但是可以估计至少四十英亩以上[6]。如果我们按最低数一万胡符计算，那么罗马可耕种土地面积应该有一百九十平方英里；这样算来，如果我们合理估计牧场、房屋所占面积以及不适于耕种的土地，在进行改革之时，罗马的土地面积至少有四百二十平方英里，很可能比这更多。

根据流传史料的信息，我们可以认为能够服兵役的财产所有者有八万四千人，因为在塞维亚第一次人口普查中，确实得出了同样的数据。可是我们只要看一眼地图，就会发现这个数字是不可信的，这个流传史料的真实性也有待商榷，很可能只是一个猜测性的估算，因为罗马步兵队伍通常能够服役的似乎只有一万六千八百人，平均每户五人，公民数量为八万四千人，结果就是把这个数字和有能力服兵役的人数混为一谈了。

但是就根据上述的较低标准计算，在大约一万六千胡符的领土上，有能力服兵役的人数有两万左右，妇孺老少、无地产者以及奴隶的数量至少是其三倍。这样看来，我们必然可以假定：在塞尔维乌斯体制建立之前，罗马就已经将台伯河与阿涅内河中间地带，以及阿尔巴地区据为己有，这一点和流传史料不谋而合。但是贵族和平民在军队中的初始比例是多少，这一点我们无从考证。

总之，显而易见，塞尔维乌斯体制的产生并不是由于等级冲突。相反，正如吕库古、梭伦和扎莱乌库斯的体制，塞尔维乌斯体制也带有改革家的印记，而且很明显是在古希腊的影响之下产生的。古罗马和古希腊的个别相似之处，也许会让人产生误解，正如古代已经有人指出的，比如在科林斯，寡妇和孤儿也有为骑兵提供马匹的义务；但罗马采用希腊重装步兵的装备和编制，当然不是偶然的巧合。

在罗马纪元二世纪，意大利南部的希腊各城邦从单一的氏族体制，发展到改良之后的氏族制度，土地所有者因此得到很多优势，我们将看到塞尔维乌斯改革为罗马注入了强大的发展动力，这种改革和希腊的改革建立在同一种基本观点之上，但罗马施行更加严格的君主政体，所以改革体制经由的道路也有一些不同 [7]。

注释

[1] 见西塞罗《论国家》，第二卷，9页。
[2] 也叫献糕式，在古罗马，共食婚是一种传统上由宗教主持的贵族婚姻仪式。该仪式需要新娘新郎共享一块斯佩尔特小麦做成的糕饼，仪式以此得名。
[3] 《十二铜表法》关于习俗的条款明确表示，那时已经存在世俗婚姻。从以下事实可以同样清楚看出世俗婚姻由来已久。世俗婚姻和宗教婚姻相同，必须包含夫权。世俗婚姻与宗教婚姻的不同之处仅仅在于取得夫权的方式不同。宗教婚姻本身作为依法取得财产的必要形式，是

针对妻子而言的，与之相反的是世俗婚姻有另一种普遍取得财产的方式，即享有权利的移交或者规定时效，才能获取有效的夫权。

[4] 胡符，古代面积单位，大小不一，因地而异，据《自然与故乡》一书，胡符的面积相当于一个农人及其家人所能耕种的土地（引自《现代德语词典》，1973页）。

[5] 出于同一原因，山丘罗马人加入后，骑兵队征兵员额成倍增加，但步兵每次征发两个兵团，而非一个。

[6] 在480年前后，已经出现了接受七摩根（普鲁塔克《王政和帝政时代的格言》，235页，迪布纳版；普鲁塔克《克拉苏传》第二卷，即据此改正）的无土地者，嫌所分得的土地太少。与德意志的情况相比，结果仍是如此。尤格拉与摩根（折合大约25.53公亩）原来主要是计量人工而非计量面积的，所以可认为二者在最初时是相似的。德意志人的一"胡符"原先等于三十，有时等于二十或四十摩根，农民家庭占一般为一胡符的十分之一（至少盎格鲁－撒克逊人是如此），考虑到气候的差异以及罗马"世袭地产"相当于两个摩根的永业田面积，故而假设一胡符等于二十摩根，与当时情形完全契合。遗憾的是，我们无法找到流传下来的史料。

[7] 所谓塞尔维乌斯体制与雅典对待客民的办法相似，也值得特别指出。雅典与罗马相同，很早就对客民实行开放政策，之后也要求客民共同承担国家义务。我们愈不敢认定雅典与罗马在此事上有直接关系，就愈加可以肯定，无论哪个地方，只要原因相同（人口集中于城市和城市日益发达），必然会产生类似的结果。

第七章

罗马称霸拉丁姆

罗马的领土扩张

　　意大利民族向来勇敢,而且充满激情,因此内部纷争不断,在外又常与邻国结仇。随着国家发展繁荣,文明发展进步,长期不和必然逐渐演化成战争,侵袭抢掠逐渐变成攻城略地,于是政权开始显露雏形。这些最早期的争斗和对他族的抢掠,塑造并表露了意大利的民族个性,正如儿童的运动和游戏能够塑造和表现成人的心智,然而,意大利不存在荷马这样的人物,未能将这些画面保留下来。关于拉丁各州的力量对比以及政权外向发展状况,稍微接近准确、可供参考的历史传说亦无迹可寻。只有罗马还有一些线索,但我们至多仅能在某种程度上追寻到其政权和领土扩张的情况。罗马联合公社最早可以考证的边界在前文已有叙述。往内陆方向,从罗马首府到边界的平均距离大概仅有五英里,但是往海岸方向,边界线一直延伸到台伯河口,距罗马城大约十四英里开外。斯特拉波在其对古罗马的描述中写道:"新罗马城周围坐落着大大小小的部落(聚落、部族),其中有些部落居住在独立的村落中,不属于任何民族联合。"罗马最初开疆拓土之时,似乎首先吞并了这些同种族的邻邦。

阿涅内河至阿尔巴的疆域

安登尼、克鲁斯图美伦、菲考尼、梅都里亚、凯尼那、考尼库隆姆、卡梅里亚以及科拉提亚,这些位于台伯河上游和台伯河与阿涅内河之间的拉丁公社,距离罗马非常近。在罗马的武力侵攘之下,它们似乎很早就丧失了独立地位。在这个区域范围内,以后仍然独立的公社似乎只剩下诺门图姆;也许是因为与罗马结盟,它才不至于失去自由。台伯河左岸的菲登尼是伊特鲁里亚人的桥头堡。拉丁人和伊特鲁里亚人,即罗马人和维爱人,不断争夺这个地方的归属权,双方胜负交替,其归属权也不断转换。伽比占据着阿涅内河与阿尔巴山之间的平原,罗马为争夺这个地方发动的战争久久不能分出胜败(势均力敌),直到后世,伽比人的服装还被认为是军装的别名,伽比也被认为是敌国的原型[1]。在攻占这些地方之后,罗马的疆域大概扩大到了约一百九十平方英里。

  罗马在军事上的另一个早期成就,虽然带有传奇色彩,但比那些失传的战史更加煊赫,一直为世人所铭记:罗马军队占据了拉丁姆的神圣古都阿尔巴,并将其摧毁。其间的冲突如何产生,又如何得以解决,流传史料中没有任何线索。罗马的三胞胎兄弟与阿尔巴三胞胎兄弟的战斗,不过是对这两个强大而且关系密切的城邑之间斗争的拟人化说法,至少说明罗马是由三部分组成的。除了罗马征服并摧毁阿尔巴这一直白的事实,其他的我们一无所知[2]。

  罗马在兴建阿涅内河与阿尔巴山的同时,后来称霸于邻近八个地区的普雷内斯特,以及提布尔等其他拉丁公社也正在扩展疆域,为建立随后颇为强大的势力奠定基础,这虽然完全只是猜测,但是也不无可能。

早期征服领土的治理

  关于拉丁人早期征战的记录,我们已经感觉到很难找到详尽的资料,但关于拉丁民族这些早期征伐活动的法律性质和法律后果,我们尤其深感准确资料的匮乏。总的来说,这些由战争攻略而来的地盘,毫无疑问受到了与罗马公社兴起的三合一制度同等的对待;罗马原始三个城区在合并成新的联合公社之后,各城区依然保持着某种程度上相对独立的状态,而这些受武力胁迫并入的地区在联合公社中并没有任何独立可言，它们完全融入这个整体之中，再也无迹可寻。在远古时期，拉丁各州的势力范围不管如何发展，但只允许存在一个固定的首都作为政治中心；在这些地方也没有发现任何独立的聚居地，正如腓尼基人和希腊人那样，形成一时依附于本国，而在将来与之争锋的殖民地。在这个方面，罗马对待奥斯提亚的方法尤其值得一提：罗马人不能也不愿阻碍一个城市在奥斯提亚兴起，但是不允许该处获取政治上的独立，因此定居该地的人不具备当地的公民权，如果已经拥有当地公民权，那就仅仅允许他们保留罗马的普通公民权[3]。有些弱小的州郡迫于武力，或者出于自愿臣服势力更强的州郡，它们的命运也根据这一原则来确定。被征服的弱小州郡，它们的堡垒被夷为平地，它们的疆域归于征服者，它们的居民和神祇在战胜方的首府另起炉灶。正式将这些被征服地区的人民迁入罗马城，不能绝对地理解为等同于东方城市建立所遵循的规则。那个时候拉丁姆的城镇不过相当于堡垒以及每周一次的农人市集，所以，只要把市集和审判场所迁到罗马城，大致就足够令人满意了。

神庙往往仍保留在原来的地方，从阿尔巴和凯尼那的例子可以看出，这两座城市在毁灭之后，它们在宗教方面似乎保持了表面的独立。即使这些被侵占地区的防御工事已然尽数毁坏，当地居民很有迁移的必要，但是为了耕植土地，他们往往会留居原地，住在不设防的村落里。然而，被征服者常常被迫全体或部分迁入罗马城。罗马国家法中有一条规定，比拉丁姆传说时代的故事更能充分证明这一点，即：只有那些开疆拓土的人才有权力扩展城墙的范围。当然，被征服的人民，无论他们迁居与否，通常都被迫在法律上居于客民的地位[4]；但一些特殊的个人或氏族偶尔也会被赋予公民权利，换句话说，会被授予贵族身份。阿尔巴被征服之后，加入罗马公民的阿尔巴氏族，直到罗马帝国时代，人们仍然能辨识出它们；其中有尤利族、塞维利族、昆克提族、克罗利族、格加尼族、库里阿提族以及密提利族；它们的阿尔巴宗祠里还保留着祖籍的记忆，其中坐落在保维拉的尤利氏族，在罗马帝国时代就颇负盛名。

这种将数个规模较小公社并入较大公社的集中过程，并不是罗马人独有的做法。拉丁姆和萨贝利族因国家集权与地方独立的矛盾而得以发展，这与希腊的发展不谋而合；拉丁姆的罗马和阿提卡的雅典都是由许多地区合并组成的国家；爱奥尼亚诸城组成的联盟屡屡受挫，开明的泰勒斯[5]建议采用类似的融合，这是保存他们民族特性的唯一方式。但是罗马更好地坚持了这一统一原则，始终如一，毫不妥协，并且卓有成效，这是其他拉丁地区所不能比拟的；正如雅典在希腊的显著地位是其早期实行集权制的结果，罗马对这一种制度发挥得淋漓尽致，它的辉煌成就完全拜其所赐。

罗马称霸拉丁姆之征服阿尔巴

如果说罗马在拉丁姆进行的征伐，大致可以视为对其疆域和公社采取同样方式进行的直接扩张，那么征服阿尔巴就具有更加重要、特殊的意义。阿尔巴的人口数量已经无从考证，其殷富状况也只能稍加推测，但是传说对罗马攻占阿尔巴添油加醋，却不是因为阿尔巴物阜民丰。阿尔巴曾一度被视为拉丁联盟的首都，有权管理属于拉丁联盟的三十个公社。当然，正如底比斯的毁灭并未导致贝奥提亚同盟的解散，阿尔巴的毁灭也没有导致拉丁同盟的解体[6]；但是罗马完全根据拉丁战争法规的严格私法性质，自认为是阿尔巴的法定继承者，声称自己是拉丁联盟的盟主。这一要求得到应允前后是否发生过事变，我们无从知晓。

总体而言，罗马在拉丁姆的霸权地位似乎很快就受到了普遍的承认，但是有个别公社，比如拉比奇，尤其是伽比，也许在一段时间内是否认的。甚至在那个时候，很可能罗马和拉丁相比，就已经像是海洋之于陆地，城市之于乡村，一个统一的国家之于同盟了；甚至在那个时候，拉丁人只有通过与罗马人联合，借助罗马的力量，才能抵御迦太基人、希腊人以及伊特鲁里亚人对其海岸线的侵犯，才能维持和扩张其陆地边界，免受好战的邻邦萨贝利人的侵扰。罗马征服阿尔巴所得的实际利益是否大于攻占安登尼或科拉提亚所增强的势力，我们无法确定，但是很可能罗马成为拉丁姆最强大的公社，并不是因为征服阿尔巴才被冠以此项殊荣，而是很久以前她的地位就不容撼动了；的确，通过征服阿尔巴，罗马获得了主持拉丁节庆活动的权力，这为罗马日后称霸整个拉丁联盟奠定了基础。对这样影响深刻的关系，尽量将其阐述详尽，这是非常重要的。

罗马与拉丁姆的关系

总的来说，罗马称霸拉丁姆采取以下形式：一方面，罗马与拉丁联盟缔结为平等的同盟关系，另一方面，在拉丁姆全境建立起永久和平以及永久共同攻守的联盟关系。"罗马与各拉丁公社应和睦相处，与天地共存；绝不相互攻伐，不得引敌入境，不得应允敌人假道过境；任何一个公社受敌人侵袭时需要全力向其提供援助，共同作战所得应平均分配。"在贸易往来、商业信用以及财产继承方面，罗马人和拉丁人按规定享有平等权利，这会造成商业往来关系的复杂化，这些公社因为具有相同的语言风俗，相互间早已有所联系，再加上纷繁交错的商业利益关系，它们之间的关系就更加紧密了，因此导致同当今破除贸易壁垒相似的结果。在形式方面，每个公社必定保留了自己的法律，直到后来的同盟战争时期，拉丁法和罗马法也未必完全相同，例如，我们知道订婚申诉权在罗马很早就废除了，但在很多拉丁公社里却得以继续执行。但是拉丁法的淳朴、保留发展民族特色，以及尽量保持法律权利平等所做的努力，最终使全拉丁姆的私法在内容和形式方面基本上保持一致。最明显的是，在有关个人自由的丧失和恢复的规则中，公民在法律上享有平等的权利。

根据一条古老而令人敬重的拉丁法律条例：任何一个在其城邦内拥有自由的公民，不可以被贬为奴隶，也不能被剥夺公民权；如果公民受到惩罚，丧失了自由和公民权（自由也就等同于公民权），他就必须被驱逐出国，在异邦沦为奴隶。这条法律准则在那个时候被推广到了拉丁联盟全境；联盟疆域内任何一个城邦里不允许成员以奴隶的身份在此生活。这一原则的应用可见于《十二铜表法》的法令：无力还债的人，如果债主想将他卖作奴隶，必须将他卖到台伯河的界线以外，换句话说，就是卖到联盟的领土范围之外。而且罗马与迦太基第二次签订的条约中有这样一项条款：罗马同盟国的人如果被迦太基人俘虏，他一进入罗马的海港范围内，便可重获自由。

虽然在联盟内部通婚似乎并不普遍，但是正如前文提到过的，不同公社之间相互通婚十分常见。最初每个拉丁人都只能在自己加入国籍所在地行使政治权利，但是另一方面，任何一个拉丁人都在拉丁疆域内的任何一个地方定居，用现在的话来说，除了各公社的特殊公民权利外，公民还具有一种在联盟范围内的普遍定居权，这一点符合私法权利平等的精神实质；平民在罗马的公民地位得到承认之后，对于罗马来说，公民权利就成了一项完全自由的定居权。不难理解，罗马只是为拉丁姆提供了城市交通、城市利益以及城市消遣，而上述的权利平等实质上转化成了罗马的优势；也不难理解在拉丁地区与罗马建立永久和平的关系之后，罗马客民的数量快速增长。

在体制和行政方面，只要不涉及联盟义务，各公社就仍可以保持独立自主，而且更重要的是，这三十个联盟内的公社对罗马仍保留各自的自治权利。如果确定阿尔巴在联盟公社中的地位高于罗马，在阿尔巴溃败之后，各公社都获得了自治权，那么很可能，阿尔巴实际上是联盟成员，而罗马一开始就是分离于联盟之外的独立城邦，而非联盟内的成员；

但是正如莱茵河同盟成员都是具有正式主权的城邦，而德意志帝国的成员拥有君主，阿尔巴的盟主地位也许和德意志帝王一样，在实际上只是一种名誉上的权利，而罗马的保护权从一开始就是类似于拿破仑的统治权。

实际上，阿尔巴似乎曾经行使主持联盟会议的权力，而罗马允许拉丁代表在他们自己成员当中选出主席，在其领导下举行会议讨论，而罗马则满足于充任名誉盟主，主持联盟举行节庆仪式，为罗马和拉丁姆献祭，以及在罗马建立第二个同盟圣庙，即阿文廷山上的狄安娜神庙，所以自此以后在罗马境内为罗马和拉丁姆献祭，也在拉丁境内为罗马和拉丁姆献祭。罗马人与拉丁姆签订的协议也同样尊重同盟的利益，罗马承诺不与任何拉丁公社单独结盟，从该项规定可以明显看出，同盟各邦对这个强大的盟主心怀疑惧，这也无可厚非。从军事方面可以明显看出，罗马并非受拉丁姆支配，而是与其平起平坐。后来的征兵方式无可辩驳地表明，联盟的作战军队由两个势均力敌的部分组成，即罗马军队和拉丁军队。军队的最高统帅一直由罗马将领担任，每年，拉丁同盟会议先委托罗马人观鸟占卜并确认神灵满意的统帅人选，然后拉丁军队来到罗马城门前，在那里向被选出的司令官欢呼致敬，将其奉为自己的统帅。联盟在战争中所得的土地和财产，由罗马人裁决分配给联盟成员。

罗马-拉丁同盟的对外关系也一律由罗马代理，但是这一点并不能确定。同盟协议不禁止罗马或者拉丁姆为自己的利益发动扩张战争；如果联盟共同发起战争，不管是遵照同盟会议的决议，还是由于敌人的侵犯，拉丁同盟会议都有权依法参与商议进行或者结束战争。实际上当时罗马已经取得了霸权地位，因为任何一个统一国与一个联邦建立永久同盟关系，优势总是归于前者。

阿尔巴覆灭之后罗马的扩张步伐——赫尔尼基人、鲁图尔人以及沃尔斯克人

阿尔巴覆灭之后，罗马成为领土相对广阔的统治者，很可能也是拉丁同盟的主宰。罗马的直接和间接统治领域是否有相应的扩展，对此已经没有可以追寻的线索。罗马人和伊特鲁里亚人宿怨纷争不断，尤其是和维爱人在关于争夺菲登尼的归属权上，双方争执不休；菲登尼位于拉丁方面的河岸，是伊特鲁里亚的前哨站，距离罗马不过五英里，伊特鲁里亚人可以从这个根据地对罗马发动攻势，但是罗马似乎未能将其永久占据，也未能将维爱人驱离这个地方。

另一方面，罗马占据了贾尼科洛山和台伯河河口两岸，这一点明显毫无争议。至于对萨宾人和埃奎人，罗马似乎一直处于更加有利的地位；后来罗马与远方的赫尔尼基人建立紧密的联系，至少始于君主政体时期；但在此之前，拉丁人与赫尔尼基人联合，两面包围罗马东面的邻族，钳制住其发展步伐。但是在南方边界，罗马在鲁图尔人，尤其是沃尔斯克人的疆域内，长年战争不断。拉丁人早期的领土扩张首先在南方进行，在这里我们最早看到，罗马和拉丁姆在敌境建立公社，成立拉丁联盟的自治成员，即所谓的拉丁殖民地。

最古老的拉丁殖民地似乎可以追溯到王政时期,到王政时期结束,罗马人征服的疆土范围有多大,我们无法确定。关于罗马与邻近的拉丁公社以及沃尔斯克公社的争端,王政时期的罗马年鉴中对此有十分详尽的叙述;但其中确实含有史实很少,只有些许支离破碎的记载,例如罗马攻占彭丁平原的苏埃撒。王政时期不仅奠定了罗马的政治基础,而且奠定了罗马对外扩张势力的基础,这一点无可置疑;罗马城在拉丁同盟中的地位,与其在罗马共和国时期作为拉丁联邦的一部分相比,已经有明显差异,因此我们可以确定罗马在王政时期就已经发展了强劲的对外势力。当然,罗马人的丰功伟绩都已随历史的烟波散去,但是其余晖,犹如远方的夕照和暮色,仍映照着罗马的王权时代,尤其是光彩夺目的塔克文王室,只是轮廓有欠分明。

罗马城的扩建——塞维亚城墙

拉丁族在罗马的领导下走向统一,同时其领土范围向南方和东方延伸,而罗马本身因为历史时机的垂青以及公民的积极作为,由一个活跃的商业和农业城市发展成为一个繁荣地区的强势中心。罗马军事体制的改革,以及其中酝酿的政制改革,即我们熟知的塞尔维乌斯政制,与罗马公社的内部性质变化存在密切联系。但是随着大量丰富资源的流入,发展需求与日俱增,政治视野不断扩宽,罗马城的外在性质也发生了变化。在所谓的塞尔维乌斯改革之际,奎里纳尔和帕拉廷的公社势必已经融为一体了；改革之后，罗马公社的军事力量得到了整合和巩固，山丘上陆续建起了密密麻麻的房屋，公民不再满足于在各山丘建城设防，他们占据了台伯河中的沙洲，并且据守台伯河对岸的高地，以掌握河道的控制权。

作为拉丁姆的首府，罗马需要一种更加完备的防御体系；于是人们便开始修筑塞维亚城墙。新建的塞维亚城墙连绵不绝，起始于阿文廷山下的河岸，将阿文廷山包括在内。在距今不久的1855年，在这座山的两处，一是西麓临河的地方，一是对面的东麓，发现了这些原始城堡的大量遗址。其城墙高度比之于阿拉特里和菲伦提诺，用凿成大方块的凝灰岩砌成，层次高低不等。这座重见天日的遗址昭示了一个雄伟的时代，这个时代的建筑留存在这些石墙之内，永垂不朽，而这个时代的精神财富比这些断壁残垣影响更为深远。之后塞维亚城墙又将凯利乌山（西莲），和埃斯奎林、维米纳尔和奎里纳尔全境纳入其中，这里也有一段城墙，在不久前（1862年）才大规模出土；城墙外面由椒色岩砌成，前方护城河环绕；城墙内有一段向城内倾斜的土垒，甚至至今都蔚为壮观，这些城墙弥补了地势上的防御不足。城墙向卡庇托尔山延伸，卡庇托尔陡坡到练兵场这一段构成城墙的一部分，然后与台伯河相连接，位置在沙洲上方。台伯河沙洲及其柱桥和贾尼科洛山严格来说不在罗马城的范围内，但是贾尼科洛山的高地很可能曾是罗马城的外堡。

之前，帕拉廷是罗马的天然堡垒，但这个时候已经开放，成为逐渐发展起来的城市建筑区；另一方面，塔比亚山由于四面孤悬，而且地域狭小，易于防守，因此罗马人在这个地方修建了一座"新堡"[7]，里面有堡垒喷泉、精心设计的"井舍"、府库、监狱以及最古老的公民集会场所，后来也在这个地方定期公布月亮的圆缺时日。在早期堡垒所在的山上不允许建永久性的私人住宅[8]；塔比亚山的两座山峰之间是恶神圣殿所在地，即后来希腊化时期所谓的"避难所"，这里林木繁盛，也许本来是在洪水泛滥以及战争驱迫离开平原之际，用作农人及其牲畜的容身之所。

卡庇托尔不仅在名义上是罗马的"卫城"，实际上也是这样的，它是一座独立的城堡，即使罗马城陷落，这里仍然可以用作防守，城门也许通往后来所谓的"广场"[9]。阿文廷山似乎也有类似的防御工事，虽然不如前者坚固，但是也允许人们永久居住。与此相关的是，为了处理市政事务，比如在引进水资源的分配问题上，罗马居民被分为正式居民和居住在大城墙内，但并不属于本城的各区居民[10]。因此，新城墙圈入的地区，除了原先的帕拉廷城和奎里纳尔城，还包括卡庇托尔和阿文廷这两座联盟堡垒，以及贾尼科洛山[11]；帕拉廷作为罗马最古老的固有城市，被其他山头包围其中，城墙便沿着这些山头建立，就像簇拥在花团之间，而以上两座城堡夹居帕拉廷与城墙之间。

然而罗马人如此孜孜不倦地保卫其疆土，抵御外敌入侵，他们如果不能排除来自水域的隐患，一切努力会付诸东流。帕拉廷和卡庇托尔之间的山谷常年积水，居民们也许需要依靠渡船往来，所以卡庇托尔和维利亚、帕拉廷和卡庇托尔之间的山谷，都成了一片沼泽。那些用美观的方形石块砌成的下水道保存至今，后人对这一王政时期的鬼斧神工之作，不禁叹为观止，但是这项工程应该可以认为是后期完成的，因为建造材料采用了石灰华。这种材料在罗马共和国时期的新型建筑上才有应用，我们可以此为证；但是它的布局虽然有可能晚于塞维亚城墙和卡庇托尔堡垒的建造，但毫无疑问是王政时期兴建的。

沼泽借助水沟排水干燥成为干地，为罗马新建扩大城区提供了开阔的空地。罗马公社的集会地点，一直是在卡庇托尔堡垒的广场上，这个时候转移到了一片平地上，该处从堡垒向城内倾斜，于帕拉廷和奎里纳尔之间，向维利亚方向延伸。罗马举行庆典和公民集会时，元老院成员以及本城的宾客都坐在会场面向堡垒一侧的荣誉席，座位在堡垒的城墙上，像阳台一样高出会场；在集会的地址上还建起了后来称为贺斯提利会堂的元老院。法官席位的平台，是向公民发表演讲的舞台（即后来的讲台），都同样设置在会场。会场往维利亚方向延伸的部分成为新的集市。在这个集市的末端，帕拉廷山下，兴建起了公社的房屋，其中包括国王的宫殿以及罗马城的公灶，即维斯塔神庙的圆形建筑；距集市南面不远处，建造了一座附属于前者的圆顶建筑，这是公社的府库和家神庙，至今依然屹立不倒，成为圣科斯马和达弥诺教堂的前厅。

罗马新城的联合方式与聚居"七山"有很大的差异，一个显著的特征是，帕拉廷时期罗马仅仅满足于将三十个区的灶台聚集到同一屋宇之下，而塞维亚时期的罗马为整个城市建立了一个统一的灶台[12]。肉铺和其他商贩的铺子沿着集市两侧排列。在帕拉廷和阿文廷山之间的谷地，有一个用木桩围成供举行赛马的圈,这成为后来的"赛马场"。牛买卖市场设在靠近河岸的地方,此处很快成为罗马人口最为稠密的城区之一。所有的山峰都建起了庙宇和圣殿,此外在阿文廷山上还建立了供奉月亮女神狄安娜的同盟圣殿,在堡垒高处还建了远近都可以看到的天父狄奥维斯庙。狄奥维斯将一切荣耀赐予其荫下的子民,现在罗马已经凌驾于其他周边民族之上,天父也与他们一起,凌驾于被征服者俯首称臣的神祇之上。

下达兴建罗马城这些宏伟建筑命令的人,以及早期指挥罗马军队作战取胜的领导者,他们的名字几乎完全在历史中烟消云散了。传说的确也将不同的功绩归结为不同君王的贡献,将元老院会堂的建造归功于图卢斯·贺斯提利乌斯,将贾尼科洛山和木桥归功于安库斯·马基乌斯,将大排水道、赛马场以及朱庇特神庙归功于老塔昆,将狄安娜神庙和城墙归功于塞尔维乌斯·图利乌斯。这些叙述也许是正确的,从时间和创始人看来,新城墙的修建和军事制度改革同步并举,实际上新军事体制与长久城墙防守的考虑有所关联,这显然不是偶然的。但是总体上看来,通过传说我们就能对以下不证自明的事实得到满意的了解:罗马的第二次重建与其称霸拉丁姆的发端以及改革公民军事制度有着密切联系。这一创举虽然源于同一个伟大构思,但是其落实并非某一个人或者某一代人的功劳。毫无疑问,罗马公社改革很大程度上受到希腊的影响,但是我们也无法指出其产生影响的方式以及影响程度。上文已经提及,塞尔维乌斯军事政制在实质上具有希腊风格;后文将叙述赛马场中的竞技都是按照希腊模式组织的。新建的王宫以及城市灶台完全仿照希腊的市政厅[13]；维斯塔圆顶神庙坐西向东，甚至未经占卜官举行落成礼就投入使用，其建造也完全仿照希腊而非意大利建筑习惯。关于这一点，流传史料记述的，罗马－拉丁同盟从某种程度上说仿照了小亚细亚爱奥尼亚联盟，因此，阿文廷山上新联盟圣殿的建造仿照了埃弗索的阿尔忒弥斯神庙[14]，似乎并非无稽之谈。

注释

[1] 诅咒伽比和菲登尼的词语都很有特色（马克罗比乌斯《农神节》，第三卷，9页）。但是对于这两座城市是否也像维爱、迦太基和弗雷格拉那样，这两座城市的所在地实际在历史上也在受诅咒之列，但已无从考证，似乎也没有多大可能。我们可以猜测，罗马对这两个城市怀恨在心，以古老的咒文诅咒它们，后世的考古学家便以此作为历史文献。

[2] 阿尔巴的覆灭实际上是罗马一手造成的，古往今来的著名学者都对此提出疑问，但似乎找不到确凿的证据。毋庸置疑，关于阿尔巴灭亡的详情，流传的都是一些谬论妄谈，不足为信，也没有逻辑可言，但历来每一个与传说相互交织的历史真相都难以逾越这一界限。对于罗马与阿尔巴之间的争斗，拉丁姆其余各地持何种态度，我们不得而知，这一问题本身就有待商榷，因为目前并无证据可以证明拉丁同盟条约绝对禁止拉丁两个公社之间单独交战。阿尔巴的部分家族被纳入罗马公民团，我们不能因此就论断这与罗马灭亡阿尔巴一事相矛盾。卡普亚既然存在罗马党，阿尔巴为何不能也拥有罗马党？但是在宗教和政治方面，罗马声称自己是阿尔巴的法定继承者，此事似乎应该具有决定性意义。因为这要求不能以几个氏族迁入罗马，只能以征服此城为依据，实际上正是如此。

[3] 由此发展出海上殖民地或公民殖民地的国家法概念，这一殖民地事实上

与国家分立,但在法律上不独立或者说没有独立意志,殖民地与都城融为一体,就如儿子的财产与父亲的财产融为一体,而且殖民地的居民是常备军人,所以不需要再组织军团和服兵役。

[4] 《十二铜表法》中有一条明确针对此事:在私法案件中,"好人"与"回归正道的人"应该具有平等权利。这里并未将拉丁同盟成员考虑在内,因为他们的法律地位同盟约规定,十二铜表只涉及罗马法。所谓"回归正道的人"即被罗马人强迫加入平民阶级的拉丁公社成员。

[5] 泰勒斯,古希腊时期的思想家、科学家、哲学家,出生于爱奥尼亚的米利都城,创建了古希腊最早的哲学学派,是希腊最早的哲学学派——米利都学派(也称爱奥尼亚学派)的创始人。希腊七贤之一,西方思想史上第一个有记载有名字留下来的思想家,被称为"科学和哲学之祖"。泰勒斯是古希腊及西方第一个自然科学家和哲学家。泰勒斯的学生有阿那克西曼德、阿那克西美尼等。——译者注

[6] 保维拉公社似乎是由阿尔巴领土的一部分构成,取代阿尔巴被列入拉丁各自治城市之中。关于其与阿尔巴的渊源,尤利族的祭祀仪式和 Albani Longani Bovillenses 这一名称可以佐证;其自治地位,可以根据《狄奥尼修斯》(第五卷,61页)和西塞罗之说(《为普兰齐奥辩》,第九卷,23页)为证。

[7] 这两个名称之后被用作地方专名。Capitolium 指临河寨山之巅,arx 指临近奎里纳尔山的寨山之巅,起初却是通用名,恰好与希腊语 akra 和 koruphei 相当,每一座拉丁城市各有其 Capitolium。罗马寨山的地方专名为 mons Tarpeius。

[8] 据"任何公民不得在子城或山寨居住"的规定,大概仅禁止将土地纳为私有财产,住宅的修建却不在禁止之列。可参见 W.A. 贝克《罗马城风土志》386页。

[9] 因为这里的主要街道即神圣路,由此通往山寨。在寨门拐弯处,即大街向塞维鲁牌楼向左拐弯处,其遗存至今仍清晰可见。后世在克利乌大兴土木,寨门也在这次修建中被拆除。卡庇托尔山最陡峭的地方也有一个所谓的寨门,名为耶努门或农神门,或名"不闭之门",在战争时此门必须洞开。其显然仅具有宗教意义,并非真实存在。

[10] 这种公会有四个存有记载:(1)卡庇托尔公会(西塞罗《致昆图兄弟书》),各有其会长和一年一度的竞技;(2)墨丘利公会(普雷勒《罗马神话》,1858年,卷一,597页),也自然会有会长,公会位于赛马场谷地,该地有墨丘利神庙;(3)阿文廷乡民公会,也存在自己的会长;(4)贾尼科洛山乡民公会,也有自己的会长。这种公会在罗马只有四个,但是这四个公会并非隶属于四个部族,却被圈在塞

维亚城垣内的两座山丘（即卡庇托尔和阿文廷），以及同属一个防御工事的贾尼科洛山，这绝非偶然；此外，与其相关的"山乡居民"一词，用来指罗马的全体城市居民，参见西塞罗《从平民升至大祭司》，特别是关于城市水渠的法律。所谓"山民"原来是帕拉廷城三区居民的统称，现在搬用于此处，是以归纳的方式表示本城四区的全体居民。所谓的"乡民"必然不包括各部族居住在阿文廷和贾尼科洛山的百姓，卡庇托尔和赛马场谷地的公会人民也包括在其中。

[11] 七山城从其本义和宗教含义来看，从始至终都特指古帕拉廷罗马。七山节，甚至在帝国时期，人们仍能热心举行庆祝，只是到了罗马势力衰微之时，七山节才开始被当作全城的节日庆典。塞维亚城垣纳入的高地中，究竟哪些算得上是七山，很难取得一致意见。古时的作家没有一个曾列举出我们所熟悉的七山：帕拉廷、阿文廷、凯利乌、埃斯奎林、维米纳尔、奎里努、卡庇托尔，它们是从关于罗马城逐渐兴起的传统故事中拼凑出来的（约尔丹，《古代罗马风土志》，第二卷，1885年，206页），但是避而不提贾尼科洛山，否则就会得出八山。最早提出七山这一说法的，却是君士坦丁大帝时代的罗马城志。城志列举帕拉廷、阿文廷、凯利乌、埃斯奎林、塔庇乌、梵蒂冈山取而代之，甚至在其中加入位于塞维亚城垣以外的梵蒂冈（塞尔维乌斯《埃涅亚斯纪》注疏，第六卷，783页）；维吉尔所著《农事诗》（第二卷，535页）的伯尔尼注释，还列出其他较为晚期的名单。

[12] 两座神庙的位置和《狄奥尼修斯》的说辞（第二卷，25页）"维斯塔神庙在罗马方城以外"，均足以证实这些建筑与帕拉廷的创建没有任何关联，而与第二次建城（塞维亚城）有关。后世认为王宫以及维斯塔神庙是努马所规制，不过这种假设的出处十分明显，我们不必在意。

[13] 市政厅，位于大会堂后面，公元前三世纪建造。它被用来举行宗教仪式、公务接待和宴会。——译者注

[14] 阿尔忒弥斯神庙是希腊神话中阿尔忒弥斯女神的神庙（即罗马神话的月亮女神狄安娜），位列古代世界八大奇迹之一。据称建筑时间前后长达一百二十年（相比之下，大希律王建耶路撒冷圣殿也只用了四十六年）。公元前356年，神庙被焚毁。该神庙至今只剩下一根柱子。这座神殿遗址位于今天土耳其的爱奥尼亚海滨，《圣经》里把这个地方称为以弗所。——译者注

第八章

翁布里亚-萨贝利族及萨莫奈人的起源

翁布里亚-萨贝利族的迁徙

翁布里亚人的迁徙似乎晚于拉丁人,与拉丁人一样,翁布里亚人向南迁徙,但更多的还是留在半岛中心或往半岛东部海岸移动。这一点说来实在令人遗憾,因为时至今日我们对它的了解就像一座海底之城所发出的钟声,虚无缥缈。据希罗多德[1]所述,翁布里亚人聚居之地曾延伸至阿尔卑斯山脉。早在远古时代,他们或许就占据了整个意大利北部地区、东部伊利里亚人以及西部利古里亚人的定居地。

利古里亚人历来与翁布里亚人不和,这可见于历史传说,他们在远古时代向南扩展,我们或许能从个别地名中得出推论,如岛名伊尔瓦(Ilva,又称Elba)对应利古里亚语的Ilvates。波河流域最古老的聚居地阿特里亚(意为"黑城")以及斯庇那(意为"荆棘之城")很显然都是意大利语中的地名。同样,伊特鲁里亚南部也有许多翁布里亚人的踪迹,如翁布罗河、加莫尔的旧名,他们或许都起源于全盛时期的翁布里亚人。种种迹象表明,早在伊特鲁里亚人之前,意大利人就已出现在伊特鲁里亚南部,即维特尔博下方的基米尼森林与台伯河之间的区域。

据斯特拉波[2]所言,在法勒里城——一座毗邻翁布里亚与萨宾城交界的伊特鲁里亚城镇,人们所用的语言与伊特鲁里亚人是不同的。现有铭文也证实此言不虚,而该语言的字母和语法除了和伊特鲁里亚人有联系之外,与拉丁语也大致相似。[3]本土礼拜仪式也显示出萨贝利人的一些特色,凯雷与罗马的原始宗教关系也与之类似。伊特鲁里亚人很可能先占领基米尼森林北部地区,很久之后才从翁布里亚人手里夺取那些南方地域,甚至在伊特鲁里亚人征服此地之后,翁布里亚人也依旧留驻下来。罗马征服伊特鲁里亚以后,其南部地区迅速拉丁化,而北部伊特鲁里亚语和习俗却保持不变,在这里我们也许能找到其根本原因。经过顽强的抵抗,翁布里亚人从西、北两地被驱回亚平宁两翼间的狭窄山区,后来即据守此地,他们现如今所处的地理位置清楚地说明了这一点。格劳宾登与巴斯克当前的地理位置表明他们曾遭遇过相似的命运。传说中也提到，伊特鲁里亚人从翁布里亚人手里夺走了三百座城池。更为重要的是，翁布里亚族中伊古温人的国民祈祷文传至今日，该祈祷文诅咒其他与他们敌对的种族，其中尤以伊特鲁里亚人最甚。

大概是由于受到来自北方的压力，翁布里亚人向南迁移，且一路沿高地而行，因为平原已为拉丁人所占领。但毋庸置疑的是，同种族之间战乱与侵略频仍，彼此的交流与融合更为便捷，语言与习惯上的差异也不似后来所看到的那般明显。据传，雷亚蒂尼人和萨宾人入侵拉丁姆并与罗马人发生冲突，而在西海岸此类现象也屡见不鲜。总的来说，萨宾人扎根于山区，远达因他们而得名且毗邻拉丁姆地区以及沃尔西领地，这大概是因为这里没有拉丁人，或者是因为拉丁人口比较稀疏。而另一方面人口稠密的平原地区更易于抵御外来侵略，尽管他们并不是在任何情况下都能够或者愿意阻止如替提人以及后来的克劳迪人进入罗马，寻求安身立命之所。通过这种方式，各种族相互融合，这也可用以解释沃尔西人和拉丁人怎样形成繁杂的社会关系，以及该地区和萨宾那何以如此早且如此迅速地拉丁化。

萨莫奈人

然而，翁布里亚人的主要分支自萨宾向东挺进到阿布鲁齐山脉以及毗邻的南方丘陵地带。像在西海岸那样，他们在这里占据了山区；该地人口稀疏，在外来移民面前，他们不是忍让，就是服从；而在阿普利亚海岸的平原地带，古时的土著雅皮吉人基本上能站稳脚跟、驻守领地，尽管长期卷入争斗与不和之中，尤其是在罗马城邦卢克利亚与阿尔皮北部边界地区。当然，迁徙发生的时间已不能确定，但大致是在罗马王政时代。相传，萨宾人受翁布里亚人所迫，誓言"贡献一个春天"，即发誓他们将会奉上他们在战争年代出生的儿女，一旦其长大成人，上帝可任意伤害他们或将其发配至其他地区给予他们的新住所。有一支队伍是以战神[4]的神牛为首领，他们是撒菲尼族和萨莫奈族，他们先在萨格鲁河畔的山地上驻扎下来，之后又继续占领马特斯山以东、蒂弗努河源头附近的美丽平原。无论是新地还是旧地，他们都使用指路的雄牛"勃维安奴"为其命名的集会场所。该场所的旧地在阿尼奥内附近，新地在博雅诺附近。

第二支是由战神的啄木鸟率领，他们是皮肯特族，又称"啄木鸟族"，控制着现在的安科纳地区。第三支队伍是深入贝内文托地区的狼之队，他们是赫比奈人。其他小支部落以相似的方式从本族中分离出来，有特拉莫附近的普拉图提族、大萨所山地的维斯提族、基埃蒂附近的马卢奇尼族、阿普利亚边境上的弗伦塔尼族、马耶拉山脉上的佩利尼族以及福齐诺湖上并与沃尔西人和拉丁人往来的马尔斯族。这些传说清楚地表明，以上所有部落之间都保持着一种紧密的联系，他们均来自萨宾地区。当翁布里亚人在实力悬殊的战争中投降，同血统的西部分支与拉丁人或希腊人融合的时候，萨贝利族却在偏远隐蔽的山区发展壮大起来，彻底远离与伊特鲁里亚人、拉丁人和埃及人的矛盾冲突。他们未曾发展到城市化阶段，其地理位置使他们几乎完全断绝了与外界的商贸联系，山顶和要塞也足够其防御之需，同时，农民则继续生活在开放式的小村落里，或是其他任何惬意的水泉、森林或牧场地区。而在这种情况下，他们的体制仍然停滞不前，就像同样居住于希腊的阿卡迪亚人，他们的城邦从不并入单个的州，他们最多只会形成相对松散的联盟，尤其是在意大利阿布鲁齐，山谷地区相互隔离，似乎切断了几个州之间的交往，同时也断绝了与外界的联系，彼此之间几乎没有任何来往，而与意大利其他地区则完全分割开来，以至于到最后，即便他们的民众勇猛非凡，但与意大利其他地区相比，他们对意大利半岛的发展所产生的影响就所见寥寥了。

政治发展

另一方面，萨莫奈人和拉丁人一样，在意大利东部人群中取得了最为显著的政治发展成效。自古以来，甚至可能是从第一次迁徙开始，一个相对牢固的政治纽带就将萨莫奈民族紧紧地联系在一起，并为之后在意大利能够与罗马分庭抗礼提供了优势。我们不知道这种纽带形成的时间和方式，正如我们同样不了解联邦体制一样。但很明显，在萨莫奈没有哪一个公社独具优势，更没有一个联合全国团结共事的中心城镇——就像罗马之于拉丁族。该国的优势在于它的农民公社，农民代表大会掌握政权并任命一位联盟统帅以领导联盟。

由于体制的缘故，这个联盟的政策并不像罗马人一样具有侵略性，但会控制它自己的防御范围。只有在团结一致的国家，权力才会如此集中，热情才会如此高涨，也才能有系统有规划地开拓领土。于是人们就他们完全对立的殖民体系，预想了这两个民族将来的全部历史。不管罗马人获得了什么利益，都是对这个国家的贡献。萨莫奈人的征服所得，均归于成群的志愿兵，他们四处劫掠、寻求战利品，而无论祸福，他们的国家均不闻不问。可是萨莫奈人后来才征服第勒尼安海和爱奥尼亚海岸，在罗马王政时代，他们似乎才赢得日后所居之地。据一事件所述，在因萨莫奈人移居而引发的邻族迁徙中，意北海域的蒂勒尼人、翁布里亚人和陶尼亚人于罗马纪元230年突袭了库迈城[5]这一叙述固然带有许多传奇色彩，如果我们对此深信不疑，那么它就会以这种方式呈现出来，以前此类远征也是如此：侵略者和受侵略者联合。伊特鲁里亚人与翁布里亚人结成联盟，而他们又与因翁布里亚人移民而被迫南迁的雅皮吉人联合。然而，这项事业还是以失败告终。这种情况下，至少希腊人在战术上占据优势，君主阿里斯托得摩斯骁勇善战，成功抗击了蛮夷对美丽海港的突袭。

注释

[1] 希罗多德，公元前五世纪（约公元前480—前425年）的古希腊作家、历史学家，他把旅行中的所闻所见，以及第一波斯帝国的历史记录下来，著成《历史》一书，成为西方文学史上第一部完整流传下来的散

文作品,希罗多德也因此被尊称为"历史之父"。——译者注

[2] 希腊地理学家、历史学家。生于小亚细亚的本都,曾到罗马、埃及等地旅行。所著十七卷的地理学著作《地理学》大部分留存下来,这不仅是一部地理学著作,也是一部包括传说、史实在内的重要史料。——译者注

[3] 字母表中的 r 特别值得注意,它是采取拉丁语的形式(R),而不是采取伊特鲁里亚语的形式(D),字母 Z 也是如此(XI);它只能源于原始的拉丁语,而且非常忠实地表现出这一点。这种语言也与最古老的拉丁语关系密切;*Marci Acarcelini he cupa* 就是 Marcius Acarcelinius heic cubat; *Menerva A. Cotena La. f…zenatuo sentem…dedet cuando…cuncaptum* 就是 Minervae A(ulus？) Cotena La(rtis) f(ilius) de senatus sententia dedit quando (大致等于 *olim*) *conceptum*。除了这些类似的铭文外,同时还发现了其他不同文字和语言的铭文,这必是伊特鲁里亚语无疑。

[4] 希腊神话中的战神阿瑞斯是宙斯与赫拉的儿子。他司职战争,形象英俊,性格强暴好斗,十分喜欢打仗,而且勇猛顽强,是力量与权力的象征,好斗与屠杀的战神。但他同时是嗜杀、血腥、人类灾祸的化身。——译者注

[5] 古代城市,位于今意大利那不勒斯城以西约十英里处。——译者注。

第九章

伊特鲁里亚人

伊特鲁里亚人，或称拉斯人[1]，与拉丁人、萨贝利族的意大利人、希腊人都迥然不同。就体格而言，伊特鲁里亚人与这些民族就有显著差异。不同于希腊人和意大利人身材纤细、体态匀称，伊特鲁里亚人大脑袋、粗胳膊、身材短小健硕。另外，据我们所知，伊特鲁里亚人的行为举止和风俗人情都与希腊、意大利两族有着本质的区别，尤其是他们的宗教。伊特鲁里亚人的宗教带有阴郁的怪诞色彩，热衷神秘的数字游戏以及狂热骇人的推测，这与罗马人清晰的理性主义和希腊人友好的偶像崇拜相去甚远。这些事实所推导出的结论又得到最为重要且具权威性的民族性证据进一步证实，这种民族性证据就是语言。尽管流传至今的伊特鲁里亚语残余数目众多，有助于对其进行理解破译的数据也多种多样，但它却处于一个完全孤立的状态，以至于迄今为止没有人能够成功解译这些残余部分，甚至没有人能够明确伊特鲁里亚语在语言分类中所处的位置。

伊特鲁里亚语的发展可明确分为两个阶段。在第一个阶段，韵母完全发音，几乎一概避免了两个声母的冲突[2]。通过抛弃韵母和声母语尾，弱化或减去韵母，这种温柔悦耳的语言逐渐发生了质的变化，最后变得尖锐刺耳，到了一种令人难以忍受的地步[3]。例如，ramuvaf 变为 ramva，Tarquinius 变为 Tarchnaf，Minerva 变为 Menrva，Menelaos、Polydeukes、Alexandros 变为 Menle、Pultuke、Elchsentre。伊特鲁里亚人在很早的时候并不分 o 和 u、b 和 p、c 和 g、d 和 t，这充分显示出这种语言发音的含糊不清与生硬刺耳。同时，和拉丁语以及更为生硬的希腊语一样，伊特鲁里亚语一律将重音移至第一音节，对送气音的处理方式也几近相同。意大利人除了送气的 b 或 f 以外一般不发送气音，希腊人则正好相反，他们不使用送气音而保留其他音，如 theta、phi、chi，伊特鲁里亚人却完全舍弃其中最为悦耳动听的 phi 音（只有外来词例外），转而极大限度地使用其他三种音节，甚至不问其恰当与否。例如，Thetis 变为 Thethis，Telephus 变为 Thelaphe，Odysseus 变为 Utuze 或者 Uthuze。在少数意义已经明确的词尾和单词中，有很大一部分与希腊语和意大利语相去甚远，比如所有数字；比如语尾加上 al 表示某一特定世系，通常是指母系，如 Cania 在丘西双语铭文中译为 Cainnianatus；女名中以 sa 结尾通常表示其夫家的姓氏。例如，Lecnesa 就表示其配偶的姓氏是 Licinius。Cela（或称 Clan）的变体为 Clensi，其意为儿子；se（或称 chi）意为女儿；ril 意为年；神名 Hermes 变为 Turms，Aphrodite 变为 Turan，Hephaestos 变为 Sethlans，Bakchos 变为 Fufluns。

当然，除了这些奇怪的构造与发音外，伊特鲁里亚语和意大利语之间还存在着个别相似之处。伊特鲁里亚语专有词的构造大致与意大利语的一般体系共通。常用的氏族语尾 enas 或 ena[4] 又见于 enus，在意大利语尤其是萨贝利语的族名中频繁出现，因此伊特鲁里亚语人名 Maecenas 和 Spurinna 对应罗马语人名 Maecius 和 Spurius。许多出现于伊特鲁里亚纪念碑或著作中的神名，其词根甚至于词尾都形似拉丁语，因此，如果此类神名起初为伊特鲁里亚语，那么这两种语言间的联系必然十分密切，例如 Usil（太阳和黎明，与 ausum、aurum、auroar、sol 有关），Minerva（Menervare），Lasa（Lascivus），Neptunus，Voltumna。然而，这些相似之处也许只是源于后来伊特鲁里亚人和拉丁人之间的政治和宗教往来以及由此引发的和解与借贷问题。因此，它们不足以推翻我们由其他现象所得出的结论，那就是：伊特鲁里亚语不同于希腊语和意大利语，一如凯尔特语或斯拉夫语和希腊语相去甚远。至少在罗马人听来确实如此；伊特鲁里亚语和高卢语是蛮夷的语言，奥斯坎语和沃尔西语也只是乡人的土话。

伊特鲁里亚语和希意语差异如此之大，至今仍未有人能将它们与其他任何一个种族联系起来。为了找到其他各种语言与伊特鲁里亚语之间的密切关系,人们时而进行简单的询查,时而进行周密思考,但结果无一例外,都是徒劳无功。巴斯克的地理位置自然使其成为人们的重要参照,但却并未提及两种语言具有显著的相似性。传至今日的利古里亚语的残余少之又少,仅包括一些地名和人名,无法说明其与伊特鲁里亚语有任何联系。甚至这个业已湮灭的民族,在伊特鲁里亚海域的群岛上尤其是撒丁岛上建造了大批阴森神秘的墓塔,它依旧无法与伊特鲁里亚人联系起来,因为在伊特鲁里亚境内并未出现具有相同性质的建筑物。我们最多只能说,有几种可靠迹象显示,伊特鲁里亚人总体上可列为印度-日耳曼人。因此许多旧时铭文开头的 mi 也就等同于 emi、eimi,声母语根 venerufde 的所有格 rafuvuf 也同样出现在古拉丁语中,这与古梵语语尾 as 相对应。同样地,伊特鲁里亚语中的宙斯名 Tina(又称 Tinia)可能与梵语 dina 有关联,意为"白昼",这与 Zan 和同义字 diwan 有关是一样的。但即便一切确实如此,伊特鲁里亚人依然还是孤立的伊特鲁里亚人。狄奥尼修斯[5]在很久以前就说过:"没有哪个民族的语言和行为习惯与伊特鲁里亚人相同。"对此,我们无以补充。

伊特鲁里亚人的故乡

伊特鲁里亚人从何时起迁入意大利同样难以确定。无法回答这个问题并无大碍,因为无论如何这次迁徙是在人类早期阶段进行的,他们的历史发展始末都在意大利。然而,人们依据某种原则以极大的热情处理这个问题,竭力引诱考古学家研究不能也不值得被认知的事物,如提比略国王表示他曾提过这样的问题——谁是赫卡柏[6]的母亲?伊特鲁里亚人最古老最重要的城市位于内陆深处,事实上除波普洛尼亚外我们在海滨地区并未发现其他城市,但我们确定它不属于十二大历史名城。另外,历史上伊特鲁里亚人是由北向南迁移的,所以他们可能会沿陆路进入伊比利亚半岛。确实,我们最初发现伊特鲁里亚人的时候,还处于文明发展的低级阶段,人们几乎不会沿海路迁徙。甚至在最早的时候,各民族渡一海峡就如同渡一溪流,但在意大利半岛西海岸登陆就大不相同了,因此我们必须到意大利西部或北部去寻找伊特鲁里亚人的早期家园。伊特鲁里亚人可能是越过里提亚的阿尔卑斯山脉迁入意大利的,因为最早可追踪的格劳宾登以及蒂罗尔居民就是里提亚人,至历史可考时期他们都是说伊特鲁里亚语的,他们名字的发音也与拉斯人相似,这些人很有可能是波河流域伊特鲁里亚移民的残余,最起码也可能是一部分留居故乡的伊特鲁里亚人。

吕底亚人的起源

除了这种简单自然的见解之外,又出现了另一种截然相反的说法——伊特鲁里亚人是从亚洲迁徙过来的吕底亚人。这种说法很早就有,甚至可见于希罗多德的著作中;在后世学者的笔下,它又有了许多变化与补充。尽管数位像狄奥尼修斯这样的杰出学者都郑重强调他们绝不相信这种说法，并且指出吕底亚人和伊特鲁里亚人无论是在宗教、法律、风俗还是在语言上都没有丝毫相似之处。有可能是一群单独行动的海盗从小亚细亚行至伊特鲁里亚，他们的冒险活动引发了此类故事的产生，但更有可能的是，整个故事只是源于一个荒诞的字面错误。意大利的伊特鲁里亚人又称 Turs-ennae（因为希腊语中的 Τυρσ-ηνοι，Τυρρηνοι，翁布里亚语中的 Tursci 以及罗马语中的两个词 Tusci、Etrusci 似乎都是源于 Turs-ennae），几乎与叫 Τορρηβοι 或 Τυρρ-ηνοι 的吕底亚人撞名了，故以城市 Τυρρα 命名。显然，这两个名字的偶然相像似乎是现实中那种假设的唯一基础，它年代久远，并不可靠，后世又在此基础上强行建起诸多历史的空中楼阁。

将古代伊特鲁里亚人的海上贸易与吕底亚海盗联系起来，然后又不问对错，将托雷比海盗与在海上四处劫掠的蒂勒尼－佩拉斯吉人混为一谈，因而引发了历史传说里影响最为恶劣的混乱。第勒尼安有时也指吕底亚的托雷比人，最早的史料记载如《荷马史诗》就是这样；有时蒂勒尼－佩拉斯吉人或仅蒂勒尼，就指佩拉斯吉民族；有时又指意大利的伊特鲁里亚人，尽管伊特鲁里亚人与佩拉斯吉人或托雷比人从未有过持久接触，也不属同族。

伊特鲁里亚人在意大利的殖民地

另一方面，探寻伊特鲁里亚人最早可追踪到的居住地，以及他们离开此地后的住所，具有重要的历史意义。多种情况证实，在凯尔特人大举入侵以前，伊特鲁里亚人居住在波河流域以北，东与阿迪杰河以及伊利里亚族（阿尔巴尼亚？）的维尼特人接壤，西与利古里亚相连。尤其是上文已提及，里提亚阿尔卑斯山脉的居民在李维时代还操着一口生硬粗俗的伊特鲁里亚方言，以及曼图亚到很晚仍在使用伊特鲁里亚语。伊特鲁里亚人和翁布里亚人群居在波河流域以南和河口地区，前者为统治方，后者起源较早；翁布里亚人创建阿特里亚和斯庇那两座商业古城，而伊特鲁里亚人似乎也建起菲尔辛那（即后来的博洛尼亚）和拉文纳。凯尔特人过了很久才渡过波河，所以他们很早就放弃了左岸地区。相较于左岸，伊特鲁里亚人和翁布里亚人在波河右岸留下了更多扎根居住的痕迹。然而，亚平宁山脉以北地区，由于被不同民族占领，易手太快，因此在这里，无法造就持续不断的民族发展。

伊特鲁里亚

以历史的眼光来看，伊特鲁里亚人仍居住在以他们命名的土地上。虽然利古里亚人和翁布里亚人可能曾在这里待过，但他们的遗迹几乎完全被伊特鲁里亚人所抹去。此地自比萨绵延至塔昆尼沿海一带，东有亚平宁山脉作屏障，伊特鲁里亚人在此找到他们的永久居住地，并竭力将其保留至罗马王政时代。伊特鲁里亚以阿努斯河为北部边界，阿诺河以北至马克拉河河口和亚平宁山脉都是争议地带，有时被利古里亚人占领，有时为伊特鲁里亚人所有，因此这里无法发展成大型移民区。南界最开始可能是基米尼森林——维特尔博南部的一片小山，后期则以台伯河为边界。我们已经注意到，在偏北的行政区建立起来以后（可能是在罗马纪元二世纪之后），伊特鲁里亚人占领了基米尼山脉和台伯河之间的区域，其中包括苏特隆、尼培特、法勒里、维爱和凯雷等城市。此外，意大利尤其是法勒里一带的原住人群虽然处于附属地位，但他们依旧能自保其地。

伊特鲁里亚人与拉丁姆的关系

自从台伯河成为伊特鲁里亚与翁布里亚和拉丁姆之间的分界以后，该地区总体上呈一片祥和之气，边界内似乎并未发生重大变化，至少在拉丁边界是这样的。尽管罗马人视伊特鲁里亚为异族，拉丁人才是他们的同胞，但相比其族，譬如伽比和阿尔巴等地的人们，他们似乎并不担心来自台伯河右岸的攻击和威胁。这也很正常，因为他们不仅受宽阔河流这个天然屏障所护，而且伊特鲁里亚的大城市全部都依河而立，就像罗马城处于拉丁沿岸一样，这些对罗马的商业和政治发展都具有重要影响。维爱人离台伯河最近，而罗马和拉丁姆与之爆发的激烈冲突最为频繁，尤其是在菲登尼的归属问题上斗争愈加激烈。菲登尼是维爱人在左岸的桥头堡，就像贾尼科洛山是罗马人右岸的桥头堡一样，它时而落入拉丁人之手，时而为伊特鲁里亚人所据。

罗马与凯雷相距较远，比起当时的其他邻国，这两国之间的关系总体上更为和睦友好。当然，也有一些隐晦的远古传说讲述拉丁姆与凯雷之间的争斗冲突，例如，凯雷国王梅争提乌斯曾大胜拉丁人，并对其强征酒税。传言拉丁姆与伊特鲁里亚长期不和，但有更明确的证据显示，两国在商业和航海方面曾进行过极为密切的交往。

目前，并没有确切的迹象显示伊特鲁里亚人是沿陆路渡过台伯河的。罗马纪元230年，阿里斯托得摩斯在库迈城下歼灭了众多蛮夷大军，当然，在这当中伊特鲁里亚人占据多数，但即使我们对此深信不疑，那也只能说明伊特鲁里亚人参与过一次声势浩大的劫掠远征而已。更为重要的是，在台伯河以南地区，未曾发现有沿陆路建立的殖民地，也没有证据表明伊特鲁里亚人对拉丁人进行过强制性压迫。据我们所知，贾尼科洛山和台伯河口两岸仍毫无争议地掌握在罗马人手中。

至于伊特鲁里亚人成群迁入罗马一事，我们找到一段自伊特鲁里亚史籍摘录而来的单独记述：沃尔西尼的凯利乌斯·维文那曾率领一支伊特鲁里亚部队来到罗马，在他死后，这支部队由他忠诚的伙伴马斯塔那继续统率。这并非是扰人视听的虚假记载，尽管这个以凯利乌斯命名的凯利山很显然是经由语言学杜撰出来的，甚至后面又说马斯塔那成为了罗马的国王，取名为塞尔维乌斯·图利乌斯。当然，这只是考古学家们在研究历史传说时所做的无谓猜想而已。帕拉廷山脚下的"托斯卡纳区"，则进一步表明有伊特鲁里亚移民在罗马定居。

塔克文家族

此外，毋庸置疑的是，统治罗马的最后一任王族塔克文家族也发源于伊特鲁里亚。至于该家族是如传说所言属于塔昆尼或是凯雷（近来在凯雷发现了塔克那斯的家族冢），我们暂且不论。

穿插于传说中的女性名塔那奎尔或塔纳基并非拉丁文，但在伊特鲁里亚却很常见。但有一传统故事称，塔昆的父亲是一位希腊人，他从科林斯迁入塔昆尼，并以客民的身份在罗马定居，这既不是历史也不是传说。很显然，在这种情况下，事件的历史性联系不仅混乱不清，而且完全被割裂开来。最后伊特鲁里亚家族掌握着罗马的王权，这实际上是无关紧要的事实，如果非要从中推断出什么的话，只能说一个伊特鲁里亚籍的人掌握罗马主权不一定代表全体伊特鲁里亚人，或某个伊特鲁里亚城邦统治了罗马，反过来，也不能认为是罗马人统治了南伊特鲁里亚。实际上，这两种假设都缺乏充足的事实依据。塔克文家族的历史舞台在拉丁姆，而不是在伊特鲁里亚；据我们所知，在整个王政时代，伊特鲁里亚对罗马的语言和习俗都没有产生什么重大影响，也绝没妨碍罗马国家或拉丁同盟的正常发展。

伊特鲁里亚之所以对拉丁姆邻国持相对消极的态度，一部分原因可能是伊特鲁里亚人与波河流域的凯尔特人发生过争端，历代罗马帝王被驱逐出境后，凯尔特人才渡过波河；一部分原因也是伊特鲁里亚人倾向于海上航行，争夺海上和海岸霸权。这一倾向从他们在坎帕尼亚建立殖民地事件可以体现出来，我们也将在下一章详尽叙述这一点。

伊特鲁里亚政制

伊特鲁里亚政制和希腊人以及拉丁人的政制一样，都是建立在向城市发展演变的共同体基础之上。早期伊特鲁里亚人的事业重心倾向于航海、贸易和制造业，从严格意义上讲，相较于意大利其他地区，伊特鲁里亚更早形成城邦。凯雷是最早记入希腊史册的意大利城市。另一方面，我们发现，伊特鲁里亚人比罗马人和萨贝利人更加善战且好战。伊特鲁里亚人自远古时代起就开始使用雇佣兵代战，意大利人则不然。共同体最早的政制和罗马政制大体相似。国王或鲁库蒙斯管理国家，享有相似的荣誉，也因此可能拥有与罗马国王近乎同等的权力。

贵族与平民严格区分开来。宗族体制的相似性可用人名的类似为佐证，只是，伊特鲁里亚人比罗马人更重视母系血统。伊特鲁里亚人的联盟体制似乎非常松散，它并不涵盖整个民族，北部和坎帕尼亚的伊特鲁里亚人自行组成联盟，一如伊特鲁里亚本部城邦所做的那样。每个联盟包括十二个城邦，他们只承认一个首府，尤其是为了礼拜，他们也会拥护一个联盟首领或是高级牧师，但各自的权力还是平等的。至少有几个城邦实力会非常强大，这样的话就不会形成一方独霸的局面，中央集权也无法统一。伊特鲁里亚本部的首府是沃尔西尼，至于十二城中的其他城邦，我们确切知道的只有佩鲁西亚、维图洛宁、沃尔西和塔昆尼。然而，伊特鲁里亚人一般不会团结行动，而拉丁同盟则恰恰相反。通常是个别城邦挑起战端，他们竭尽全力诱发邻邦对战争的兴趣，而一旦出现特例，联盟合力解决争端、平息战乱，个别城市倒常常置身事外。伊特鲁里亚联盟似乎从一开始就缺乏一个稳固且拥有至高权威的中央领导机关，这与其他类似的意大利种族同盟相比，仍然有过之而无不及。

注释

[1] 拉斯带有下文所提到的异族语尾。
[2] 例如，这些陶器上的铭文也属于这个时期，如 miniceϑuarnimaϑ umaramlisiai ϑ ipurenaie ϑ eeraisieepanamine ϑ unastarhe-lefu, or mi ramuϑaf kaiufinaia。
[3] 我们从大佩鲁西亚铭文的起源可大概知道如今伊特鲁里亚语的发音；eulat tanna laresul amevaχrlautn velϑinase stlaafunas sleleϑcaru。
[4] 如 Maecenas, Porsena, Vivenna, Caecina, Spurinna。倒数第二个音节的韵母原本是长音，但由于重音提前，首音节经常缩短，甚至省略。因此，我们发现 Porse(n)na 和 Porsena 并用，Ceicne 和 Caecina 并用。
[5] 狄奥尼修斯·哈利卡纳苏：古希腊历史学家和修辞学家（？—公元前8年）。生于小亚细亚的哈利卡纳苏城。其主要著作《罗马古代史》二十卷（今存前十卷），叙述了第一次布匿战争以前的历史。书中年代叙述不完全正确，亦缺乏历史批判，但某些论点优于李维的著作，是校正李维著作的主要资料。——译者注
[6] 赫卡柏，普里阿摩斯在特洛伊战争期间的妻子。——译者注

第十章

希腊人在意大利
伊特鲁里亚人和迦太基人的海上霸权

意大利与其他地区的关系

古代各民族的历史逐渐迎来曙光，而对于他们来说，黎明也即将在东方冉冉升起。当意大利半岛还笼罩在阴霾之中，地中海东部各地已熠熠生辉，文明也已得到极大发展。大多数民族在其发展的早期阶段注定要受某对手姊妹国的教导并听它指挥，意大利人的命运更是如此。然而，意大利的地理位置使得这种影响无法沿陆路传至半岛，现在我们很难找到古时人们行经意大利和希腊之间崎岖路段的踪迹。自远古时代开始，多半就有从意大利通往阿尔卑斯山脉的商道，琥珀贸易最早是从波罗的海行至波河河口的地中海区域，见于希腊神话中的波河三角洲是琥珀的原产地；另一条横越半岛翻过亚平宁山脉而至比萨的路也与这条路线相接；但意大利人无法从这些地方获得文明元素。意大利古时所吸收的外国文化都是由东方的航海国引进。

腓尼基人在意大利

地中海沿岸最早的文明古国——埃及并不是一个热衷航海的国家，因此它对意大利未能产生影响。对于意大利来讲，腓尼基人也同样如此，他们源自地中海极东岸的狭窄地域，在已知的所有种族中最早冒险漂泊于地中海，一开始他们致力于捕鱼采捞，不久就开始从事贸易。腓尼基人首先开拓海上贸易，他们在很早之前就横渡地中海甚至到达极西地区。腓尼基人在地中海沿岸的海上基地几乎无不早于希腊人。

无论是在希腊本土，在克里特和塞浦路斯，在埃及、利比亚和西班牙，还是在意大利西部海域都是如此。修昔底德[1]告诉我们，在希腊人来到西西里之前，或者是在他们大批安定下来之前，腓尼基人就已经在地岬和小岛上建有多处商馆，他们的目的不是在于开拓疆土，而是为了寻求与当地人合作贸易的机会。但在意大利大陆上情况就有所不同。除了一家布匿商馆外，并没有确切证据证明腓尼基人在意大利大陆有其他居留地。这座商馆还未被遗忘，一部分是因为凯雷海岸有一个名叫普尼库的小村庄，另一部分是因为凯雷本身又名阿吉拉。有人散布谣言说阿吉拉原本是佩拉斯吉人，其实不然。它是一个腓尼基名字，意为"团城"，准确描述了自海上观望凯雷的模样。该商馆和其他建于意大利海岸的类似机构并不很重要，也不会长久留存，这一点很明显，因为它们早已湮没无音、不留痕迹。我们绝没有理由认为它们比同海岸的希腊殖民地更早建成。

　　拉丁姆人以希腊人为媒介最先与迦南人熟识。拉丁名 *Poeni* 出自希腊语，这就很好地说明了这一点。确实，意大利人最开始接触东方文明主要还是仰仗希腊。我们不必追溯到前希腊时期，后来凯雷商业王国和迦太基之间为人所熟知的关系恰恰很好地解释了腓尼基人在凯雷兴起的原因。实际上，当我们回想起最早的航海主要都是沿海岸行驶，且一直稳定不变，那么也就能够理解为什么意大利大陆是地中海区域离腓尼基人最远的地方了。他们必须从希腊西部海岸或从西西里出发才能到达腓尼基。人们也可以相信，希腊的航海技术在很早以前就已经发展成熟，希腊人在腓尼基人之前就冒险投身于亚得里亚和第勒尼安海域的航海活动之中。因此，如果假定腓尼基人对意大利人产生了最为直接的影响，这是毫无根据的。至于之后掌握西地中海霸权的腓尼基人与定居在第勒尼安海岸的意大利人的关系，我们以后将会继续讲述。

希腊人在意大利——希腊移民的故乡

因此,所有迹象似乎都表明,希腊船员是最早在意大利海岸航行的地中海东部居民。然而,希腊航海者究竟自何地于何时来到意大利海岸,这两个重要问题中只有前者能得到相对准确完整的答复。小亚细亚的伊奥利亚和爱奥尼亚海岸是希腊海上运输最早开始取得大规模发展的地方,希腊人由此地出发,深入探测黑海底部以及意大利海岸地区。伊庇鲁斯和西西里之间的海域仍被称为爱奥尼亚,早期阶段希腊人称亚得里亚海为爱奥尼亚湾,这两个名字都是为了纪念爱奥尼亚航海家曾发现意大利南部和东部海岸。从它的名字和传说可知,意大利最早的希腊殖民地库迈[2],是在安纳托利亚海岸建立的一座同名城市。

据相对可信的希腊传说称,小亚细亚的福西亚人是第一批远渡西洋的希腊人。不久其他希腊人也紧随其后,有来自纳克索斯岛和埃维亚岛的哈尔基斯的爱奥尼亚人、亚该亚人、罗克里斯人、罗德人、科林斯人、迈加拉人、麦西尼亚人、斯巴达人。在美洲地理大发现之后,欧洲各文明国家争先派遣远征军前去建立殖民地。新移居者与野蛮人生活在一起,他们发现,作为文明的欧洲人,他们比在故乡时更为强烈地体会到他们之间的共同特征与共同利益。希腊人的新发现也是这样的。向西航行并在西方土地上殖民定居不是希腊某个地区或者某个种族的特权,而是整个希腊民族的共同权益。一如北美新世界形成之时,英国人、法国人、荷兰人和德意志人的殖民地相互融合、相互渗透,希腊的西西里和"大希腊"

也是希腊各种族的混合体，他们相互交融、不可辨别。

　　除此之外，也有一些殖民地较为孤立，如罗克里斯殖民地及其分支希波尼安和梅达马以及福西亚人近期才建立的殖民地维利亚，我们大概可以将其分为三大组。原始爱奥尼亚组统称哈尔基斯城市，包括在意大利的库迈、维苏威和利基翁等地的希腊殖民地，还包括在西西里的赞克尔（即后来的梅萨那）、纳克索斯、卡塔尼亚、莱昂蒂尼和希梅拉。亚该亚组包括锡巴里斯和大希腊的大多数城市。多利安组包括叙拉古、杰拉、阿格里真托以及西西里的大多数殖民地，但是在意大利却只有塔拉斯（又称他林敦、塔兰托）和赫拉克利亚。总的来说，占优势的移民是那些较早的希腊移居者，包括爱奥尼亚移民以及在多利安之前就定居于伯罗奔尼撒半岛的种族。在多利安人中，只有多民族混居的城邦（如科林斯和迈加拉）参与移民运动，而纯粹的多利安地区只处于附属地位。

　　当然，这种结果是在意料之中，因为爱奥尼亚人自古以来就是热衷贸易航海的民族，而多利安人仅在较晚时期才从内陆山区移到沿海地区，而且他们从不参与海上贸易。不同组的移民区别很明显，尤其是他们的货币本位大不相同。福西亚人依照盛行于亚洲的巴比伦货币铸钱。哈尔基斯各城最早则仿照埃伊纳钱币，换句话说，就是一开始通行于欧洲希腊全境的货币，也就是后来我们在埃维亚岛发现的改良版货币。亚该亚城同盟仿照科林斯货币铸钱，最后，多利安殖民地仿照梭伦于罗马纪元160年在阿提卡施行的货币铸钱，他林敦和赫拉克利亚除外，它们的主要货币采用邻邦亚该亚人所铸钱币，而不采用西西里的多利安人所铸的钱币。

希腊移民的时间

早期的航海与移民我们可能无从得知，但我们仍能清楚辨别某种前后次序。最古老的希腊文献——《荷马史诗》[3]，就像最早同西方之间的交往一样，均为小亚细亚的爱奥尼亚人所创，其视野几乎不超出地中海东部。水手受风暴袭击漂流至西海，回到小亚细亚之后，他们可能会传言说西方有陆地，也可能会谈及西海的漩涡以及岛上火山喷发的情景，但在荷马诗歌时代，即便是在最早与西方往来的希腊地区，也完全没有关于西西里和意大利的可靠信息。于是东方的说书者和诗人便肆无忌惮地用他们的空中楼阁来填满虚无的西方，就像当初西方人对传说中的东方所做的那样。

在赫西俄德[4]的诗歌里，意大利和西西里的轮廓较为清晰；人们对这两地的部落、山脉及城市的土名都有初步了解，但在他们看来，意大利仍旧是一个群岛。另一方面，在赫西俄德之后的文学作品中，希腊人对西西里甚至整个意大利海岸的了解，至少就一般而言，是一样的。希腊人移居的次序还是可以得到准确考证的。在修昔底德看来，库迈显然是最早的著名西方殖民地，当然，他所言非虚。确实，对希腊船员来说，很多登陆点都比库迈要近，但没有哪一处比伊斯基亚更适宜躲避风暴和野蛮人，而库迈城最早便位于这座岛上。这种优先考虑引发殖民浪潮，这一点从后来我们为此在大陆上选择的地点可以得到验证，通常我们选择的地点是陡峭却易于防御的悬崖，直至今日它们仍沿用安纳托利亚母城这一庄严肃穆的古名。因此，小亚细亚神话中的古迹众多，却以库迈一带的最为生动真切。最初远航去西方的海员心中满是那些有关西方奇迹的传说，他们初次踏上这片传说中的土地，在塞壬岩与通向地狱的阿佛纳斯湖留下那些神话世界的踪迹，而他们认为自己正身处这些世界之中。

此外，如果说希腊人是在库迈初次与意大利为邻，那么就不难理解为什么之后数百年间希腊人会用定居在库迈周围的意大利族名奥皮克来称呼一切意大利人了。另外还有一种可信的传说，希腊人移居库迈，很久之后才大规模迁入意大利和西西里，在这次移民活动中来自哈尔基斯和纳克索斯的爱奥尼亚人起带头作用。据说无论在意大利还是西西里，西西里岛上的纳克索斯都是希腊最早的殖民城市；亚该亚人和多利安人的殖民活动随之兴起，不过这是以后的事了。

然而，要大致精准地确定这一系列事件发生的年代也似乎不大可能。亚该亚人于罗马纪元33年即公元前721年创建锡巴里斯城，多利安人于罗马纪元46年即公元前708年创建他林敦城，这可能是意大利史上最古的年代记载，它们应该是准确或大致准确的，但更早的爱奥尼亚殖民地建立于这个年代之前，至于到底早多久，就像赫西俄德甚至是荷马诗歌产生的年代一样，我们难以确定。如果希罗多德对荷马年代的描述无误，那么罗马建立一百年前希腊人对意大利还并不了解。可是这样所得的年代，就像所有其他关于荷马年代的描述一样，并不是经考证所得，而只是一种推断。任何人只要认真对待意大利字母的历史并考虑这样一个值得注意的事实，即在"古希腊民族"这个概念出现之前，意大利人就已经对希腊民族有所了解，并且意大利人对希腊人的称呼是源自古希腊早已灭绝的种族 Grai 或 Graeci[5]，那他往往会将意大利人与希腊人的最初交往追溯到更遥远的年代。

希腊移民的特征

意大利希腊人和西西里希腊人的历史并不属于意大利史的一部分。移居西方的希腊殖民者却一直与他们的故乡保持密切联系并参与希腊人的国庆佳节、分享希腊人的特权，可是，有一点很重要，那就是我们应该指明在意大利的希腊殖民地性质各不相同，而且我们至少要阐明某些主要特点使得它们对意大利产生不同的影响。

亚该亚城市同盟

在所有希腊殖民地当中，最与众不同、最与世隔绝的要数产生亚该亚城市同盟的殖民地，其中包括锡里斯、潘多西亚、墨塔玻斯、梅塔彭图姆、锡巴里斯及其分支波西多尼亚、劳斯、克罗顿、考洛尼亚、特米萨、特里那、毕克苏斯。总体来说，这些殖民者同属于一个希腊种族。这个种族坚守他们自己独有的与多利安语密切相关的方言，长久以来固守古希腊民族的书写方式，而并不采用已在其他地方通用的新字母。他们用坚强稳固的联邦体制来保存其特有的民族性，以区别于蛮族和其他希腊人。波利比奥斯[6]在伯罗奔尼撒半岛针对亚该亚军事同盟的言论或许也同样适用于意大利的亚该亚人。他说："他们不仅友好相处、休戚与共，而且还采用相同的法律、度量衡和钱币，除此之外，他们还共有相同的行政法官、参议员和审判官。"

严格意义上说，这个亚该亚城市同盟是一个殖民组织。这些城市没有海港，仅克罗顿有一个简陋的停泊处，他们也没有自营贸易；锡巴里斯人以终生不越过这座礁湖城的船桥[7]为荣，所有买卖均由米利都人和伊特鲁里亚人代劳。然而，这群亚该亚希腊人不仅拥有沿岸的狭长地带，还掌管着海上"酒国"和"牛国"，又称"大希腊"。当地农业人口被迫以客农或农奴的身份替他们开垦荒地并向他们缴纳贡物。

锡巴里斯是当时意大利最大的城市，它统治着四个蛮族以及二十五座城市，并在其他海域建立了劳斯和波西多尼亚。克拉提斯河和布拉达诺河的低地极其肥沃，为锡巴里斯人和梅塔彭图姆人生产了大量粮食，也许所产谷物就是在那里开始用于出口。这些国家在极短的时间之内就迎来全盛时代，这一点可用意大利亚该亚人唯一留存下来的艺术珍品——硬币加以佐证。这些硬币造型古朴、工艺精美，是意大利艺术与文字的最早作品，经查证可知罗马纪元 174 年就已开始铸造此类钱币。从中我们可以看出，西方的亚该亚人不仅参与到当时大陆上欣欣向荣的塑料工艺当中，更拥有高超的工艺技术。当时在希腊本部和意大利多利安人中通用的银币较厚，通常仅一面刻印花纹，一般两面都没有铭文。技艺高超的意大利亚该亚人独具匠心，使用两个相似的冲模，一面阳文，一面阴文，铸成大而薄的银币，均刻印铭文，显示了一个文明国家在镌刻方式上的先进性，并以此谨慎防范当时常见的用薄银箔镀次金属的货币伪造行径。

不过，这迅速开放的花朵却并未结出果实。希腊人懒散度日，他们未曾经受当地人顽强抵抗的考验，也无需艰苦工作，很快身心都萎靡不振。在希腊艺术或文学方面，没有一个杰出的人物为意大利的亚该亚人增光添彩，但西西里却才人辈出，甚至在意大利，哈尔基斯的利基翁出现了伊比库斯[8]，多利安的他林敦也出现了阿尔希塔斯[9]。说到这个民族，他们总是在灶台上烧烤禽肉，从一开始，除了拳击以外他们便别无所长。

在几个城邦内，严厉的贵族统治一早便占据主导地位，并且寻求联邦的力量支持以备不时之需，防止出现暴政。但是，举贤政府有可能会转变成寡头政府，尤其是如果不同城邦内的特权王族互相援助、共谋大计，则更会有这种风险。以毕达哥拉斯命名的盟友组织正是抱有这样一种目的。它坚持这样一种信条：统治阶级应"受尊敬有如天神"，被统治阶级应"屈从有如牛马"，这种理论和实践引发一种可怕的反应，因而终结了毕达哥拉斯"朋友会"并恢复了古老的联盟体制。而疯狂的党派斗争、大规模的奴隶暴动、各种各样的社会弊病，将成为不切实际的政治哲学付诸实践的虚妄构想。简而言之，各种伤风败俗的文明灾难不停地荼毒着亚该亚各城邦，直至最后，政权彻底土崩瓦解。

所以，也就难怪移居意大利的亚该亚人对意大利文明所产生的影响还不如其他希腊殖民地了。相比经商民族而言，一个务农的民族当然鲜有机会能影响本国的政治文明。在自己的领地内，他们则奴役本土居民，遏制意大利民族发展的萌芽，并拒绝采用完全希腊化的方式为意大利民族开辟一条新的道路。于是，希腊作风虽在政治上屡屡受挫，但却能在别处保持蓬勃的生命力，比起其他地区，他们在锡巴里斯、梅塔朋提、克罗顿、波西多尼亚消失得更加迅速、更加彻底，也更加狼狈。后来由意大利土著人和亚该亚人以及萨贝利族的较晚移民中衍生而来的双语混血人群却从未实现真正的繁荣。然而，就时间上来说，这次灾难属于之后一个时期。

爱奥尼亚-多利安城市

其他希腊殖民地性质不同，对意大利产生的影响也不同。他们绝不会轻视农业，也不会去兼并土地。希腊人不像腓尼基人那样在蛮夷之地建起巩固的商馆就异常满足，这不是他们的习惯，至少在他们国力鼎盛的时候确实如此。但希腊城市建立之初都是为了贸易，因此与亚该亚人所建城市不同的是，他们统一将城市建在最佳海港和装船地旁边。这些城市建立的起源不同，缘由不同，时代也各异，但它们彼此之间亲密且友好，这些城市都会采用某种相同的新式字母表[10]，且通用多利安语言风格，这种语言风格很早在如库迈[11]这种原本使用温柔的爱奥尼亚方言的城市流行起来。就对意大利的发展而言，这些殖民地的重要程度不同，如今我们只需提及那些对意大利民族的命运起过决定性作用的殖民地就足够了，比如多利安的他林敦和爱奥尼亚的库迈。

他林敦

在意大利的所有希腊殖民地当中，他林敦注定扮演着最光辉灿烂的角色。它拥有整个南海岸唯一的一座优良海港，因而成就了他林敦城作为意大利南部天然交通枢纽甚至是亚得里亚商贸中心的优势地位。他林敦湾捕捞业繁荣，生产加工优质羊毛并为其染色，所用染料是他林敦紫螺的液汁，这种紫螺可与推罗所生产的紫螺相媲美。这两类产业均由小亚细亚的米利都引进，雇佣数以千计的工人，除转口贸易外，还增加了出口运输。希腊人在他林敦大批量造币，所铸钱币比其他意大利殖民地都要多，且许多都是金币，这向我们充分展示了他林敦商业蓬勃发展的繁荣图景。当时他林敦和锡巴里斯还在下意大利的希腊城市中一争高下，它巨大的商业网已在形成，但他林敦人似乎从未效仿亚该亚城市的方式，致力于开拓疆土，所以并不稳定，也从未成功。

维苏威火山附近的希腊城市

意大利最东方的希腊殖民地迅速走向繁荣昌盛，最北的殖民地邻近维苏威，也取得稳步发展。库迈人越过肥沃的埃那里亚岛（伊斯基亚岛）来到大陆，在临海的小山上建起他们的第二故乡，然后又从那里出发，创立了第凯阿基亚港（即后来的部丢利）和"新城"尼亚波利。总体来说，就跟意大利和西西里的哈尔基斯城一样，他们的生活需要遵守卡塔纳的卡龙达斯[12]于罗马纪元100年即公元前654年所制定的法律。但民主却受制于高额的赋税政制，权力落入从富人中选举产生的议会之手，这种政制长久存在，大体上使这些城市免于篡权者和暴民的肆虐。我们对坎帕尼亚希腊人知之甚少，无论是出自强制还是自愿，他们一直局限于一个甚至比他林敦人的领地还要狭小的领域；本着不征服抢占、不欺凌霸权而是与土著人和平贸易、友好交往的目的，他们从这里出发，实现自身的繁荣发展，同时在传播希腊文明于意大利的众多民族中取得领先地位。

亚得里亚地区与希腊人的关系

如果说利基翁海峡的一侧、大陆的整个南部海岸、远至维苏威的西部海岸以及另一侧西西里岛东岸的大半区域都是希腊人的领地，那么在意大利维苏威以北的西部海岸以及整个东海岸情况则大不相同。意大利的亚得里亚海岸上没有希腊殖民地。在对面的伊利里亚海岸和许多邻近岛屿上，所建希腊殖民地数量相对较少，意义较小。显然，这与上述情况有关。罗马王政时代，在距希腊最近的这个海岸地区建立了两座大型商业城市：一座是埃比达姆诺斯，或称都拉基乌姆（现

171

在称都拉斯，建立于罗马纪元127年即公元前627年）；另一座是阿波罗尼亚（靠近阿夫罗那，创建于约罗马纪元167年即公元前587年）。但再往北去，我们就无法找到古希腊的殖民地。可能仅有无关紧要的黑色克基拉殖民地（又称库尔佐拉，创建于约罗马纪元174年即公元前580年）例外，至今仍没有满意的答复来解释该地区希腊殖民地发展如此贫乏的原因。自然条件似乎引导希腊人朝着这个方向继续发展，而实际上，自古以来科林斯就与那个地区有着正常的商业往来，罗马建立后不久（罗马纪元约44年即公元前710年），希腊人创立克基拉殖民地（又称科孚），该殖民地与那里的商贸往来更为频繁。

在意大利海岸，波河河口的斯庇那和阿特里亚成为这种商贸往来的商业中心。很显然，亚得里亚海的风暴，伊利里亚海岸的荒凉以及土著人的野蛮都不足以说明这个事实：东方文明因素并未直接影响意大利东部地区，而仅仅是以西部地区为媒介对其施以影响，这对意大利具有至关重要的意义。大希腊最东边的商业城市——多利安的他林敦与科林斯、克基拉一起参与到亚得里亚海的商业活动中，该城市为赫德拉斯（即奥特朗托）所有，在意大利一侧扼亚得里亚海的入口。因此，除波河河口的海港之外，当时在整个东部海岸地区都没有值得一提的商业中心，安科纳的兴起是很久之后的事了，而布林迪西的兴起则更在其后了。因此我们也就能够明白一点，即埃比达姆诺斯和阿波罗尼亚的水手时常在他林敦卸货。他林敦人沿陆路与阿普利亚来往密切；意大利东南部的一切希腊文明都源自他们。然而，当时那种文明仅仅处于初期阶段，直到后来阿普利亚的希腊文化才得以发扬光大。

意大利西部人群与希腊人的关系

另一方面，在远古时代，希腊人就频繁到达维苏威以北意大利的西海岸，并且在其地岬和海岛上设有多处希腊人的商馆[13]，这一点是毋庸置疑的。第勒尼安海岸上有关奥德修斯的神话传说可能是此类航行的最早证明[14]。当人们在群岛发现埃俄罗斯人居住的岛屿，当他们在拉锡尼山岬指出希腊仙女卡吕普索居住的岛屿，在米塞努姆山岬指出海妖塞壬居住的岛屿，在西尔策依山岬指出女巫喀耳刻居住的岛屿，当他们在陡峭的泰拉奇纳山岬认出高耸的埃尔皮诺古坟，当吃人巨怪勒斯特律贡人常出没于卡伊厄塔和福尔梅附近，当尤利西斯和喀耳刻的两个儿子阿格里俄斯（又称"野人"）和拉丁努斯受命统治居住在"圣岛最深处"的第勒尼安人，或根据较晚的说法，拉丁努斯为尤利西斯和喀耳刻之子，而奥宋是尤利西斯和卡吕普索之子。从这些神话传说中，我们可以看到古代爱奥尼亚水手的轶事趣闻。横渡第勒尼安海时他们非常想念故乡，这种高贵生动的感情渗透于爱奥尼亚人吟咏奥德修斯航海的诗歌当中，当这些神话传说在库迈实现本土化并在库迈水手常去之地广为流传时，这种感情也就显而易见了。

人们在埃塔利亚岛（即伊尔瓦岛或厄尔巴岛）的希腊名中可以找到这些古代航海故事的其他踪迹，此岛似乎是最早为希腊人所占据的地方之一（次于埃那里亚），在伊特鲁里亚的忒拉蒙海港名中我们也能发现这样的踪迹；此外，在凯雷海岸的两座城市皮尔吉（靠近圣塞韦罗）和奥西乌姆（靠近帕洛），不仅是名称还包括皮尔吉城墙的特殊建筑都可明确表明它们源自希腊，皮尔吉城墙建筑与凯雷和一般伊特鲁里亚城市的城墙建筑迥异，这也可以看出希腊人古代航海的踪迹。埃塔利亚岛又称"火岛"，盛产铜矿，尤其是铁矿富足，在这种商贸活动中大概一直居于龙头地位，外国人十分有可能在此建立中心殖民地并与土著人进行贸易往来；如果不与大陆互通往来的话，他们便无法在这座森林资源匮乏的小岛上炼矿。厄尔巴岛对面的波普洛尼亚地岬蕴藏银矿，希腊人很可能已经知晓并对其进行了开采。

如果当时外国人除贸易之外还从事海盗活动、侵吞劫掠，一有机会就对土著人强征暴敛，使他们沦为奴隶，那么土著人也必然会予以回击。比起意大利南部的邻人，拉丁人和第勒尼安人的报复更为积极，也更加幸运，这一点不仅有传说为依据，也得到了实际成果的验证。在这些地区，意大利人成功抵御外人涌入，不但不失其固有商业城市和商业港口，还能继续控制自有领海，或者至少很快就重新控制了主权。同样是遭希腊人入侵，南意大利各族受到了压迫，丧失了民族性，而中意大利民族却完全违背其引导者的意愿，致力于航海和城市创建。意大利人最初一定是在这个区域将木筏和小船换成了腓尼基人和希腊人使用的荡桨大船。也是在这里我们第一次看到大型商业城市，尤其是南伊特鲁里亚的凯雷和台伯河岸的罗马，如果据这两座城市的意大利语名称和距海稍远的位置来判断，它们确非希腊人所建，而是意大利人创建的，就像波河河口的类似商业城市斯庇那和阿特里亚以及更南的阿里米努姆一样。不难设想，我们无法表述意大利民族最早抵御外来侵略的应对措施的历史进程；但我们仍能认识到这种应对方式在拉丁姆和南伊特鲁里亚的进程与在伊特鲁里亚本部及邻近地区大不相同，它对意大利的长远发展起着至关重要的作用。

希腊人和拉丁人

传说本身以一种重要的方式将拉丁人与"野蛮的第勒尼安人"进行对比，将台伯河口的平静海滩与沃尔西的荒凉海岸进行对比。但这不能说明一些意大利中部地区可以容忍希腊人的殖民化而其他地方却不允许。在历史上维苏威以北根本不存在独立的希腊城邦；如果皮尔吉曾经是这样的话，那么它一定是在有史以前就已经归还于意大利人之手，换句话说，也就是回到凯雷人手里。但在南伊特鲁里亚、在拉丁姆，甚至是在东海岸，同外国商人的和平交往是受到保护和鼓励的；但在其他地方情况就不一样了。凯雷的地位尤其令人瞩目。斯特拉波说："凯雷人在希腊人中以勇敢正直著称，即使实力雄厚，也不行劫掠之事。"这话并不是针对海盗活动而言，因为在这方面凯雷的商人和其他人一样沉迷其中。但凯雷却是腓尼基人的自由港，也是希腊人的自由港。

我们在上文已经提过腓尼基人的商馆（后来称为普尼库

以及希腊人的两个商馆皮尔吉和奥西乌姆。凯雷人不去劫掠这些港口，毫无疑问，正是因为这种宽容的态度，仅有一个简陋停泊处且邻近没有矿产的凯雷才很早就实现高度繁荣，并在最早的希腊商业方面取得较台伯河和波河河口的意大利中心城市更为重要的地位，而这些中心城市都是天然形成的。我们刚说过的城市似乎都与希腊进行过原始宗教往来，在所有蛮族中，最先向奥林匹斯山神宙斯献贡的是伊特鲁里亚国王阿里木诺斯，他可能是阿里米努姆的一位统治者。斯庇那和凯雷在德尔斐阿波罗神庙里有专门库藏，与其他和该圣祠正常交易的城邦无异；德尔斐神及库迈的神谕与凯雷和罗马的最早传说交织在一起，有着难解难分的关系。这些城市的意大利人实行和平理政，与外国商人友好通商，因而变得富强卓越、实力雄厚。它们不仅是希腊商品的中心市场，也是希腊文明的萌芽地。

希腊人与伊特鲁里亚人——伊特鲁里亚人的制海权

"野蛮的第勒尼安人"的情况却大不相同。台伯河右岸和波河下游地区或许受制于伊特鲁里亚霸权而非严格意义上的伊特鲁里亚邦国，同样的原因在拉丁姆境内使土著人得以摆脱外国人的海上霸权获得解放，在伊特鲁里亚本土却导致了海盗活动及海上霸权的发展，这可能是人们诉诸暴力和劫掠的民族性差异造成的，也或者是出于其他一些原因。伊特鲁里亚人并不满足于将希腊人驱逐出埃塔利亚和波普洛尼亚；

甚至个体商户都不为所容，不久伊特鲁里亚的私掠船在海上到处横行，使得第勒尼安人的名号在希腊人听来就是一场噩梦。希腊人认为小艇锚系伊特鲁里亚人发明，并将意大利西海称作伊特鲁里亚海，这不无道理。

野蛮的海盗船迅速增多，尤其是在第勒尼安海，暴力活动猖獗，他们在拉丁姆和坎帕尼亚阶沿岸定居就清楚表明了这一点。确实，拉丁人坚守拉丁姆本部，希腊人坚守维苏威；但在这两地之间及在两地旁边，伊特鲁里亚人统治着安济奥和苏伦图姆。沃尔西人成了伊特鲁里亚人的客户，他们的森林又为伊特鲁里亚人的帆船提供龙骨，因为直到罗马占领安提昂时安提昂人的海盗行径才宣告结束，所以我们也就很容易理解为什么在希腊水手看来，南沃尔西人的海岸名叫勒斯特律贡人的海岸了。索伦托的地岬和卡普里岛的悬崖仍旧险峻无比，但却没有任何海港。从这里向下俯瞰，地处那不勒斯湾和萨莱诺湾中间的第勒尼安海的景观一览无余，恰好便于监控海盗船，而此处早已被伊特鲁里亚人占领。甚至相传他们在坎帕尼亚建立了自己的"十二城同盟"[15]，有史时期，说伊特鲁里亚语的城邦仍存在于坎帕尼亚内陆地区。伊特鲁里亚人掌握坎帕尼亚海制海权并在维苏威与库迈人争霸，这些殖民地可能就是受此影响间接得以形成。

伊特鲁里亚商业

然而，伊特鲁里亚人绝不局限于抢夺劫掠，至少自罗马纪元200年即公元前554年起，伊特鲁里亚各城尤其是波普洛尼亚纷纷仿照希腊样式和标准铸造金银钱币，这充分证明伊特鲁里亚人与希腊人进行过和平交往。此外，这些金银钱币并非依照大希腊的钱币样式，而是以阿提卡甚至是小亚细亚钱币为模板，或许也可表明伊特鲁里亚人对意大利的希腊人持敌对态度。在商业方面，他们实际上处于最为有利的地位，远比拉丁姆居民更有优势。

伊特鲁里亚人地跨两海，他们控制着意大利西部海域的大自由港、波河河口以及那时位于东海的威尼斯，还掌控着自古以来从第勒尼安海的比萨到亚得里亚海的斯庇那的陆路；而在意大利南部，他们控制着卡普亚和诺拉的肥沃平原。他们掌握意大利最重要的出口货物，如埃塔利亚的铁、沃拉特里和坎帕尼亚的铜、波普洛尼亚的银，甚至还有从波罗的海运来的琥珀。伊特鲁里亚人的海盗行径是一则简单粗暴的航海法令，在它的保护下，他们的商业发展蒸蒸日上。我们无须讶异于伊特鲁里亚和爱尔兰的商人在锡巴里斯市场上相互竞争，也无需惊愕于他们大规模兼营的海盗业和商业引发骄奢无度的风气，伊特鲁里亚的活力早已消耗殆尽。

腓尼基人与希腊人的争霸

如果说在意大利，伊特鲁里亚人对抗希腊人，拉丁人也会对希腊人产生敌意，甚至一部分人将其视为仇敌，那么这种对抗在某种程度上必然影响当时在地中海商业和航海业中占首要地位的争霸活动，这种争霸活动是在腓尼基人和希腊人之间展开的。至于在罗马王政时代，这两大民族如何在地中海众海岸、在希腊和小亚细亚、在克里特和塞浦路斯、在非洲和西班牙、凯尔特海岸争霸，这里不加以详述。此类斗争并不直接发生于意大利本土，但它在意大利却影响深远。后起的竞争者精力充沛，富有才干，起初他们尽占优势。希腊人不仅在他们的欧亚故乡清除了腓尼基商馆，而且将腓尼基人逐出克里特和塞浦路斯，转而扎根于埃及和昔兰尼，抢占下意大利和大半西西里岛东部地区。无论从哪个方面来说，腓尼基人的小型商馆在希腊人更加积极蓬勃的殖民化面前都显得不值一提。

塞利努斯（罗马纪元126年即公元前628年）和阿格里根坦（罗马纪元174年即公元前580年）建立于西西里岛西部。英勇的小亚细亚福西亚人横渡西海到达更加遥远的地域，在凯尔特海岸建立了马西利亚（约罗马纪元150年即公元前604年），并探索了西班牙海岸地区。但到大约罗马纪元二世纪中叶，希腊人的殖民化发展突然中断，毫无疑问，这次中断是当时迦太基的急速兴盛造成的。迦太基是腓尼基人在利比亚最为强大的城市，这样的快速发展显然是因为希腊人的侵略威胁到了整个腓尼基民族。如果说曾经开辟了地中海海上贸易的腓尼基民族已受后起的竞争者所迫，丧失了对地中海西半部分的独霸权、对地中海东西之间两条交通线的所有权以及对东西之间转口贸易的垄断权，但至少东方人在撒丁和西西里西部的海上主权仍有可能挽回。阿拉米民族素来坚毅谨慎，迦太基将这些特性用于维护其霸权。腓尼基的殖民和抵抗则具有完全不同的特性。较早的腓尼基殖民地，如修昔底德所述的西西里殖民地，尽是商馆。迦太基征服了广阔领地而且臣民众多，要塞强固，直到那时腓尼基各殖民地还在单独与希腊人对抗。现在这个强大的利比亚城市却集中其领域内的全部兵力，这种毅力在希腊史上是无与伦比的。

与希腊人对抗的腓尼基人和意大利人

在这种反应中，后来影响最大的因素莫过于较弱的腓尼基人[16]与西西里和意大利的土著人结成亲密关系，用以对付希腊人。当克尼德人和罗德人企图于罗马纪元175年即公元前579年到腓尼基人在西西里的中心殖民地利利贝乌姆定居时，土著人（伊利米人）联合腓尼基人将他们驱逐出去。约罗马纪元217年即公元前537年，当福西亚人在凯雷对面的科西嘉的阿拉利亚定居时，伊特鲁里亚人和迦太基人的联合舰队（共计一百二十艘帆船）便出现在那里，以图将他们逐出阿拉利亚。虽然在这次历史上最早为人所知的海战中，兵力仅为敌军一半的福西亚舰队赢得了胜利，但迦太基人和伊特鲁里亚人却也达到了进攻的目的。福西亚人放弃了科西嘉，转而在更加隐蔽的卢卡尼亚海岸上的海德（维利亚）定居下来。伊特鲁里亚与迦太基之间签订的协议不仅规定了货物进口及权利申诉的相关条例，而且还包括军事同盟条款，该同盟意义之重大可由阿拉利亚战役见得。凯雷人在其市场上向福西亚俘虏扔石块，然后又派遣使者到德尔斐阿波罗神庙赎罪，这充分说明了凯雷人所处的地位。

拉丁姆人没有参与这些排斥希腊人的敌对活动。相反，我们发现，远古时代罗马与维利亚和爱尔兰的腓尼基人关系和睦、互相亲善，据说阿迭亚人协同查金提人一起在西班牙建立了一个殖民地，即后来的萨贡图姆。但是，拉丁人更不偏袒希腊人，他们在这方面的中立态度可以从凯雷和罗马之间一贯的亲密关系以及拉丁人和迦太基人古时交往的遗迹中得到验证。正是通过希腊人这个媒介，迦南民族[17]才为罗马人所知，因为，就我们已在上文见过的，罗马人总会以希腊名来称呼它。但罗马人并不借用希腊语或阿弗里这个民族名[18]来称呼迦太基城[19]，此外，古罗马人用形容词"萨兰"[20]来称呼推罗人的货物，通过这种方式防止希腊人从中干涉。这些都表明，古时拉丁姆和迦太基之间进行过直接的商贸往来，后来缔结的条约也同样证明了这一点。

意大利人和腓尼基人的联合力量实际上基本保住了他们在地中海西半部分的统治权。西西里的西北部，加上北部海岸的索卢斯和帕诺木斯两大重要港口以及位于海角（此海角与非洲相对）的莫特亚，仍旧直接或间接为迦太基所有。大约在居鲁士和克罗伊斯时代，明智的比亚斯努力诱导爱奥尼亚人集体迁出小亚细亚转而去撒丁定居（约罗马纪元200年即公元前554年），迦太基[21]将军马库斯抢先行动，依靠武力征服了这个重要海岛的大部分区域。半个世纪以后，整个撒丁岛海岸似乎都毫无争议地归迦太基城邦所有。另一方面，科西嘉与阿拉利亚城、尼西亚城均落入伊特鲁里亚人之手，土著人以其贫瘠海岛的出产向他们献贡，包括沥青、白蜡和蜂蜜。除此之外，联合的伊特鲁里亚人和迦太基人掌握着亚得里亚海上霸权，并争霸于西西里和撒丁以西的海域。

诚然，希腊人并没有放弃这场斗争。那些已被驱逐出利利贝乌姆的罗德人和克尼德人，在西西里和意大利之间的海岛上定居下来，并在那里建立了利帕拉城（罗马纪元175年即公元前579年）。马西利亚虽处于孤立地位，但却很繁荣，不久便垄断了尼斯至比利牛斯山脉的贸易。在比利牛斯山脚，马西利亚从利帕拉出发又分建了罗达城（现称罗萨斯），相传查金提人定居于萨贡图姆，甚至于希腊历代君主都统治着毛里塔尼亚的廷吉斯地区（又称丹吉尔）。但希腊人却停止了前进的步伐，阿格里根坦建立后，他们再没有成功拓展过亚得里亚海或西海的领土，而且西班牙海域和大西洋仍然禁止他们入境。利帕拉人每年都会与伊特鲁里亚的"海盗"发生冲突，迦太基人与马西利亚人、昔兰尼人也相互争斗，且上述所有民族都会与西西里的希腊人展开激战。但无论任何一方都没有取得过长久的胜利，总的来说，战事持续数百年，最终结果也只是维持现状而已。

因此，即便只是间接受到腓尼基人的恩惠，至少意大利的中部和北部地区也都免于殖民化的命运，而且意大利在那里尤其是在伊特鲁里亚的海上霸权取得了全国性的逆向发展。海上霸权总不免引人嫉妒，即便这种嫉恨不是针对他们的拉丁同盟，至少也是针对海上实力较强的伊特鲁里亚联盟。腓尼基人认为这值得他们引以为戒，关于这一点我们也并不是无迹可寻。有传言称，迦太基人禁止伊特鲁里亚人在加那利群岛建立殖民地，无论真假，这都揭示出此事关乎双方利益冲突。

注释

[1] 修昔底德（约公元前460—前400或前396年），雅典人，古希腊历史学家、文学家和雅典十将军之一，以其所著《伯罗奔尼撒战争史》而在西方史学史上占有重要地位。《伯罗奔尼撒战争史》记录了公元前五世纪前期至公元前411年，斯巴达和雅典之间的战争。因其严格、标准的证据收集工作，客观地分析因果关系，被称为"历史科学"之父。因在其著作中阐明了国家之间的政治行为与产生的后果建立在恐惧情感与利益基础之上，他也被称为"政治现实主义学派"之父。因提出"使战争不可避免的真正原因是雅典势力的日益增长由此引起拉栖代梦人的恐惧"（《伯罗奔尼撒战争史》第一卷，23页），而被概括为"修昔底德陷阱"。——译者注

[2] 库迈，是对古意大利半岛南部沿海希腊人殖民地区的称呼，最早由古罗马地理学家斯特拉波所用。——译者注

[3] 《荷马史诗》，相传由古希腊盲诗人荷马创作的两部长篇史诗——《伊利亚特》和《奥德赛》的统称，是他根据民间流传的短歌综合编写而成。两部史诗都分成二十四卷。《荷马史诗》以扬抑格六音部写成，集古希腊口述文学之大成，是古希腊最伟大的作品，也是西方文学中最伟大的作品。西方学者将其作为史料去研究公元前十一世纪到公元前九世纪的社会和迈锡尼文明。《荷马史诗》具有文学艺术上的重要价值，它在历史、地理、考古学和民俗学方面也提供给后世很多值得研究的东西。——译者注

[4] 赫西俄德是一位古希腊诗人，原籍小亚细亚，出生于希腊比奥西亚境内的阿斯克拉村。从小靠自耕为生，他可能生活在公元前八世纪。从公元前五世纪开始文学史家就开始争论赫西俄德和荷马谁出生得更

早，今天大多数史学家认为赫西俄德更早。他以长诗《工作与时日》《神谱》闻名于后世，被称为"希腊训谕诗之父"。——译者注

[5] 希腊人这个名称最早是否与伊庇鲁斯内地和多多那地区有关，还是为大概更早扩展至西海岸的埃托里亚人所用，这一点我们暂且搁置不论；它定是在远古时期为希腊本土的一个重要种族或种族集团所用，而后由这些种族推广到整个民族。在赫西俄德时代，这个名称仍是作为希腊民族旧时的总称，但显然作者有意将它搁置在一边，并隶属于Hellenes这一名称。Hellenes一名并未出现于荷马作品，可是却出现于赫西俄德作品，除此之外，还出现在大约罗马纪元50年阿尔基洛科斯的记载之中，而且或许更早以前就已经开始应用。所以，在此之前，意大利人对希腊人已十分熟悉，以至于在希腊早已湮灭的名字却被他们沿用下来，作为希腊民族的总称，甚至在希腊民族走上其他道路时依然如此。外国人应该比这些人自己更早也更清楚地认识到，希腊各氏族同属一个民族，因此，比起希腊，这个总称在意大利人中间更加明确地固定下来，这是很正常的。同样正常的是，这一总称并不是从著名的邻邦希腊人那里直接得来的。有一种说法称，罗马建立前一百年，小亚细亚的希腊人仍然对意大利一无所知，这种说法如何与前面所提及的事实相协调，这是个难题。关于字母表，我们可以在下文谈论；它的历史产生完全类似的结果。我们如果基于这种考量，就否决掉希罗多德关于荷马年代的言论，那或许会被看作是冲动之举；但如果我们毫无保留地听从传说的指示，这不也是轻率之举吗？

[6] 波利比奥斯（公元前200—前118年），生于伯罗奔尼撒的梅格洛玻利斯，古希腊政治家和历史学家。——译者注

[7] 船桥，对临时搭连的桥梁的称呼，即浮桥。——译者注

[8] 伊比库斯，一位希腊抒情诗人，生活在公元前六世纪。他的作品仅存一些片段。他出生于意大利，在萨摩斯岛的波利克拉底待过一段时间。关于他的一个广为人知的传说是他在哥林多附近的尼普顿神圣树林被强盗谋杀。谋杀事件唯一的目击者是天上飞过的一群鹤。伊比库斯要求那群鹤为自己报仇。——译者注

[9] 阿尔希塔斯，古希腊数学家、哲学家、物理学家，生平不详。约公元前375年活动于他林敦（今意大利塔兰托）。阿尔希塔斯是毕达哥拉斯学派晚期重要的成员，他对数学及应用数学的贡献很大。——译者注

[10] 因此，东方旧式的三种字母i(S)、l(Λ)和r(P)很容易与字母s、g和p混淆，早已有人提议用I、L和R来代替，在亚该亚殖民地只用或主要用旧式字母，而意大利和西西里的其他希腊人则不分种族地只用或主要用更多新式字母。

[11] 例如，库迈陶器上的铭文这样写道：Ταται ες έμι λιqυθοs Fos δανμι κλιφσιθυφλόs ιοται。

[12] 卡龙达斯是公元前七世纪古希腊的一位伟大立法者，曾定下公民不得携带武器参加集会。后来在一次集会上他自己却不慎佩带了武器，当他意识到自己践踏到了自己的立法，卡龙达斯庄重地回答："向宙斯发誓，我会维护这条法律的。"言罢，拔剑自刎而死。——译者注

[13] 也称"夷馆"。旧指欧洲各国商人在世界各重要商埠所设贸易和居住的场所。——译者注

[14] 在希腊文献中，奥德修斯曾到过第勒尼安海的传说最早出现于赫西俄德《神谱》中的一个较晚部分，后来又在较亚历山大稍早的作家所写著作中得见，如埃福罗斯（所谓的斯基诺斯就从中汲取素材）以及西拉克斯所写的著作。在最早出处所属的年代，意大利仍被希腊人视为群岛，因此自然非常久远；这样一来，这些传说的出处大致可确定是在罗马王政时期。

[15] 希腊伯罗奔尼撒北部十二城组成阿卡亚同盟。——译者注

[16] 腓尼基人是一个古老民族，生活在地中海东岸相当于今天的黎巴嫩和叙利亚一带，被希腊人称为腓尼基人，是西部闪米特人的西北分支，创立了腓尼基字母；腓尼基人善于航海和经商，在全盛时期曾控制了地中海的贸易。——译者注

[17] 西亚古代民族之一，迦南人的一支。主要分布在地中海东岸中部和北部，即今黎巴嫩和叙利亚，他们使用腓尼基语，属闪含语系闪语族迦南语支。公元前十三世纪依据古埃及文字创制最早拼音文字——腓尼基文，对古代希腊、罗马以及后世西方文字有重大影响。——译者注

[18] "阿弗里"一名在恩纽斯和加图时代就已经流行，它不是希腊语，很有可能与希伯来人的名称属同族。

[19] 腓尼基语为 Karthada；希腊语为 Karchedon；罗马语为 Cartago。

[20] 自古以来，罗马人就用形容词"萨兰"（Sarranus）来表示推罗紫和推罗笛，而且至少从汉尼拔战争时起，Sarranus 就用作姓氏。在恩纽斯和普劳图斯的作品中出现的城名 Sarra 可能是 Sarranus 的变体，而不是直接来自土名 Sor。在阿夫拉涅乌斯以前，希腊语的 Tyrus 和 Tyrius 似乎未曾出现在任何罗马作家的著作当中。参见 F.K. 莫维尔斯《腓尼基人》，第二卷，174 页。

[21] 巴勒斯坦的早期居民，讲闪含语系语言，属于闪米特民族的一支。血缘上与阿拉伯人和犹太人相近。——译者注

第十一章

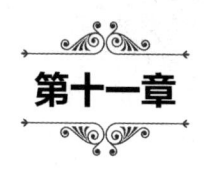

法律与司法

意大利文明的现代化色彩

历史无法细致再现多彩纷呈的民族生活，它必定只能满足于从整体上阐述生活的发展轨迹。个人的行为处事、思维创造，无论怎样影响民族精神的特性，都不属于历史范畴。不过，对于那些几乎湮没在历史中的较早时代而言，仅仅尝试勾勒出个人生活特点的大致轮廓还是有必要的。因为只有在这个研究领域，我们才能知道将我们的思想情感与古文明国家的思维模式分隔开来的鸿沟究竟有多宽。历史传说、纷繁复杂的民族名称及其晦涩不明的神话故事就好似枯叶，我们很难辨别它曾经青葱的模样。我们不去穿越枯燥的迷宫，不去试图细分那些零星的人类群落，如寇恩人和欧诺特雷人，西库尔人和佩拉斯吉人，而是提出以下这些问题可能会更加合适，譬如：古意大利人民的现实生活如何反映在法律当中，他们理想生活又如何在宗教中得以体现？他们如何务农，如何经商？以及几个民族从何处获得文字和其他文化要素？

尽管在这方面，我们对罗马人知之甚少，对萨贝利人和伊特鲁里亚人的了解则更是少之又少，但这些残缺不全的少量信息却足以让我们将这些名称与古代各民族的真实生活联系在一起，使人们对其有个大致清晰的了解。不妨在这里先提一下，这种见解的主要结果可用一句话加以概括，那就是：意大利人，尤其是罗马人在原始状态下留存下来的遗迹比起其他任何印度日耳曼民族来说都相对较少。弓箭、战车、妇女的产权、购买妻室、原始丧葬礼俗、杀人报仇、宗族体制与联邦机构的冲突、生动的自然象征主义——所有这些以及无数同类现象都必须被假定为意大利文明和其他各地文明的基础。但当这类文明清楚地展现于我们眼前时，它们却已完全消失不见，只有与同类民族比较，我们才能感知到此类事件确实曾经存在过。在这方面，意大利史开始时所处的文明阶段要远远晚于希腊史或德意志史，从一开始，它就显示出一种相对现代化的色彩。

意大利民族的法律大多已经消亡。仅仅只有拉丁国家的一些资料还留存于罗马传说中。

审判权

一切权力都归于城邦，换句话说，就是归君主所有。君主于"审判日"登上公审会的"审判台"，坐在"战车车座"[1]上执行审判或发布命令；他的"校尉"站在两旁，被告或"双方"站在他面前。毋庸置疑，裁决奴隶之权归其主人所有，裁决妇女之权归于父亲、丈夫或最近的男性亲属。但奴隶和妇女都不属于城邦成员。若子孙从属于家族，那家父权便与君主审判权并存，然而，家父权并不是真正意义上的审判权，它仅仅只是由父亲对子女的所有权所衍生出来的结果。我们没有找到任何氏族审判权的遗迹，同样地，任何不需假借君主权威的司法权也都无迹可寻，如果一人被杀，那么被杀者的亲属则可依法杀死这个凶手或任何非法包庇凶手的人。但恰恰是这些传说对这条律法提出异议[2]，据此看来，罗马似乎很早就积极出台权威决议，禁止杀人报复。同样，在最早的德意志制度下，被告的同伴和在场人员都有权对宣判施加影响，而在最早的罗马法律中，则没有此类踪迹可寻。人只要有意志和实力，便可手执武器维护自己的权利，这在司法被认为是必要的，或者说至少是可接受的，这一准则在古代的德意志法律中很常见，但在罗马法中也未有所见。

罪行

司法程序或由国王亲自干预，或由被害人上诉，据此可分为公私两种。前一种仅适用于破坏公共安宁的案件。因此，它首先适用于叛国、通敌以及犯上作乱等案件。但杀人犯、兽奸犯、强奸犯、纵火犯、伪证人以及那些用妖术毁坏庄稼或无故连夜盗割受神灵和人民保护的谷物的人也都破坏了公共安宁。所以以上这些人也都需要受到与叛国者同样的惩处。国王主持审判，宣布审判开始，在与其召来的元老院议员商议后再审判量刑。而他开始一项审判议程后便可撒手不管，将后续的处理与裁定事宜交予他的代理人，这些代理人通常选自元老院。后来的特派代表，两名审判人员以及之后的常任代表，即"凶犯缉捕者"，他们的主要任务是缉拿凶犯，因此在某种程度上会行使警察职权，他们不属于王政时代，但很可能是由某些政府机构衍生而来。

通常，如果案件还在审理过程中，被告则会受到监禁，但他也可保释外放。严刑逼供只用于奴隶。任何人一旦被判定破坏了公共安宁，他都将付出生命的代价。判处死刑的方式有多种，比如，做伪证的会被丢到要塞岩石之下，盗割庄稼的将会被处以绞刑，纵火的则会被焚烧致死。国王并没有赦免权，因为这种权利仅为民社所有，但国王有权同意或拒绝罪犯请求宽大处理。除此之外，法律还认可天神替罪犯进行居间调停。在朱庇特主神[3]面前下跪臣服的人当天不会受到二次惩处，桎梏之下的人一踏入朱庇特主神的宅邸便需解除束缚，如果罪犯在行刑途中偶遇一位圣洁的维斯塔女神[4]，那他便可免除死刑。

扰乱秩序的刑罚

如有人扰乱秩序或冒犯警察,国王便可自由裁定其缴纳罚款。罚款包括上缴一定数量的牛羊。宣判鞭笞之刑也在国王的职权范围之内。

私人侵害法

在其他所有案件中,如果受侵害的仅为个人利益而不关乎公共安宁,国家则只会受理被害方的上诉,受害者迫使对方或在必要时采取强硬手段威逼对方与其亲自面见国王。如果双方出庭,原告口头提出要求,而被告也口头予以拒绝,那么国王要么就亲自调查案件缘由,要么就委托一位代理人以国王的名义处理此案。此类案件最理想的解决办法就是原、被告双方相互妥协达成一致意见。如果侵犯者不支付足量赔偿以使受害者满意,如果有人扣押其财产或不满足其正当要求,那么国家只会补充性地加以干涉调停。

偷盗

在这个时代,盗窃在何种情况下是可抵偿的。在这种情况下,失主有权向窃贼索要何物,这些都无从考证。但比起事后侦查到的窃贼,失主有理由向当场抓获的窃贼索要更重的赔偿，因为现场抓获窃贼时失主需平息的怒气比起事后侦破时要更为猛烈。如果这种盗窃行为无以偿付，或者盗贼无力赔偿失主要求以及法官批准的金额，那么法官就会把窃贼判给失主当奴隶。

损害

在人身财产损害的案件中，如果损失并不严重，那么受损失方可能需要无条件接受赔偿。另一方面，如果因此造成了任何人身伤残，伤残人员可以眼还眼、以牙还牙地向对方提要求。

财产

由于罗马人的耕地长期沿用公有制，直到较晚时期才进行分田耕作，所以财产的概念最初并不与不动产联系在一起，而是指"奴隶和牲畜财产"。强者的权力并非是财产的法律依据。相反，所有财产都是由联邦赋予各个公民，公民享有财产专有权和专用权；因此只有公民以及在这方面与公民平等的城邦才能拥有财产。一切财产都可自由易主。罗马法律中并没有特别明确动产与不动产之间的界限（自从不动产列入私有财产范畴以来），也不承认子女和其他亲属对父系财产与家族财产拥有绝对的既定权利。不过，父亲也无权擅自剥夺其子女的继承权,因为除非得到整个城邦的一致赞同,他既不能取消父权,也不能设立一份遗嘱,因为这些可能会遭到拒绝,并且在这种情况下必然会经常遭到拒绝。

  毫无疑问,父亲在世时可能会作出对子女不利的处置,因为法律对财产所有者的个人约束很有限,它大致允许成年男性自由处置自己的财产。然而,法律规定,如果有人变卖祖传家产并剥夺其子女对祖传家产的继承权,那么地方官员便会视他为疯子并将其置于监护之下。这项规定出台之时,分田耕作可能才刚开始,从而私有财产在联邦中的地位越加重要。通过这种方式,两种对立的原则(一是业主对其所有的财产持有无限支配权;二是家产应得到细致保存,确保完好无损)在罗马法中尽可能地实现融合。对财产的永恒限制是绝不允许的,只有耕作中所需的地役权除外。永佃权[5]和物权地租依法是不能存在的。法律也不承认抵押。财产作为抵押品立即送交债主,就好像他是财产的购买者,然后债主对该财产作出担保,在借款到期之前不得转让抵押品,借款偿清后,债权人需将抵押品归还原主。

契约

  国家与公民之间签订的契约,尤其是向国家交款的担保人义务,不需再办理手续即可生效。另一方面,私人之间签订的契约一般无权向国家申请法律援助。债权人唯一的保障就是债务人的口头承诺,依商人惯例而言,这种口头承诺具有很高的公信力，另外，在此类情况下，债务人通常还会起誓，他们也担心一旦背信弃义，天神便会降罪，这也是债权人的一种保障。依法可以起诉的只有婚约（如果父亲未把已许婚的新娘遣送出嫁，那么他就必须道歉并予以赔偿）、购买和借款。当卖主将货物交到买主手里，买主同时在证人面前将既定款项支付给卖主，买卖便依法结束。在铜取代牛羊成为衡量价值的正式本位之后，公证人便调整天平以称出铜的既定数量[6]。在这些条件成立的情况下，卖主必须保证他自己就是货物所有者，另外买卖双方都必须履行每一项特别商定的条款。未能履行这些条款的一方需赔偿对方损失，就像他剥夺了对方的问题货物一样。但买卖只有在现金交易的情况下才能提起诉讼。信用买卖无法交易产权，也就不构成诉讼依据。借贷也是以相似的方式办理；债权人在证人面前将定量的铜称重交予债务人，债务人有义务进行偿还。除了本金之外，债务人还需支付利息，通常年息可能达到百分之十[7]。还款期限一到，借贷偿还也会以同样的方式进行。

私人流程

如果债务人不履行对国家的义务，那么国家可径直出售他所拥有的一切资产。国家提出的简单要求足以证明债务有效。相反，如果私人告知国王其财产受到侵害或借款逾期未还，那么这种手续就取决于事实情况是否需要确凿证据，产权诉讼通常就是这种情况，或者取决于案情是否已经真相大白，在借款诉讼案件中，根据现行法律法规，只要证人作证，便很容易提起诉讼。定案是以赌注的形式进行，双方各支付一笔押金，以备后患。在重大案件中，若所涉价值超过十头牛，则押金需为五头牛，在情节较轻的案件中，押金则只需五只羊，然后由法官裁定哪一方胜诉，于是败诉方的押金就落入祭司之手，以供公共祭祀之用。如果败诉方逾期三十日未给对方满意的答复，且他的偿付义务自起始之日起便已确定，那么一般来说，已接受贷款却又无证人证明其完成偿还行为的债务人应受到"缉拿归案"的惩处。原告无论在何处发现他的踪影都可将他抓捕起来并送交法庭，只为了促使他偿还已承认的借款。债务人被逮捕之后无权为自己辩护。

诚然，第三方可替他求情，并声称这种暴力行径是毫无根据的。这种情况下，诉讼程序暂时中止。但是该调解人对这种说情负有个人责任，因此，无产阶级不会为献贡的公民说情。如果债务人不予偿付，又无第三方调停，那么国王就会将被抓的债务人判给债主，债主能把他带走并能把他似奴隶一般扣留起来。六十天时间内，债主三次将债务人放置在市场上，并且发出公告以确认是否有人怜悯他，如果过期仍无结果，那么他的债主便有权对他们处以死刑并分解其尸体，或者将他连同他的儿女和财物一起卖到外国为奴，或者把他留在家里做奴隶。根据罗马法律，只要他继续待在罗马城邦境内，他就不会完全变成奴隶。因此，罗马城邦对每一个人的财产都厉行保护，使它们免遭偷窃与侵害，也不受非法持有人和破产债务人的危害。

监护人责任

同样，法律为不能当兵因而无法保护自己私有财产的人提供财产保护，如未成年人、疯子，尤其是妇女。在这种情况下，可请最亲近的继承人承担监护人的责任。

继承法

一个人死后，他的财产落入最亲近的继承人之手。在财产分配方面，所有与亡者关系同等亲近的人（包括妇女）均可平分，寡妇及其子女也能获得各自部分的财产。只有公民大会有权豁免法定继承权。因为继承权附有宗教义务，所以事先还需征得祭司同意。不过，这种权利豁免在早期似乎就已非常频繁。如果无法免除，则需要采取某些补救方法，每个人在世时都可完全自由掌控其财产。他可将全部财产托付给一位朋友，在他死后，这位朋友可根据死者意愿分配财产。

奴隶解放

远古时期的法律中未涉及奴隶解放。的确，奴隶主可能会避免行使自己的所有权，但目前主奴之间不能互担责任，这一点并不会被废除。它更不能使奴隶获得客民或公民的权利，这些权利均与城邦相关。因此奴隶解放最初只是事实，而不是法律。它不能阻止奴隶主再次任意将被释奴视作奴隶。但是，奴隶主自告奋勇让奴隶和城邦享有自由，此类情况就背离了这项原则，但却没有特别的法律形式用以约束奴隶主，这足以证明起初并不存在解放奴隶这样的事，但法律为此另外出台了那些可用方法，如遗嘱、诉讼或高额赋税。如果奴隶主在人民大会上立下遗嘱，宣布他的奴隶获得自由，或者允许他的奴隶在法官面前亲自争取自由，或将他的名字登记在课税名册上，那么这个被释奴虽然不算公民，但对于他先前的主人和后嗣者来说，他已经是自由的了，于是，他刚开始被视作客民，后来又被视作平民。

解放子女比解放奴隶更加困难，因为主奴之间的关系是偶然的，因而能随意解决，而父子关系却永远不变。于是，后来为了摆脱父辈重获自由，为人子女者需先变成奴隶，然后从这一处境中寻求解脱；但在当前阶段，并不存在解除父子关系这一说。

客民与外国人

在该种法律项下，公民和客民居住在罗马。据我们所知，在这两种阶级之间一开始就存在完全平等的隐私权。反之，如果外国人服从于一位罗马庇护者，并以客民的身份生活，则他本人及其财产均不受法律保护。他的财产就像在海滩上捡拾的贝类海鲜，并不属于任何人，罗马公民无论从他那拿走何种物件都是合法所得。但在罗马地界之外的领域，罗马公民可实际拥有资产，而在法律意义上，他却无法被视为真正的财产所有者，因为个体公民无权拓展联邦疆域。但在战争年代，情况则大不相同。无论士兵在征募时获得何物，无论是动产还是不动产，均不属于士兵个人，而是归国家所有，因此无论是扩大还是缩小领地，也都取决于国家。

除这些一般原则以外，特殊的国家条约也产生了一些特例，保障了外邦成员在罗马境内的某些权利。特别是罗马与拉丁姆之间的永久同盟宣布罗马人同拉丁人签订的一切契约均是合法有效的，同时提出他们的案件可在宣誓过的"追索人"面前加速民事处理进程。其他案件按照罗马惯例，均交由一个法官裁决，而这种案件却不然，总有多人成奇数列席而坐，我们可以将这看作是审理商务事宜的法庭，由两国的多位裁判和一位审判长组成。他们在契约签订之处进行审判，并且最晚须于十日后结案。罗马人和拉丁人之间处理案件的方式自然就是约束贵族和平民相互交往的一般方式，因为曼夕帕休式契约（即罗马的拟制买卖法）和涅克疏姆式契约（即早期罗马社会的要式契约，又称"债务口契"）原本就不是正式法案，而是法律概念的有效表达，这些法律概念所涉范围广泛，覆盖整个拉丁语地区。

罗马与狭义上的外邦交往时采取的方式有所不同。早在远古时期，罗马人就必须与凯雷人和其他友好民族签订商贸协议和法律救济条约，并为国际私法奠定基础，该私法逐渐与国家法律一道在罗马发展兴盛。从引人注目的无偿经费借贷法中可看出这种法律形成的踪迹。"变易法"是一种借贷形式，它并不像涅克疏姆式契约那样以债务人在证人面前明誓作保为基础，而仅仅只考察金钱的辗转易手。很显然，变易法源于罗马人与外国人的交往，而涅克疏姆式契约则源于国内的商业交往。因此，这是一个很重要的事实，即这个单字再现于西西里的希腊语中的 μοῖτον，拉丁语中的 carcer 再现于西西里的 κάρκαρον，两者都与此相关。因为在语言学上已确定这两个单字最初都源于拉丁语，所以它们出现在西西里的本土方言中也充分证明了拉丁商人在该岛上曾进行过频繁的贸易交往，这导致他们在岛上借款并因债务受监禁之刑。无论在何处，早期的法律体系都规定，借款不还的人需受监禁，以作惩处。反之，叙利亚监狱名为"采石场"，古时此名又为扩大的罗马国家监狱所用，称"lautumiae"。

罗马法的特征

我们对于这些体制的大致了解主要源于罗马习惯法的最早记载。它记录了王政废除后约五十年间的法律概况。这些体制在王政时代的存在或许有个别细节点的疑问，但在总体上是不容置疑的。总的来看，我们承认这是农商业颇为先进的城市的法律，它一向以开明大气和兼容并包著称。在这种情况下，传统的象征性语言，如德意志法律所显示的那样，已经完全消失不见。毫无疑问，这种象征性语言曾一度存在于意大利人中间。值得注意的例子可见于抄家的形式。根据罗马和德意志惯例，搜查者在抄家时必须只穿内衬而不穿上衣，尤其是原始拉丁人宣战的方式，我们会在其中看到两个象征,至少在凯雷人和德意志人中间也是这样的——"纯种草"象征本土,烧焦的血棒象征开战。但也有一些特例,出于宗教的缘故,古时的惯例受到保护,如婚礼上的盐饼以及执法团进行宣战。

据我们所知,罗马法律依据一定原则一概摒弃象征,并要求在一切案例中都需充分而纯粹地将意愿表达出来。递交物品、传唤作证、缔结婚姻,只要双方阐明意图便可完成。的确,将物品移交新主人之手,拧人耳朵强行传唤其作证,蒙住新娘的头并以神圣的仪式将她送入新郎家中,这都是很寻常的。但在最早的罗马国家法中,一切原始惯例在法律上都已是不值钱的习俗。罗马人以一种完全相似的方式摒弃宗教中的寓言及拟人化,原则上所有象征手法都从罗马法中剔除出去。同样,希腊和日耳曼体制向我们展示出的最早事态在罗马法中已完全遭到取代,这种事态就是城邦势力仍与已融入城邦的较小宗族或州郡联盟当局作斗争。

在国家内部不存在权力辩护联合体,这种联合体致力于补充因相互攻守而造成的不完善的国家救助体系,也不存在任何报复血仇或限制个人家产处置权的明显痕迹。这种体制必定曾存在于意大利人中间,在个别宗教体制中我们或许能找到其踪迹,例如,过失杀人犯需送山羊给死者最亲近的家属以作补偿。但甚至是在我们所了解到的罗马最早时期,这种见解就早已过时了。毫无疑问,罗马城邦内的氏族和家族并未消失,除了国家赋予和保证的公民自由外,无论是理论上还是实际上,罗马境内的国家至上权威都不再受到它们的限制。在任何情况下,法律的最终基础都是国家。自由只是广义上的公民权的另一种表达，无论明言还是默许，一切所有权都是建立在城邦对个人的转让上。合同只有经城邦代表证实才为有效，遗嘱也只有经城邦批准才能成立。

公法和私法的范围有着明确且清晰的界定：前者涉及反国家的大罪，国家法庭立即裁决且通常会处以死刑。后者涉及反公民或反客民的过错，主要是以赎罪补偿或是满足受损失方要求的方式协商处理，绝不会以性命相抵，至多失去自由。最宽容的商贸往来与最严格的执法程序紧密相连，正如在当今的许多商业国家，普罗大众都有权开立汇票，但其开立手续却极其严格。公民和客民的交往奉行完全平等原则。国家条约也赋予客民广泛的平等权利。妇女在法律资格上与男子完全平等，但落到实处时便大打折扣；男孩子还未成年便即刻享有最广泛的私人财产处置权，享有处置权的人在自己的领域内拥有至上权威，一如国家在公共事务中占据统治地位。最有特点的是信贷制度。并不存在以土地作抵押的信贷，但现代抵押程序中的最后一步（即将财产从债务人移交至债权人手中）立刻得以实施，而不采用抵押贷款方法。反之，私人信贷得到最大限度的保障，其过度之处暂且不论：立法者允许债权人用对待窃贼的方式来对待无力还债的债务人，并以高度的立法热忱半开玩笑地向他灌输夏洛克为其死敌设定的条款，的确，通过特殊条款防患于未然，罗马立法者比这位犹太人更为谨慎小心。

法律无法清楚表明它的目的所在，它想要即刻建立一个独立且不负债的农业和商业信用，严厉取缔一切有名无实的所有权和欺诈行为。人们早已承认定居权属于拉丁人，同样，人们早就宣布世俗婚姻合法有效，如果我们将这两点进一步纳入考虑，我们就会意识到，这个国家对其公民有着最高要求，且一向秉持着个人应服从于整体利益的理念，可谓是前无古人、后无来者。它确实这样做了，同时也有能力这样做，它清除了交往中的障碍，并除去了国家束缚他们自由的桎梏。无论准许还是禁止，法律总是绝对的。无以倚靠的外国人就像被捕的小鹿，所以客民与公民是处于平等的地位。契约一般不提供起诉依据，可一旦债权人的权利得到认可，它就会变得无所不能，贫困潦倒的债务人便无法得救，他们便无法感受到仁慈与正义的关怀。

法律似乎乐于处处显露锋芒，乐于招致最极端的后果，乐于强逼最迟钝的人理解权利的暴虐本质。诗歌文体和适宜的象征主义盛行于日耳曼法令之中，但对于罗马人而言却是陌生的。在罗马法里，一切都清晰明确，不用象征，也没有过多的规章制度。罗马法并不残忍。每一件要事的执行都不需诸多繁文缛节，甚至执行死刑也是如此。自由人不受刑讯，这是罗马法的原始准则，而其他民族却不得不为之奋斗数千年。然而，罗马法的残暴无情甚是可怕，我们不能认为人类在实践中已大大改善了这一点，因为它真正是人民的法律；比威尼斯的牢狱和刑讯室还要恐怖的是那一排排的活人墓，身陷债务囹圄的穷人看见它们正在面前张开大口。罗马人民自定法律，并忍受着一套法律体系，在这套法律体系中，自由和服从、财产和法律救济的永恒原则曾经且现今依然起着彻底的统治地位，而罗马的伟大正与此相关并建立在这一基础之上。

注释

[1] "车座"一词在语言学上没有其他可行的解释（参阅塞尔维乌斯《埃涅亚斯记》注疏，第一卷，16页），可最简单地解释为：只有国王有权在城内坐车，由此产生了之后在大典时赋予最高长官的特权，而且一开始还没有升高的法庭时，国王就是乘车去会场或其他想去的地方，从车座上居高临下进行审判。

[2] 如普鲁塔克所述的国王塔提乌斯之死的故事，也就是塔提乌斯的亲戚杀了来自劳伦图姆的使者，死者家属向塔提乌斯申诉，要求赔偿，塔提乌斯却予以拒绝，于是他们便处死了塔提乌斯；罗慕洛认为一命已经以另一命抵偿，便释放了杀死塔提乌斯的凶手；然而，由于神灵同时对罗马和劳伦图姆进行刑事处罚，所以两个凶手事后都得到了应有的惩罚——这个故事看起来很像是一则为废除血债血偿而创作出来的史话，就像贺拉提在神话基础上提出上诉权。同样的故事在其他地方有不同的版本，会呈现出许多变化，但它们似乎都含混不清或是经人修饰过。

[3] 朱庇特是罗马神话中的神，是罗马统治希腊后将宙斯之名改变成为朱庇特。他是罗马神话中的主神，第三任神王，克洛诺斯和瑞亚之子，掌管天界。他以贪花好色著称，奥林匹斯的许多神祇和许多希腊英雄都是他和不同女人生下的子女。他以雷电为武器，维持着天地间的秩序，公牛和鹰是他的标志。他的兄弟尼普顿（波塞冬）和普路同（哈迪斯）分别掌管海洋和地狱；女神朱诺（赫拉）是宙斯的妻子。——译者注

[4] 维斯塔是古罗马神话中的炉火、家庭与处女的守护神，同时也是三位处子之神中的一位，在她的神庙中燃烧着永远不能熄灭的神圣之火，并且有六位贞女祭司轮流守卫，以保护火焰不熄。传说只要维斯塔的火焰不熄灭，罗马就能够保持风调雨顺。——译者注

[5] 永佃权，土地关系中佃方享有长期耕种所租土地的制度。佃农在按租佃契约交纳地租的条件下，可以无限期地耕作所租土地，并世代相承。即使地主的土地所有权发生变化，佃农的耕作权一般仍不受影响。——译者注

[6] 要式买卖在塞尔维乌斯改革之后必然会有很大发展，这一点从为确定农业产权而对可转让物品进行选择可以看出，而且传统必然会予以认可，因为它使塞尔维乌斯成为天平的发明者。但要式买卖肯定由来已久，

因为它最初只适用于用手握住的东西，所以最初它肯定属于财产主要由奴隶和牲畜构成的年代。因此，细数须进行要式买卖的物品是塞尔维乌斯的一项革新；要式买卖本身以及由此引起的天平和铜的应用都更为久远。毫无疑问，要式买卖原本是一种普遍的购买形式，甚至在塞尔维乌斯改革以后，它依然是一切物品的通用方法；而后世却对这种规则有所误解，认为某些物品必须要用要式买卖法进行转让，并认为只有这些物品能转让，而其他的就不行。

[7] 即一年若以十个月计算，息金为本金的十二分之一，也就是说，一年若以十个月计算，息金等于8.33%，若以十二个月计算，息金等于10%。

第十二章

宗教

我们之前提到,古罗马的诸神世界是对现实世界的一种更深层次和更理想化的反映,并从细节到整体都对其进行了完美复制。每个国家、氏族部落、大自然中的个别现象,以及人的思想活动、每一个人、每一寸土地、每一件物体甚至是古罗马法中的每一条法令,在诸神世界中都能一一再现。现实世界来来往往,不断变迁,诸神世界也随之波起浪伏。主宰个人行为的保护神与其同生同灭,一旦脱离行为本身便不复存在。因此,只有不断寻找类似的人和相似的行为,这类神才能不断衍生出相似的神灵,从而获得永生。正如同古罗马诸神掌管着整个罗马一般，每一座外邦都有各自的神灵。尽管公民阶层与非公民阶层之间相差很大，古罗马和外邦民族信奉的神灵也大不相同，古罗马人最终还是决定接纳外邦人和他们信奉的神。古罗马军队每征服一处，那儿的居民便被流放到罗马，他们信奉的神灵也由此在罗马安家落户。

最古老的罗马节日

在与古希腊人交流之前，古罗马公社的一份公共节庆日名录是我们了解古罗马诸神世界的唯一参考文献。这份名录一直保存在古罗马历法中，毫无疑问是从古罗马时代流传下来的最古老的文献。在众多节庆日中，朱庇特、玛尔斯以及由玛尔斯衍生出的奎里努斯是最早的三大神。对于朱庇特来说，一切月圆之夜以及下文中将提到的葡萄酒节等节庆日都是神圣的。五月二十一日是人们祭拜古希腊神话中"众神之神"宙斯的日子，也称宙斯节。三月一日是古罗马历法中新一年的开始，这一天和当月最盛大的战士节是属于战神玛尔斯的节庆日，拉丁语中的"三月"一词也正是来源于他的名字。战士节始于二月二十七日的赛马活动。

随后，人们会在三月举办几次重大的庆祝仪式：三月十四日铸造盾牌；三月十九日在广场跳兵器舞；三月二十三日吹号献祭。倘若开战，古罗马将士将于战士节出征，待秋天战事结束，又将在十月十九日迎来战神的另一个节庆日，在这一天需要全副武装祭祀。第二战神奎里努斯的节庆日定在二月十七日。在其他节庆日中，与农耕和种植葡萄有关的节日数量最多，而与牲畜有关的节日并不多。尤其在四月有很多这类节日，人们为了庆祝春天的到来，在十五日祭祀滋养万物的土地神特勒斯和怀孕的母牛。在十九日祭祀掌管植物萌芽生长的克瑞斯，在二十一日祭祀掌管繁衍牲畜的帕勒斯，在二十三日祭祀守护葡萄的朱庇特，以及当天打开装有去年酿好的葡萄酒的酒桶。在二十五日祭祀农作物的恶敌——锈病。在忙完农活、获得一番丰收之后，人们将接连迎来两个节庆日，祭祀掌管收获的孔苏斯和欧普斯。收割完毕后立马便是第一个节日（坎索里亚节定于八月二十一日，欧比坎西瓦节定于八月二十五日）；第二个节日在寒冬时节，那时每个粮仓堆得满满的，到处都是一派丰收的景象（坎索里亚节定于十二月十五日，欧巴利亚节定于十二月十九日）。

古时安排节日的人考虑十分周到，还在这两个节日中间插入了一个播种节，即农神节，也称萨图尔纳利亚节，节日定于每年十二月十七日并举办相关活动。同样，新酒酿成后，又有酒神节。因人们认为新鲜的葡萄汁对疾病有治疗效果，故又称它为酒疗节，大家会在十月十一日这天祭祀酒神约维斯。而另一酒神节定在八月十九日，其起源不明。除上述节庆日以外，年末二月十七日还有牧民祭祀法乌努斯神的牧神节，二月二十二日是农民的界碑节，七月十九、二十一日两天是和森林之神有关的夏日丛林节，十月十三日有喷泉节。十二月二十一日这天迎接日出，因为当天全年白昼时间最短。

此外，拉丁姆地区的各个港口也有一些颇有意义的属于水手的节庆日，如七月二十三日的海神节，八月十七日的港口节，八月二十七日的台伯河节等。

另一方面，在众神中，只有火与铸造之神武尔坎努斯才能代表手工艺品和艺术，因而在八月二十三日这天有了以他命名的节庆日。除此之外，人们还会在五月二十三日以吹号的形式祭祀这位伟大的神。另一个关于手工艺品和艺术的节庆日为卡门提斯节，定在每年的一月十一日、十五日两天。卡门提斯原本是掌管法术和咒语的神，而人们对他的理解更倾向于一位守护生命的神。

说到与婚姻和家庭生活有关的节庆日，大致有六月九日祭祀家神维斯塔和仓神佩纳特的节日，六月十一日有祭祀生育女神[1]的节日，三月十七日有纪念利贝尔和利贝拉的儿童祈福节，二月二十一日有先灵节，五月九日、十一日和十三日有三天的鬼神节。而有关民事关系的两个节庆日我们却知之甚少，似乎只有二月二十四日的国王出奔节和七月五日的平民出奔节，而且后者是专为朱庇特而设的节庆日。与之相关的还有一个七山节，设在每年的十二月十一日。人们同样也为起源神雅努斯专设了一个祭祀日，定在每年的一月九日。而其他几个节庆日的起源已无从考证，如七月二十五日可能是芙瑞娜神的纪念日，十二月二十三日可能是纪念朱庇特和阿卡·劳伦缇雅的节日，也可能是为纪念拉尔神而设。

以上所说的都是有固定日期的公共节庆日。而自远古时代起，除了这些常设的节庆日，一定也有过日期不定或是临时发起的节庆日。无论是文献中提到的，还是文献中略去的，这些节庆日一同为我们描绘出了那遥远的远古时代。我们发现，名录中同时列有奎里努斯和玛尔斯两位神，因而推测早在这份节庆日名录成形之前,古罗马公社和丘地公社已经合并。当人们草拟出这份名录时,卡庇托尔神庙还不存在,因为表中并没提到朱诺和密涅瓦,阿文廷山上的狄安娜神庙也还未建,古罗马人也还没有学习古希腊人那种对神的崇拜。

玛尔斯和朱庇特

从一切迹象来看,在意大利氏族仍独居于意大利半岛的那一时期,古罗马和意大利宗教的核心都是玛尔斯[2]。玛尔斯掌管杀戮,主要担当公民阶层的守护神,他挥戈弄矛,保护牲畜,战无不胜。每个公社都有各自的战神,他们信奉他为最强大、最神圣的神灵。因而,每支列队前行去建立新部落的军队都受到战神的保护。古罗马制定历法不考虑神的名字,却将每年的第一个月命名为玛尔斯。不仅古罗马如此,其他拉丁民族和萨贝利族的历法大概也是如此。古罗马人几乎也不以神命名,但 Marcus,Mamercus 和 Mamurius 这样的名字在很久以前就很常见了。意大利最古老的预言中也曾提到玛尔斯和他那只神圣的啄木鸟。狼不仅是战神玛尔斯的神兽,同时也是古罗马公民的象征。

古罗马人凭借丰富的想象力创造出的神话无不与玛尔斯和奎里努斯相关。从所有固定的节庆日中不难发现,众神之父约维斯的地位高于玛尔斯,他更多体现了古罗马公社的文明淳朴,而非好战,就像朱庇特的祭司地位高于战神的两位祭司一样。但战神的地位仍不容小觑,甚至与约维斯完全不相上下。在节庆日的安排上，约维斯与玛尔斯地位相当，琐罗亚斯德教中阿胡拉·马兹达和密特拉也是如此。而对当时好战的古罗马人而言，他们真正喜爱的还是骁勇善战的玛尔斯和属于他的三月节。并且，他们认为掌管"增欢酒"的神是众神之父约维斯，而非之后从古希腊引进的"解忧之神"。

古罗马众神的本质

这里我们并非要详细研究古罗马诸神，但从历史角度来看，古罗马人对神特有的盲目崇拜和热情追随具有重大意义。古罗马神话同古希腊神话一样，其本质都是对现实社会的抽象化和人格化的反映：最初古希腊和古罗马神祇的形象表现为一些自然现象或是人的构想，并且对所有古希腊人和古罗马人来说，任何神都是以凡人的形象出现的。之所以这样说，是因为人们对神的认识一开始便有男女性别之分，他们在与神对话时往往会说"无论你是男神还是女神，是男人还是女人"，他们深信决不能喊出自己公社保护神的名字，害怕一旦敌人听到了便会学着叫他的名字，将他诱开。玛尔斯作为意大利最古老和最富有民族色彩的神祇形象，人们对他的认识尤其体现了这样一种思维定式。但抽象化是所有宗教的本质，如果它只是从其他角度而非抽象化上不断延伸，获得更丰富的内涵，并一步步探索事物的本质，那么，古罗马人对信仰的认识和领悟将永远停留在非常低的水平。

在古希腊，任何一个有影响力的动机都能迅速发散，演变成许许多多的传奇故事和思想。相比之下，古罗马的基本思想仍停滞不前，思维僵化暴露无遗。阿波罗用神像的光晕美化世俗道德，狄俄尼索斯握有葡萄酒神性沉醉的力量，对冥神的崇拜意义深远，充满神秘，而古罗马宗教与这些毫无相似之处。事实上，古罗马宗教中也有"恶神"，还有幽灵和鬼魂，以及管理浊气、热病、疫病甚至盗窃的神。可是，它不能激发人们内心对神秘力量的敬畏，并且完全不去理会大自然和人类社会中无法领悟和邪恶的东西，而如果一个宗教想融入所有人心中，这些都是必不可少的。在古罗马宗教里，除城神和家神的名字外，几乎没有一丁点神秘可言。而且，每个古罗马人都清楚众神的本质。

　　古罗马神学设法为每一重要的现象和特征作出相应的解释，冠以神学术语，并进行系统分类。最初，人们依此区分世人和万物，从而奠定了国际私法[3]的基础。这样一来，人们可以通过适当的方式祈求某个神祇或某类神祇，为平民指出一条恰当的祈神方法。这些概念都是外在抽象化的产物，极为质朴，时而可敬，时而可笑，古罗马神学本质上也是这样产生的。古罗马最古老、最神圣的神祇起源于撒种、耕作、土地以及界石等概念。在古罗马诸神的形象中，也许就数那双头的雅努斯最为奇特，人们出于崇拜还为他设计了富有意大利独特风格的雕像。在他身上还能看到古罗马宗教那种特有的严谨态度，在每一行动开始之前，人们都得呼唤"开幕之神"。最重要的是，人们深信古罗马诸神之间必然相互关联，就像古希腊神话中更为人格化的神祇必须各自独立一样[4]。

　　在古罗马所有神祇中，人们内心深处最依赖掌管家庭和仓库的守护神，在公共祭祀活动中人们信奉维斯塔和佩纳特，在家庭祭祀中人们信奉森林和农业之神西尔瓦纳，更准确地说是家神拉司或拉尔，各家定期在吃饭时与他们分享美食，甚至在老加图[5]时期（公元前234—前149年），家里的父亲回家第一件事便是祭拜家神。但在诸神的排序上，家神和农神却位列最末。信奉神灵的人最依赖的，不是那些最宽泛笼统的抽象概念，而是那些最简单独特的抽象概念，而任何一个追求理想化发展的宗教都存在后者这种概念。

古罗马宗教忽视理想因素，追求实用功利，这一点从上述那些固定节庆日的说明中便可以清楚发现。古罗马人满怀期待，认为只要自己耕田种地、饲养牛羊、航海经商，诸神便能为他们带来丰富的物质财富。诚信之神、机遇幸运之神、买卖之神都源于人们的日常交易活动，尽管他们在古时节庆日名录中不见踪影，却受到各地古罗马人的喜爱崇拜。古罗马人骨子里太过节俭、喜好买卖投机，以至于在众神世界里找不到完全对应的形象。

神祇

古罗马人很少提及灵魂世界。人死了之后，他们的灵魂——善灵不愿离去，像影子一样盘旋在坟墓上方，吃饮生人的祭品。他们长眠地下，与活着的人和天上的神祇从此永隔。古希腊人的英雄崇拜对古罗马人来说是完全陌生的，传说罗慕路斯[6]国王死后变成了奎里努斯神，可想而知创建古罗马城的神话出现得有多晚，故事情节有多拙劣。努马虽然是古罗马传统中第一个备受尊敬的名字，但与古希腊提修斯不同的是，他本身从未享受过身为古罗马神的光荣。

祭司

古罗马最古老的祭司团体都与战神玛尔斯有关，特别是那些城邦内终身任职的祭司和十二人舞蹈团，前者因献燔祭而被称为"战神的点火佣"，后者全由青年男子组成，每年三月表演战舞，配以器乐，纪念战神。丘地公社和古罗马公社合并后，诞生了新的古罗马战神化身，又为战神增设了一位祭司"奎里努斯点火佣"和一位领舞，即"舞蹈祭司科里尼"。

除此之外，还有其他公开的祭祀活动，其中一些可能比古罗马城的创建更加久远。为了这些祭祀活动，人们会指派祭司，如卡门提斯神、武尔加努神、港口神和河神的祭司，或者委托某一团体或氏族代表大家献祭。十二人的田夫团可能就是这样一种团体，他们在五月祈求"创造女神"保佑庄稼丰收。这个团体在当时的地位我们不得而知，但他们随后确实在王政时期备受重视。这类团体还包括替提兄弟团和三十人"地区点火佣"，前者的职责在于维护对古罗马萨宾族的特殊崇拜，后者负责照看三十个地区的炉灶。前文提到的牧神节定在每年二月举行庆典，以纪念法乌努斯神，人们在这天祈求狼神保护牛羊。参与祭祀的有昆克提族人和法比人，一直到原丘地居民被接纳了之后，他们才有了联系。牧神节是一个真正属于牧羊人的狂欢节，人们在这天会扮狼裸身跳跃，腰间束着山羊皮，手执一根皮鞭，见谁抽谁。同样地，公社也可以考虑派代表参加其他氏族的祭祀活动。

在这些最古老的祭祀活动基础上，古罗马人逐渐增加了一些新的宗教仪式，最重要的当属与新古罗马城相关的祭祀活动。古罗马城合并后不久便大肆建造城垣和堡垒，整个过程无异于重建。在古罗马，最伟大的神祇约维斯来自卡庇托尔山，他是全古罗马人民的守护神，在诸神世界享有至高无上的地位。自此，该神的祭司与战神玛尔斯的两位祭司一同组成神圣的三位一体大祭司团。

也就在那时，人们开始崇拜新的罗马灶神维斯塔和与之同源的全罗马的家神。六位贞女[7]祭司俨然是全罗马人的女儿，除了举办祭祀活动，她们还需守护圣火不让其熄灭，这不仅为公民阶层树立了榜样，对他们来说也是一个预兆。这种部分公开在家举行的祭祀活动在古罗马最为神圣，正因为如此，它也成为基督教最后一个取缔的异教活动。狄安娜所处的阿文廷山代表了拉丁联盟，也正是这个原因她没有自己的专职祭司。而对于其他众多神祇，整个罗马也逐渐习惯了依照一般节庆日举行活动，或委派专职祭司代表举行祭典以表达敬意。在特殊情况下，如遇上花神弗洛拉和果树女神波莫娜的节日，人们也特别安排了点火佣，最终点火佣的人数定为十五人。但其中有三位点火佣有所区别，他们从始至终都只能从年长的公民中选出，就像过去帕拉廷和奎里努斯的舞蹈祭司的地位一直高于其他祭司团体一样。凡是古罗马诸神的节日，国家会指定祭司团体或神职人员定期举行必要的仪式，祭祀的费用预计相当可观，一部分交由特定寺庙筹集，另一部分用罚金支付。

毋庸置疑的是，其他拉丁民族，甚至萨贝利民族的公共祭祀活动在本质上都具有相似的特点。无论如何，点火佃、舞蹈祭司、牧神和维斯塔贞女祭司都不是古罗马特有的产物，他们在各个拉丁民族中都能见到。至少前三类在同类民族中已经形成，其设定也与罗马当地有所不同。

最终，正如国家对诸神节庆日的安排那样，每一位公民都可以在家举行相应的庆祝活动，不但可以向神敬献祭品，还能修建固定祭祀场所或推选神职人员。

宗教事务

古罗马不乏祭司团体和祭司，但人们遇事会亲自祈求神祇，而不问祭司。人们直接向神祇许下心愿，寻求指引。国王代表全体古罗马人民发言，如同元老代表元老院，骑士代表百人团，而不允许任何祭司介入掩盖或模糊这原本简单的关系。但与神对话确实也不容易，因为神有自己独特的解说方式，只有深谙此道的人才能理解。可一旦谁能正确解读，他便能领会神的旨意，学会解决问题，甚至在紧急时刻抑制或战胜神的力量。所以，祭神者应当经常向内行请教，听其劝告，因而众多熟悉宗教事务的人组成了各种组织和团体。这些组织完全是意大利式的，它们对政治发展的推动作用远远超过各个祭司或祭司团，但人们却常常错把它们同祭司团体混为一谈。祭司团体只负责某一特定神祇的祭祀活动，而这类组织的职责却是维护宗教仪式中常常用到的习俗。保证仪式的顺利完成需要一定的知识储备，从国家的利益来看，确保这类知识代代相传是十分有必要的。这些组织形式严谨，一旦出现人员空缺，立马自行从公民阶层选人补上，这样它们便成为了技艺和科学的宝库。

鸟卜师与造桥师

依照古罗马和一般拉丁民族的政治体制，这些团体原本只分两种，一类从事占卜，另一类从事桥梁建设。

六位"鸟卜师"擅长通过观察鸟类飞行来解读神的旨意，这是一门深受大家喜爱的技艺，同时也被纳入了当时的准科学系统。六个"造桥师"[8]的名字来源于他们神圣而又颇具政治意义的职责，即负责台伯河桥的拆毁重建。他们是古罗马的工程师，熟谙度量和计算的奥秘，因而也承担了制定国家历法、宣布新月满月时刻和各种节庆日日期、监督宗教典礼流程、确保司法审判如期举行等职责。因为他们对任何宗教典礼都有特殊的监督权，所以在必要时，如遇结婚、订立遗嘱、纳子等事宜，人们必须先向他们咨询所拟议的事务是否有触犯神律之处。他们为祭祀庆典制定一般戒律（俗称"王法"），这样他们就获得了古罗马祭祀和与此有关的一切事宜的总监督权，但这项权力直到王政废除之后才得以充分发展。因为在古罗马几乎事事都与祭祀有关,因此古罗马人将一切所学的知识比作"神界和人间的科学"。事实上,古罗马的宗教法学、世俗法学和史学的基本原理都源于这一团体。因为历史的记载离不开历法和年鉴,而古罗马法庭又不能擅自制定诉讼法律原则,所以在传统上均必须保留造桥团。而有关开庭日期和宗教法学的问题,也只有这个团体有权提出建议。

随军祭司团

在某种程度上,除去"鸟卜师"和"造桥师"这两个最古老、最著名的团体,由二十人组成的随军祭司团也算是一个不可忽视的宗教事务组织。它相当于一个活动的档案馆,一直以来保存着与邻邦签订的各项条约,有权对触犯条约嫌疑的行为作出权威裁决,必要时有权进行谈判和解或宣布开战。他们在国际法上的地位与造桥团在宗教和法律上的地位相当,另一相同点是,两者都只有解释法律之权,但无宣判执法之权。

但是,无论这几个团体的名声多么响亮,所辖职能多么重要和广泛,都从没忘记其职责所在,各个团体的领导者更是如此。他们的职责不是发号施令,而是提供经验性建议;并非直接祈求神祇寻得答案,而是向求神的人解释神的旨意。所以,哪怕地位最高的祭司也还是位于国王之下,没有国王的允许,不可向他进言。国王有权决定是否以及何时观察鸟类的飞行;鸟卜师只能站在国王一侧,必要时才向国王传达神祇的旨意。同样,除非由他人指定处理相关事务,否则占卜师、造桥师和随军祭司团成员不得干预国际法和习惯法运行。古罗马人人笃信神灵，并且坚守一项原则，即古罗马祭司毫无权力，他们不得发号施令，与其他公民无异，即便对最卑微的行政官也必须唯命是从。

祭典的特点

拉丁人信奉神祇主要出于现实享乐的需要，对大自然野性力量的恐惧倒是其次。为了表示对神的敬仰，他们畅谈喜悦，吟诗歌唱，游戏舞蹈，举办宴会。意大利同其他发展农业的部落一样，人们平常所吃的大都是蔬菜，因此宰牛在过去不仅是一种家庭盛宴，也是一种祭祀仪式。猪之所以成为最受欢迎的祭品，是因为它经常被用作宴会烤肉。但古罗马人生性节俭，一切靡费无度和过度放纵的事情都与他们无关。原始拉丁宗教一个最显著的特点就是对待宗教事务节俭有度。一直以来整个民族注重道德自律，这也极大限制了他们的想象力。因此，拉丁人从来不会过度放纵自己以至于做出出格的事情。拉丁宗教的核心在于，深藏于心中的道德冲动引导人们将世俗的罪恶和惩罚与诸神世界联系起来。

一旦有人反抗神灵犯下了罪孽，他就必须受到惩罚以向神赎罪。将被判死刑的罪犯处死是为了让他为自己所犯的罪孽赎罪，就像在正义之战中上阵杀敌那样；夜间偷拿田里粮食的窃贼得罪了谷神克瑞斯，须受绞刑以赎罪，正如敌人在战场上得罪了大地之母和善良之神那样也必须赎罪。类似传闻的原因有些难懂,听起来甚至令人害怕:一旦众神发怒,而绝对有罪的那个人却逃之夭夭,这时若有一人自愿站出来承担罪责,众神的怒气才能平息。地上裂开一个释放毒气的深坑,这时若有一个勇敢的公民自愿赎罪一跃而下,深坑才会闭合不见。战争眼看着要败了,这时若有一个勇敢的公民自愿赎罪舍身抗敌,战争最终才能转败为胜。

关于"圣泉"的由来也流传着一个类似的传说:无论是牲畜还是人,他们在指定时间内诞下的后代一概是献给诸神的祭品。如果这种行为可称为"人祭",那么这种祭祀方式符合拉丁人信仰的本质;但我们一定要加以说明,回顾过去,这种以人供祭的方式,就用于献祭的人而言,只限于经民事法庭裁定有罪的人以及无罪却自愿赴死的人。

若用其他方式以人供祭则违背了祭祀的基本理念,至少在印度-日耳曼各部落之间,人祭是后期社会退化和野蛮化所造成的结果。古罗马人从未接受过这种祭祀方式,即使到了极其危难的时刻,古罗马人也几乎不会通过迷信和绝望这类糟糕的方式寻求解脱。此外,相对而言,我们难以发现古罗马人迷信鬼怪、害怕魔法或参与秘密宗教事务的蛛丝马迹。神谕和预言在意大利从未像在古希腊那样受到重视,从未重要到能控制人们的私人或公共生活。但从另外一方面看,拉丁宗教也因此不免变得异常枯燥乏味,一整套紧张而沉闷的祭祀仪式下来,人们早已无法忍受它的枯燥了。

之前我们说到,意大利人认为在万物中神祇最能帮助他们达到非常重要的现实目标,因为意大利人倾向于可触知的和真实存在的事物,与他们的宗教理念如出一辙,而且这一倾向在当今意大利人的圣人崇拜中也同样明显。神之于人正如债主之于债户，每一个神都有正当权利要求人们举办特定的表演活动祭祀他们，正如每一位债主都有正当权利要求债户支付一定数额的欠款。人世有多少事，天上就有多少神，任何人若在任何神的祭祀活动中如有疏忽或者不当，都会在相应事件中遭到报应。所以，单单了解个人的宗教义务也是一件费力麻烦的事，于是熟谙神律和其中要求的祭司，如造桥师，必然能获得超凡的影响力。正直的人以商人恪守信用的态度履行人世间的义务，并以同样的态度履行神圣礼仪的规定，而且如果有时神做了他的分内事，人们要做的就会更多。人们甚至还会与神进行投机买卖：无论就事实还是就名义而言，立誓就是人与神之间结下的一项正式契约，人们以此向神保证，如得神庇佑，他们便给神相应的回报。而且，古罗马法中有一原则，任何契约绝不能派代表来缔结，而这一原则也导致了拉丁姆地区的个人宗教事务绝不允许祭司参与调解。

不仅如此，因为古罗马商人有权只按字面意思履行契约而不违背契约的相关法律，所以在古罗马神学家的指导下，人与众神交往只流于实物模拟而非实物。他们用洋葱头和罂粟头供奉天神，这样便能躲过天神的闪电，使其单单劈向那些洋葱头和罂粟头；每年到了祭祀台伯河神的时候，人们都会将三十个用灯芯草扎成的木偶扔进台伯河，这些都是河神要求的祭品。在这里，人们不仅认为神慈悲、宽恕，还必然对其存有一丝看似虔诚的狡猾，他们想通过假意满足神的要求来安抚和欺骗那令人敬畏的神。所以，古罗马对神的敬畏大大影响了人们的态度，泛神论和一神论各自的基本思想，绝不是对主宰万物的自然界或万能的神的一种敬畏，而是一种对现实世界的畏惧。

债务人一接近他那公正，但十分苛刻的又颇有权势的债主便直哆嗦，这种胆怯心理同人们对现实世界的畏惧在本质上并没什么不同。显然，这样一种宗教更容易抑制艺术灵感和思辨思维，而不是激发它们。古希腊人给原始时代的一些简单想法注入了血肉，这样形成的神的思想不仅是雕塑艺术和诗歌艺术的素材，而且适用性更强，更加灵活多变，这也是人性最深层次的特征。也正因为这个原因，神的思想对任何想要主宰世界的宗教来说都是必不可少的。通过这种方式，人类简单的自然观扩展形成了对整个宇宙的看法，朴素的道德观进化成了普遍的人性观。很长一段时间内，古希腊宗教吸纳了整个国家思想上的发展，包括一切自然的和超自然的观点，并不断增添新的思想内涵，从深度和广度上发展了它，最终想象和思辨冲破了培育这些宗教思想的土壤。但在拉丁姆地区，神的具体概念仍旧是完全透明的，没给艺术家和诗人任何发挥想象力的机会。而且拉丁宗教对艺术总是抱着一种疏远甚至是敌视的态度，因为神灵只是也只能是现实现象在精神层面上的解释，他们理所当然地在现实世界中找到了各自的居所——神庙及神像；人们双手建成的围墙和神像似乎也只能模糊和扰乱有关神的概念。因此，最初的古罗马宗教里的神并没有具体的神像，也没有供奉他们的地方。

尽管拉丁姆地区的人很早便信仰神祇，可能还效仿古希腊人供奉神像并为神建造一座座小教堂，但人们认为这些象征神的神像与努马制定的法律是背道而驰的，甚至是不纯洁的和异国的文化入侵。古罗马宗教所有的神像中几乎不存在某个独特的形象，恐怕只有双头的雅努斯神算是例外，甚至瓦罗还嘲笑过渴望拥有木偶和雕像的人们。

古罗马的诗歌和思辨哲学之所以极度贫乏，其根本原因同样在于古罗马宗教缺乏生动力。不仅如此，在实际应用领域我们还发现了同一明显的特征。古罗马的祭司，尤其是造桥者，逐步研写了一部道德法典，为古罗马人不断增添实际利益。一方面，这部法典能在国家没有警察直接监管的时候作为治安法规使用；另一方面，它将违背道德之人带去神庙施以神的惩罚。属于第一类的法规包括以宗教方式告诉大家各个节庆日应有的庆祝活动、按农业丰收的要求管理田地和葡萄园（后续章节将详加叙述）、与卫生监管问题有关的对灶神和家神的崇拜以及古罗马人早期单独采用的火葬法。

古罗马人运用这种焚烧尸体的办法远远早于古希腊人，它蕴含了对人类生死的一种理性看法，这一点不仅在原始时代，甚至在我们当今这个时代都是不常见的。拉丁人的国教能够实行这些和其他类似的改革，已是不小的成就，但更重要的是这部法律起到了良好的教化作用。如果丈夫卖了他的妻子，父亲卖了他已婚的儿子，儿子殴打了他的父亲或是媳妇殴打了公公，店主对客人或手下背信弃义，想占便宜的邻居擅自搬动界石，以及夜里窃贼偷盗大家辛勤劳动获得的粮食，这些触犯法律的人都会受到神的诅咒。而这些被神诅咒的人并不会被放逐，因为放逐本身违背了一切古罗马的公民秩序，所以只有在公民秩序出现争议时人们才会采用，这是一种更为严重的神的诅咒。公民个人甚至是毫无权力的祭司都无权施行这样一种神的诅咒，被逐者首先应当接受神律的裁决，而不应由人随意进行裁断。而作为一切诅咒依据的这种虔诚的民间信仰，必定能够约束人们轻狂邪恶的本性。但惩罚也不局限于神律裁决，事实上，国王有权也有义务实施惩罚。法律依照犯罪事实设置不同的惩罚，一旦某人的犯罪事实经慎重裁决确定之后，国王将下令处死冒犯神祇的他。整个处死过程就像宰杀一只用作祭品的动物，这样一来可以洗净社会的个人犯罪之风。如果所犯罪责较轻，犯罪者可以免去死罪，那么只需呈送一只动物祭品或类似的礼物即可赎罪。因此，整个刑法最终的裁决依据还是赎罪这一宗教观念。

但除了维护社会秩序和进行道德教化以外，拉丁姆地区的宗教并没起到别的作用。在这方面，古希腊远胜过拉丁姆，这是因为古希腊宗教不仅促进了智力的发展，还使整个民族变得前所未有地团结。古希腊生活中的一切重大事件和古希腊民族的一切共同财富都是围绕着神谕和神的节日发生的，这些神包括德尔斐的阿波罗、奥林匹亚的信仰之女缪斯。然而在这一点上，拉丁姆也并不是全无优势可言。拉丁宗教经过简化变成日常生活中一个个可被感知的现象，人人都能完全理解并相互交流。因此，古罗马社会维护公民的平等。而在古希腊，宗教已上升成为最高度的思想，它自远古时期起接受了充满智慧的贵族们的一切祝福和诅咒。拉丁宗教同其他宗教一样，都开始于对未知事物的探索。透明的神界看来好像并不深奥，但这只是表面观点，就像人们看到清澈的溪水就低估了溪水的深度那样。这种充满激情的信仰也会随着时间的流逝而慢慢消失，就像清晨的露水在日出前蒸发不见一般，这都是必经的过程，而拉丁宗教最终也会衰落破灭。与世间大多数人尤其是古希腊人相比，拉丁人那朴素的信仰更能经受时间的考验。正如光相互作用成就了色彩却最终也因它们暗淡，信仰创造了艺术和科学，最终也毁了它们。

在整个进程当中，种种因素决定了它是发展还是毁灭。而在早期那个朴素的时代，人们利用同一自然规律也取得了一些成就，后人极力追赶却也只是徒劳。古希腊人在智力上获得极大发展，创新结合了宗教和文学的发展（虽然两者结合并不完美），使建立一个真正的政治联盟再无可能。他们抛开了自己朴实的本性、适应能力、自我奉献精神和融入的动力，而缺少这些要素任何联盟都无法成立。有一种史观认为要想表扬古希腊人则必须批评古罗马人，要想表扬古罗马人则必须批评古希腊人，这种幼稚的观点是时候改变了。正如我们安排橡树生长在玫瑰旁，两种植物一番较量后不相上下，罗马和希腊这两个古老时期诞生的最伟大的国家也是如此，我们应当抛开对它们的赞扬或谴责，认清一个事实，那就是它们一定都有各自独特的优势和不足。在两国的形成时期，古希腊开始接触东方而古罗马则不然，而这无疑才是造成两国差异的最深层和最根本的原因。无论世上的人如何强大，也不可能凭一己之力创造古希腊文明和后来基督教文化那样的传奇。当阿拉米人的宗教思想渗入印度—日耳曼民族的土壤，历史才成就了这些最灿烂的传奇。但如果单凭这一原因说古希腊是纯朴人类的发源地，那么拉丁姆也不愧为古今民族发展的原型，后人应当一致推崇并学习。

外来宗教

古罗马宗教的整个发展过程纯粹、自由且具有彻底的民族特色,它的特点和影响也是如此。自远古以来,不断有别的宗教祭祀仪式和制度从国外引进,但这并未破坏古罗马本国宗教的民族特色。同样,古罗马授予个别外邦人公民权也并没破坏城邦的国有化性质。自然而然地,古罗马人和历史更为悠久的拉丁人互相交流了各自的宗教思想,展开了物物交换的贸易活动。更值得注意的是,外族的神祇和祭祀传统也纷纷传到了古罗马,例如我们在前文谈到的萨宾人保留下来的独特的祭祀仪式,我们并不确定古罗马宗教是否借鉴了伊特鲁里亚地区神祇的概念。旧时人称守护神为拉斯(原指贪婪好色的),人们通常认为拉斯和记忆女神密涅瓦(原指精神、技艺)最早起源于伊特鲁里亚地区,但恰恰相反,从语言学的角度来说,他们是拉丁姆地区土生土长的神。

无论如何有一点是确定的,那就是古罗马人在所有外邦宗教中最早注意到了古希腊宗教,并且对它感兴趣的人也最多,这也符合我们在与古罗马人"交往"中所了解的情形。古希腊神谕也记录下了古希腊宗教最初传入古罗马的那一刻。古罗马神的语言只有肯定否定之分,人们要想知道他的意图只能抽签[9],这种方法最早是由意大利人提出的。自远古时代以来,健谈的古希腊诸神不断发表言论进行预言,而在东方宗教的各种推动作用下,人们才渐渐开始理解这些预言。古罗马人甚至从早期开始便设法保留神的劝言。阿波罗的占卜女祭司,即库玛依女祭司就曾在树叶上记录神谕,这种树叶还因此作为最珍贵的礼物赠予从坎帕尼亚来做客的古希腊人。

为了解读这本预言书，古罗马很早便专门设立了一个祭司团体，由两位富有学识的男士组成，其地位仅次于占卜团和大祭司团。国家会出资雇佣两名精通古希腊语的奴隶为他们服务。人们为了避免即将到来的灾祸需要进行祭祀，而他们却不知道应当祭拜哪位神祇或选用何种祭礼，这时他们会向保管神谕的人求助，但早期古罗马人也会直接去往德尔斐向阿波罗寻求建议。除上述与宗教交流有关的传说以外，另外还有不少佐证，例如我们熟知的所有意大利词典都收纳了与德尔斐神谕密切相关的"thesaurus"一词；阿波罗（Apollon）这一名字最古老的古罗马形式为"Aperta"，意为"起源"，是多利安方言中"Appelon"一词的同源变体，这样粗俗的表达恰恰表明这个词由来已久。意大利人欣然接纳了古希腊神赫拉克勒斯，还称他为大力神。早期人们对他的角色有着独特的理解，起初认为他是冒险获利和暴富之神。因此，一旦将军缴获了战利品或商人盈利，便会去往牲口市场的大祭坛，将获利的十分之一献给赫拉克勒斯。因为早期人们往往在大祭坛订立契约并立誓为证，他还因此成为掌管一切商务契约之神，其作用相当于古拉丁的信义之神。

从很早开始，人们对大力神赫拉克勒斯的信仰便无处不在，引用一位古代作家的话说，意大利每个村子里的人都爱他，每一条城里大街、乡间小路都设有他的祭坛。此外，古希腊人很早便听说了水手之神卡斯托尔和波吕丢刻斯（古罗马人称波吕克斯）、买卖之神赫尔墨斯（即古罗马神话中的墨丘利）以及医神阿斯库勒庇俄斯，只是后来才当众祭拜他

225

们。善意女神玻娜的节日名 damium 与古希腊语 δάμιον 或 δήμιον 相对应，其由来也同样可以追溯到这一时期。古罗马神利柏耳·佩特在后来被当作"拯救之父"，等同于古希腊的酒神，即"放纵者"；还有古希腊的冥神（古希腊名为哈迪斯，古罗马名为普鲁托），也称狄斯·帕特尔，也称为古罗马的"施财之神"；冥后珀耳塞福涅曾因名字首字变音和意义转换变为古罗马地狱之后普罗塞耳皮娜，也称播种丰收之神，这些都是古时词语相互借用的结果。甚至古罗马和拉丁联盟的女神和阿文廷山上的狄安娜女神似乎也是模仿了小亚细亚爱奥尼亚族人的联盟女神，又称以弗所的阿尔忒弥斯，至少此神在古罗马神庙中的雕像是仿照以弗所人的模样而塑造的。东方思想早早便渗入了阿波罗、狄奥尼索斯、普鲁托、赫拉克勒斯和阿尔忒弥斯的神话之中，而在这样一个时期，阿拉米宗教只能通过这些神话间接对意大利产生深远的影响。我们清楚地认识到，古希腊宗教的传播主要依赖一定的贸易往来，并最初由商人和航海者带到意大利。

这些借用外国语言的例子未受到重视，而原始时代有关自然界中各种象征形象的传说几乎也失传了，其中也包括卡库斯的公牛传说。我们发现，古罗马宗教最主要的特征之一就是，它是古罗马民族的有机创造。

萨贝利人的宗教

从我们仅有的文献资料来看，萨贝利人和翁布里亚人的宗教与拉丁宗教在根本观点上是完全相同的，而只在色彩和形式上存在地方性差异。两者之间的显著差别在于，古罗马专门设立了一个祭司团体保护萨宾人的宗教仪式。这颇有教育意义，向我们解释了两者差异的本质。对于这两个民族来说，观察鸟类飞行都是常用的向神寻求建议的方式，但替提人和古罗马人观察的不是同一种鸟，这一点无论在哪都是成立的。两个民族都把神灵视为现实世界事物的抽象化反映，不带有个人色彩，他们的不同点只在于表达和仪式。对于当时信仰宗教的人而言，这些差异显得十分重要，也是正常的。如果真存在某种独特的特征，我们也无法理解了。

伊特鲁里亚人的宗教

从伊特鲁里亚人流传下来的祭祀仪式来看，他们的宗教传达的是另一种精神。伊特鲁里亚人的宗教推崇的神秘主义令人悲观厌烦，这种神秘论包含神祇数量的变化、占卜术以及极其荒谬的主教就任活动，而主教却始终拥有一大批自己的信徒。虽然我们对伊特鲁里亚宗教的了解远远不如拉丁宗教那样全面，但可以肯定的是，伊特鲁里亚宗教的一些特色可能就体现在后人的一些细微举措上，而最后流传下来的恰恰是与拉丁宗教最格格不入的那些阴暗古怪的教义。但保留下来的这些教义足以证明，伊特鲁里亚人的本性才是造成宗教中神秘主义和野蛮之风的根本原因。

仅凭对伊特鲁里亚人宗教的这些认识，我们无法领会伊特鲁里亚人与意大利人两者之间神的概念在本质上的差异。显而易见，伊特鲁里亚最著名的反而是那些恶毒和招惹是非的神。正因为伊特鲁里亚人对神祇的祭礼相当残酷，特别是杀害俘虏用作祭品，所以他们在卡瑞城残杀了被俘的弗凯亚人，在塔昆尼杀害了被俘的古罗马人。拉丁人曾设想，人死之后会化作一群安静的"善灵"成为地狱和平的主宰。但伊特鲁里亚人的宗教展现的是一个名副其实的地狱，可怜的灵魂注定要遭受皮鞭的鞭笞和巨蛇的折磨，带他们去往地狱的鬼差，十分凶残还伴有兽性，背后长着翅膀，手执巨锤。之后在古罗马举行的角斗比赛中，会专设一人将失败者的尸体搬离赛场，此人衣着便参考了鬼差的形象。地狱的惩罚同灵魂的状态之间存在某种固定关系，因而人们能通过救赎逃脱地狱的惩罚，即完成某种神秘的祭祀之后，可怜的灵魂便可升天而与众神为伍。值得注意的是，伊特鲁里亚人为了增加渡往地狱的亡灵，很早便引用了古希腊人最黑暗的教义，如阿克隆（古希腊神话中的地狱）和卡隆（古希腊神话中的亡灵摆渡人），它们对规范伊特鲁里亚人的行为产生了重要作用。

伊特鲁里亚人对解释各种预兆特别上心。古罗马人在大自然中发掘神祇的声音，不过，古罗马的鸟卜师只能解释一些简单的预兆，并大致预测某一事件的吉凶。对他们来说，自然界的一切反常现象都是凶兆，并且会阻挠正在进行的行动，例如当遇到雷电交加的天气，人们会立即暂停公民大会；他们还力求摆脱之法，例如长相怪异的婴儿一旦诞下便立即被处死。但在台伯河的彼岸，更为严重的事也会发生。通过观察闪电和用作祭品的动物的肠子，知识渊博的伊特鲁里亚人能详细预测信徒们未来的命运。神谕越是奇特，征兆和奇事就越是令人震惊，他们就越有把握解读神的旨意，寻得避免灾祸的方法。

由此，诞生了分析闪电、动物肠子和奇特现象的学科。这些知识，尤其是闪电学，为了标新立异而过分强调细微的差别，甚至有些钻牛角尖。在塔昆尼附近的一块田里，一位农夫挖出了一个叫塔格斯的侏儒，他个头和小孩一般，却满头白发。我们可以想象这样一个孩子气长相的人，嘴里还胡言乱语，该是有多滑稽。他向伊特鲁里亚人透露了闪电的奥秘之后，立马就死了。他的弟子和继承人会向人们揭秘哪些神祇习惯投掷闪电；如何通过闪电的颜色和出现方位分辨神的身份，以及闪电预示的是一种永久状态还是单个事件，而如果单指某一事件，又将进一步判断该事件是不可更改的，还是凭借人力可以改变的。我们偶尔也能从那些法术中发现他们收取报酬的强烈愿望，例如教人们如何在闪电击中的那一刹那将其引开，如何控制可怕的闪电进行攻击，以及诸如此类的许多神奇的法术。一些事实表明，古罗马人对这些把戏深恶痛绝，甚至后来人们即便在古罗马应用这类法术，也从没想过引进它们。而到了如今这个时代，古罗马人大概仍然认为，有本土和古希腊的神谕替他们预言就够了。

伊特鲁里亚人的宗教之所以比古罗马宗教高级，是因为伊特鲁里亚人恰恰具备古罗马人所缺乏的基本发展动力——宗教外衣包裹下的思辨能力。蒙面神主宰着现实世界及诸神的一切，连伊特鲁里亚人的朱庇特神都要与他们商议。尽管如此，世界是有限的，一旦形成，历经几个现世之后又将破灭。

但鉴于伊特鲁里亚人的宇宙论和哲学曾闪烁过的智慧光芒，对于这些我们难以评价。不过，人们之所以一开始便注意到这些，似乎是因为枯燥无味的宿命论和乏味无趣的数字游戏。

注释

[1] 显然，这就是"晨母"本身，我们由此可以联想到与此有关的一个情形，正如 Lucius，尤其是 Manius 名字所表现的那样，人们认为早晨能为新生儿带来幸运。大概在后世受海中女神琉喀忒亚神话的影响，"晨母"成为海洋和港口女神。而该女神主要受女性敬奉，与人们最初以为她是港口女神的观点不符。

[2] 由 Maurs 变体而来，是流传下来的最古老的文字形式。由于人们对 u 的处理方式不同，所以演变成 Mars、Mavors 和 Mors 三种形式；从 Mar-Mor（复数形式为 Ma-mŭrius），Mar-Mor 和 Ma-Mers 这类双层结构中，我们还发现原有形式当中的字母 u 之后被人们用字母 o 替代，例如 Paula 一词之后演变成 Pola。

[3] 国际私法，在世界各国民法和商法互相歧异的情况下，对含有涉外因素的民法和商法关系，解决应当适用哪国法律的约束。由于涉外因素又称国际因素，民法和商法在西方传统上被称为私法，国际私法因而得名。广义的民法可以包括商法，在各国民法和商法互相歧异的情况下，法律术语称为民法的抵触或民法的冲突，或称法律的抵触或法律的冲突。——译者注

[4] 对雅努斯来说，一切门和早晨时光都是神圣的。人们在向神祷告时，最先选择他，在制造钱币时，最先刻画他的模样，这些无疑都表明，雅努斯象征着开放和开端。与门通往两边类似，雅努斯的双头各朝一边。人们将他视为太阳之神和年岁之神，但却引来许多非议，因为最初以他名字命名的月份是十一月，而不是第一个月。仲冬农闲过后，人们继续田间劳作，似乎这才是该月名称的真正由来。尽管如此，雅努斯仍象征着新一年的开端，尤其在一月成为各月之首以后，更是如此。

[5] 马尔库斯·波尔基乌斯·加图（公元前234—前149年）通称为老加图或监察官加图，以与其曾孙小加图区别。他是罗马共和国时期的政治家、国务活动家、演说家，公元前195年的执政官。老加图在拉丁文学的发展方面有重大影响。他是第一个使用拉丁语撰写历史著作的罗马人，也是第一个值得一提的拉丁语散文作者。在他之前，罗马主要的文学语言是希腊语。——译者注

[6] 罗慕路斯（约公元前771年出生，约公元前717年逝世），罗马城的建造者，也是古罗马王政时代的首位国王。——译者注

[7] 贞女是侍奉圣火维斯塔女神的女祭司，因奉圣职的三十年内须守贞而得名。罗马给予维斯塔贞女很大的特权，这些特权到了后世仍得到保留，只不过被体系化，整合到家庭法中，以家庭父权及监护的例外的面貌出现。——译者注

[8] 关于此事最可信的佐证在于，在依照拉丁模式所建立的民族当中，鸟卜师和造桥师无处不在，这在《论土地法》第二章和大量碑文中有相关记载。劳伦图姆随军祭司中的 Pater patratus 也是如此，而其他祭司团体则十分少见。因此，前者与十等分制、点火佃、舞蹈祭司和狼神团享有相同的地位，都是拉丁民族十分古老的遗产。然而，执政官和其他团体，如三十人团体、塞尔维部落和百人军队最初起源于罗马，却也因此一直只在罗马活动。但就第二个团体造桥团而言，也许正因为受到罗马的影响，人们采用了一般的拉丁形式对它命名，废弃了原本的多个名字，只保留了其中一个。Pons 原本不指桥，而通常表示"道路"，因此，pontifex 意为"修路者"，这一猜测用语言学知识解释颇为合理。至于鸟卜师的最初人数，人们对此说法不一。有人认为，鸟卜者的人数一定是奇数，但这一观点遭到了西塞罗的驳斥（详见《论土地法》第二卷，35页）。李维提出反对，称罗马鸟卜师的数量必须是三的倍数，所以其基数必然是奇数。据李维所说，至奥古尔尼立法之时，鸟卜师存有六人，而西塞罗称罗慕路斯曾设四位鸟卜师，努马设两位鸟卜师，恰恰也证实了这点（详见《论国家》第二卷，9页）。而至于造桥师的人数，参考《罗马法》第二卷，20页。

[9] 所谓的签也许就是挂在一条线上的许多小块木片，人们扔签会形成许多种数字图案，会让人们联想到古时的北欧文字。

第十三章

农业、贸易和商业

    农业和商业与城邦的政治制度和外部历史关系十分紧密，因此我们在描述政治制度和外部历史时，应该考虑到农业和商业的影响。在前文我们已经列举过一些注意事项，通过简要介绍意大利的面貌，特别是古罗马的经济状况，我们应当考虑到这几个需要注意的方面。

农业

    上文提到，在意大利人迁入亚平宁半岛[1]之前，他们的经济已由游牧经济过渡到了农业经济。农业仍然是意大利各部落的主要经济支柱,同时也支撑着萨贝利人、伊特鲁里亚人和拉丁人的生活。在有历史记载的时期中,尽管各个民族或多或少地因地制宜,混合发展农业和畜牧业,但意大利并不存在完全依赖畜牧业的部落。古罗马人有一个优良的传统,他们每新建一座城市时,都会沿着已设计好的未来的城墙犁出一条垄沟。这也说明,人们心中有一个根深蒂固的观念,那就是农业是每个联邦的生存之本。也只有在这种情况下,我们谈及古罗马的土地关系时才能够确定,并且塞尔维乌斯改革[2]也清楚表明,农业不仅在最初是整个城邦的立国之本,而且一直是确保所有定居者成为管理城邦事务的核心的一大力量。久而久之,古罗马的大部分地产就落到了非公民阶层的手中。从此,公民的权利和义务与他是否拥有永久产权的地产再无关联。改革后的政治制度始终依据人们的不动产情况来对待他们,规定拥有不动产的人必须服兵役,以求暂时并且永远地结束动荡的局面以及避免潜在危险的发生。而这一改革也让人们自然而然地得到了特许的公共权利。

　　古罗马的战争和征服政策同它的政治制度一样,也以不动产体系为依据,因为只有持有不动产的人对国家才有价值,扩充这类人的数量才是战争的目的。被征服城邦的人民要么被迫沦为古罗马的自耕农,要么采取另一种不这么极端的解决办法,他们可以不必缴纳战败赔款或固定贡金,但必须割让部分土地,通常为其领土的三分之一,而这部分土地往往会被古罗马人用来发展农业。同古罗马人一样,许多民族也曾经四处征服,可是没有一个民族能像古罗马人那样凭借血汗将征服来的土地发展自己,用犁头来守护用长矛拼下的土地。所有凭借战争赢得的土地,都可能因战争而被夺走,而只有用锄犁征服的土地才不会被夺走。尽管古罗马人也曾打过许多败仗,但他们几乎从未为了求和而割让领土,因此他们感激农人们对农田地产的坚守和保护。人和国家之所以强大,在于他们拥有对土地的主权,而古罗马的伟大正在于其公民对土地拥有最广泛而直接的支配权以及这些人保持的那种紧密团结。

共耕制

前文曾经提到,最初古罗马对耕田实行的是共耕制。以氏族为单位进行分配,每个氏族在各自的田地上耕作,然后将收获的粮食分发给各家各户。共耕制与氏族社会存在着某种密切联系,甚至到了最后,人们在古罗马也经常能发现共有土地产权的人同住一处、联合经营[3]。流传下来的古罗马法中也曾提到,人们的财产最初只包括牲畜和土地使用权,土地被分给公民之后才成为他们的私有财产[4]。对此较有说服力是,人们最初用"牲畜总头数"或"奴隶数和牲畜总数"来形容财产的多寡;每户子女和奴隶的私有财产最初也用"小牲畜"作计量单位;人们最开始用手握住要式物[5]便能获得该物的所有权,这种所有权转让方式便是曼兮帕休[6],不过这只适用于动产交易。此外,最早的"世袭土地"的面积为两个尤格拉[7](相当于1.25英亩),但这仅适用于园林地而非耕地[8]。耕地何时开始分配，如何分配，我们已无从考证。我们能确定的是，尽管塞尔维乌斯时期曾提出了土地分配政策，但最早的政治制度与不动产并无关系，而是以氏族制度为前提。显然，在这样的政治制度下，大部分土地变成了中型农场，供一家以劳动来维持生计，还能饲养耕牛，用犁耕作。这样一整块中型农场的准确面积已不得而知，但据估计，绝不会小于二十尤格拉（约 12.5 英亩）。

种植谷物

古罗马的农业以种植谷物为主，常见的谷类作物是赤小麦即斯佩尔特小麦（用作饲料）[9]，另外还会种植其他豆类植物、根菜类植物和青菜。

种植葡萄

种植葡萄这项技术最早并不是由古希腊移民带到意大利的，这一点从古罗马的节庆日表上便能看出。因为早在古希腊人到来之前，这张表就已经存在了。表中包括三个酒神节，它们的设立并不是为了纪念后来引进的古希腊酒神"拯救者之父"，而是为了纪念"众神之父约维斯"。曾有一个很古老的传说，卡瑞城之王墨曾提乌斯曾向拉丁人或鲁图尔人征收葡萄酒税。在意大利还有一个广为流传的故事，故事的讲述有许多版本,大致是说凯尔特人了解到意大利盛产珍贵水果,尤其是葡萄和酿好的葡萄酒,于是他们受利益的驱使不远万里跨越阿尔卑斯山脉来到意大利。由此可见,拉丁人对自己种植的葡萄十分骄傲,也令其他民族羡慕不已。早期拉丁祭司会教大家大范围地精心培育葡萄。在古罗马,要等城邦的最高祭司,即朱庇特的点火佣授权采摘并由他摘下第一串葡萄之后,大家才能开始摘葡萄。与之类似的是在塔什干地区,有法令禁止售卖新酿的葡萄酒,一切售卖活动得等到祭司宣布开桶节开始之后。还有一些例子也能证明早期人们普遍种植葡萄,他们不仅在祭祀仪式上普遍采用酒祭,而且古罗马祭司立下了一条规矩,并被列入了努马国王制定的法律,那就是祭祀神灵的酒一律不准是未切开的葡萄酿成的。同样,他们引进一项有益身心的晒谷习俗,禁止人们用未干燥的谷物供奉神灵。

种植橄榄树

种植橄榄树的技术传入较晚,最早当然是由古希腊传到意大利的[10]。据说,罗马纪元二世纪末期,古罗马才开始在地中海西岸种植橄榄树。这个说法也符合一项史实,那就是橄榄枝和橄榄在古罗马祭礼中的地位大大低于葡萄汁。不过,这并不妨碍古罗马人对这两种珍贵树木的尊重,他们在库尔特湖附近的公共广场中央分别种植了一棵葡萄和橄榄树。

种植无花果树

古罗马人种植的果树以营养丰富的无花果树为主，这是一种原本就生长在意大利的树。有关古罗马起源的传说和无花果树也有错综复杂的联系，很多无花果树[11]就长在古罗马的广场里或附近地区。

农场经营

农夫和他的儿子拉犁耕作，承担了大部分的农活。一般情况下，普通农场不会雇佣奴隶或按日计酬的散工来干活。人们饲养公牛或奶牛用来牵犁，马匹、毛驴和骡子则用来驮运货物。虽然为获得牛肉和牛奶而养牛并未成为畜牧业下的一个独立分支，但参与的人却不少，至少各个氏族占有的土地上都在养牛。除了小牛需要一同赶到公共牧场放牧以外，猪和家禽，特别是鹅，都只在农场场院内饲养。通常，人们会把田一耕再耕，不作休息。如果犁沟间距过宽而需再用耙疏松土壤，那么这块田便被视为犁耕不够。与其说这样的经营模式充满智慧，倒不如说它认真实在。而且犁具的设计未见改进，收割和脱粒的过程也存在问题，导致农耕业发展缓慢。之所以造成这一系列的结果，大致是因为理论力学缺乏发展，而并非因为农人墨守成规，固执使用旧式农具。毕竟，意大利人注重实用，他们无法体会祖祖辈辈对过去那种耕作方式的纯粹依恋。而在早期，他们或独立开发，或从邻国人那儿学会了种植饲料植物和灌溉草地，因而农业上的进步也是显而易见的。甚至古罗马文学的发展也是以讨论农业理论为起点的。

一番辛勤适当的劳作之后，农人得以休息。每个人，包括底层人民，心中的宗教信仰会减轻他们生活上的苦痛，让他们身心愉悦，更自在地活动交往。每隔八天，平均约一个月四次，农人会去城镇交易并处理其他事宜。但严格说来，他们只有到了节庆日才能休息，特别是冬季播种后的那个节庆月。在这些节庆日里，众神"下令"一切犁具不得使用，所有农人以及他们的奴隶和耕牛都得到了休息。

也许，这就是最初一般的古罗马农场的经营模式。而农场的继承人则往往经营不善，那些肆意挥霍所继承产业的人会被当作疯子一样监管起来。此外，妇女基本上没有对个人财产的处置权，她们若要结婚，配偶必须是同一氏族的某位男性成员，以此保证财产仍属于该氏族。古罗马法试图控制地产债务负担过重的现象，若借贷以土地作抵押，一旦到期无法偿债，债务人应当按法律规定暂时将土地所有权转让给债主；若是普通借贷，一旦定期无法偿债，债务人应当严格执行法律程序迅速宣告破产。在后续章节中还会提到，后种方法虽能达到目的却不尽完善，而且法律也并未强行限制财产的自由分割。

遗产的共同继承人采取不分割财产的方式共同继承也是可取的，但最古老的法律曾规定，任意一方任何时候都有权解除这种共有关系。兄弟同胞和平共处固然是好，但若强迫他们如此便是违背了古罗马法中的自由精神。此外，塞尔维乌斯时期的政治制度也表明，古罗马即便是在王政时代也不乏农场主和园林主，他们用十字镐取代了耕犁来耕种土地。人们的习惯和聪明才智会防止土地过度细分，对此他们没有错信。根据古罗马一般习俗，通常保存完整的土地将以个人名字永久命名。在这个问题上，城邦会差遣移民间接进行干预，这些移民通常会开垦出一批新的土地，这无疑会抢占许多农舍所占用的土地，最终小型地主沦为移民被差遣。

地主

若想了解更大规模地产的相关情况，则困难许多。从骑士阶层早期的发展来看，这些大规模的地产当然并不少见，而且这点也不难解释。一方面，氏族土地的分配会诞生一类大地主阶级，这是因为各个氏族人数不一而且每人分得的土地面积也不相同；另一方面的原因则是大量的商业资本涌入古罗马。但严格说来，大规模农场经营意味着需雇佣大量的奴隶作为劳动力，虽然后来我们在古罗马见识到了这样的场景，但我们还不能推测这个时期它已经存在。相反，对这一时期我们应当引用古代定义，称元老为父，因为他们将土地分配给大家，就像父亲将土地留给他的孩子那样。

起初，土地所有人必须将无法亲自耕种的部分土地分发给他人，甚至将所有土地划分成小份，分给他们的依附者耕种。这一做法至今在意大利仍随处可见。接受土地的人可能是一家的兄弟同胞，也可能是这家的奴隶。如果他是自由民，他的身份最终会被附上"默许入住"的标签（也称无偿占有，随时可被收回）。只要土地所有人愿意，接受土地的人可以保留自己的使用权，但并不受法律保护。相反，只要土地所有人愿意，他也可以随时将这些人驱逐。就双方关系而言，拥有土地使用权的一方不必向土地所有人支付费用，但土地使用者一般会交纳这类费用，而且通常费用为土地收成的一部分。这一关系虽与后期的土地租借关系类似，但两者一直存在差别。一方面，租借关系并不存在固定时限；另一方面，任意一方均不能控诉，并且因出租方有权驱逐，他可依法索赔租金。显然，这一关系本质上基于双方的诚信，若缺乏宗教习俗进行强有力的制约，这种诚信便不复存在。幸好，古罗马人处处讲究诚信。这样一种借贷制度兼具道德和宗教的约束，毫无疑问，从根本上它依赖的还是土地所得利益的分配，而这种分配制度并非是通过废除共耕制实现的。因为，在共耕制废除之前，氏族会分配土地给部落成员共同使用。共耕制废除之后，个人会分配土地给他的依附者使用。

而与之必然相关的是，古罗马的这种借贷关系并不是个人行为，从一开始租借方及其氏族就应向出租方及其氏族寻求保护，并宣誓效忠。古罗马最初的这种土地租借形式还解释了一点，那就是为何古罗马大地主阶级诞生的是土地贵族，而非城市贵族。因为古罗马人排斥万恶的中介制度，所以古罗马地主发现自身受土地的束缚并不比租户和农人们少。他们凡事亲力亲为，而且古罗马的富人视成为一个"好地主"为最高的荣耀。他们平日住在乡下，在城里只有一处住所，每回去城里办事就住在那儿。要是到了盛夏季节，他们也会去城里住，呼吸那儿的清新空气。然而最重要的是，这些安排在上层阶级和普通平民之间建立了一种道德约束，这样能大大降低危险。家道衰败的农民、依附者和释放奴在此之后成为一批经过默许的自由租户，从而构成古罗马底层社会的中坚力量，他们并不像小型租赁人依赖大地主那样依赖地主。毫无疑问，替主人耕作的奴隶人数远远少于自由租户。

任何情况下，在某些地方，由于迁徙来的民族没有马上成为奴隶，所以奴隶的数量一开始似乎都十分有限，因此当他们在古罗马出现之后，免费劳工完全扮演了不同的角色。最初，古希腊人在许多情况下会雇佣日工，但他们之后被奴隶所取代。但某些民族，例如洛克里人，他们有史以来从未存在过奴隶制度。尽管奴隶制度起源于意大利，但与后期的叙利亚人和凯尔特人相比，沃尔西、萨宾和伊特鲁里亚各族的战俘与他们主人之间的关系大不相同。现实生活中他们是租户，他们虽像地主一样拥有土地、牛羊和妻儿，但这些都不受法律保护。直到国家开始解放奴隶，他们重获自由的日子才可能到来。如果说最早大地主是靠这些立足的话，那么他们绝不是国家永久的耻辱，反而将会为其带来最实质的帮助。一方面，他们同中小型地主一样，为许多家庭提供工作供他们谋生；另一方面，地主拥有更高的地位，享有更多的自由，他们当中的一部分人更是成为了这个国家与生俱来的领导者和统治者。与此同时，农民和穷苦的默许租户为古罗马的殖民政策作了物质准备，没有他们一切殖民计划都无法成功。因为尽管国家会给无地者分配土地，但却无法教授那些对农业一无所知的人以挥犁的勇气和力量。

畜牧业

用于发展畜牧业的土地不参与土地分配。人们认为公共牧场理应归国家所有,而不是氏族部落所有。一部分牧场用于本国饲养牛羊,供祭祀或其他用途所需,并通过缴纳牲口税维持日常运作。国家允许牧场主将牛羊赶到公共牧场放牧,并向其收取适当费用。最初,在公共区域放牧这项权利与土地所有权可能存在某种实质联系,但古罗马特定区域的土地与公共牧场一定比例的使用权之间,在法律上从未有过关联。因为外邦人也能获得土地,但只有国王下令他们才能破例使用公共牧场。这一时期内,公用土地似乎在整个国民经济中仅居次要地位,因为最初公共牧场的面积十分有限,征服来的土地可能大部分立马便当作耕地进行分配,或分给各个氏族,或在不久以后分给个人。

手工艺品

尽管农业是古罗马最为重要、分布最广的产业,但同时其他行业也在发展,例如拉丁人的城市生活在早期商业活动中发展繁荣。事实上,在努马王统治时期,在自远古时期就已存在的政治制度下,古罗马共有八类手艺人行会,分别是乐师、金匠、铜匠、木匠、蒸洗工、染工、陶工及鞋匠。早期人们还不知道面包烘焙技术以及专业的治疗技术,每家每户的衣服还得靠家中妇女自己用羊毛编织,所以商人平日订货来源大致也就这八种。值得注意的是，古罗马并未给铁匠专设一个行会，这也再一次证实了一点，那就是铸铁技术传入拉丁姆地区的时间较晚。也正是这个缘故，从早期开始，人们在祭祀仪式中通常只会使用铜器，例如祭司主持祭祀所持的犁和剪刀都是铜制的。这些行会必然也大大影响早期古罗马的城市生活，以及古罗马对拉丁地区所持的立场。之后，大批工匠奴隶替主人干活或为主人谋利，大量奢侈品涌入，使古罗马的手工业遭到了极大破坏，陷入萧条。

在古罗马最古老的诗歌中，不仅讴歌了威武的战神玛尔斯，还歌颂了技艺精湛的兵器匠马穆里乌斯。据说天上曾掉下一面神灵所持的盾牌，马穆里乌斯竟能照着它的模样为所有公民都仿造一面。早在古罗马原始节庆日表中，我们便能发现火神与锻造之神伏尔甘的名字。因此，在远古时代，人们便一边铸造兵器农具，一边发展农业和军事。虽然之后古罗马人对手工业抱有傲然蔑视的态度，但在当时是完全不存在的。塞尔维国王军事改革后，所有持有土地的人都必须服兵役，而法律虽未免除手工艺人服兵役的义务，但因他们通常不具备土地所有权，无权携带武器，所以国家只能挑选某些木匠、铜匠以及某类乐师，按军事编制组建一支特殊的队伍，附属于军队。大概也是这个原因，后人常常鄙视手工技艺，并嘲笑手工艺人在政治上的劣势地位。毫无疑问，行会制度和祭祀团体两者的目的一致，因而在名字上也颇为相似。手工艺人相互交流，以便更好保护传统技艺，代代相传。当然，技艺不精的人可能无法加入行会，但行会并不存在垄断倾向，也并未设置杜绝劣质产品的相关措施。而在所有与古罗马人民生活息息相关的资料中，有关手工艺行会的介绍甚少，就如古罗马的贸易资料那般匮乏。

意大利国内贸易

　　显而易见，最早时期，意大利贸易仅限于本国人民之间的相互交易。拉丁姆地区的商品交易会的历史颇为悠久，但它与通常每周开放一次的集市还是有所不同。最初它们有的是一些国际活动和节庆活动，有的是各国在古罗马阿文廷山上联合举办的庙会。拉丁人每年八月十三日会来古罗马赶庙会，同时可能趁此机会处理一些私事，如购买一些必需品。而在沃尔西境内的佛尔图姆那神庙（大概在蒙特菲亚斯科内市附近），伊特鲁里亚人每年都会在此举办庙会，这一庙会同古罗马庙会类似，场面却更为盛大。每年这个时候就像一个商品交易会，通常古罗马商人都会赶来参加，但在菲欧尼亚森林的索拉克太地区举行的那一场，才是意大利人最重要的庙会，它是最适合三大民族交易商品的场合。这座孤山位于伊特鲁里亚族和萨宾族的交界处（似乎山的大部分位于萨宾人居住地境内），因自然的力量耸立于台伯河平原中央，成为许多游客向往的胜地。无论从拉丁姆地区还是翁布里亚地区出发，人们都能很快到达这里。因此，古罗马商人常常到这儿来，他们各自控诉受到的不公正对待，多次与萨宾人争吵。

　　可以肯定的是，在古希腊人和腓尼基人的船只进入西海以前，人们全靠这类商品交易会进行物物交换和商品买卖。收成欠佳时，各个地区的人会在交易会上供应粮食，共渡难关。此外，他们还在这里买卖牲畜、奴隶、金属制品以及在那个远古时代他们认为一切必要或想要的物品。不仅在古希腊－意大利时期，甚至在更早的那个仅仅依靠畜牧业的时期[12]，牛羊都是最古老的交易媒介，十只羊可以交换一头牛。在所有交易当中，尤其是日耳曼人的交易会上，它们都是大家一致认可的合法等价物，起到衡量商品价值的作用，换句话说，它们就是货币。同时，在买卖体积不一的牲畜时它们还能起到衡量交易比例的作用。在意大利，各个地区都需要大量的金属用于农业和军事，但只有极少数的地区能生产出满足需要数量的金属，因此，金属铜早期一出现便成为了继牛羊之后的第二交易媒介物。因为拉丁人所处地区铜的产量缺乏，所以他们将估价这一行为称为"量铜"。整个意大利半岛地区将铜视为一切商品的等价物，同时意大利人还发明了最简单的计数符号（下文将加以详述）和十二进制，生活在半岛上的意大利人最初便是这样参与国际交流的。

意大利海外贸易

对于依旧独立生活的意大利人来说，海外贸易所带来的影响在上文已有概述。而萨贝利族人却几乎完全不受影响，因为他们只有一条狭窄的海岸地带，而那儿荒无人烟，如果他们想获知外族的文明成果，例如英文字母，他们只能依靠伊特鲁里亚人和拉丁人作为中介传播。之所以这样，是因为他们缺乏城市发展。而在这一时期，他林敦人与阿普利亚人和梅萨皮亚人之间的交往似乎并不频繁，而西海岸那侧却是另一番景象。在坎帕尼亚地区，古希腊人和意大利人和睦共处。同时，在拉丁姆地区，尤其是伊特鲁里亚地区，人们常常会进行大规模的商品交易。

如今，我们若想了解最早有哪些进口商品，主要依靠以下几类发现：一是从古墓中挖出来的文物，特别是凯雷出土的文物；二是流传下来的古罗马语言和政治制度；三是促进意大利工业发展的几大因素，因为意大利人很长一段时间都从外国购进手工艺品，之后才开始仿造。在各民族分崩离析之前，手工业究竟发展到什么阶段？意大利自给自足这一时期它又得到了怎样的发展？我们都无法确定。甚至意大利的蒸洗工、染工、硝皮匠和陶工如何向古希腊人和腓尼基人学习？又是如何获得独立发展的？我们也不得而知。但我们可以确定的是，直到海外贸易兴起、黄金首饰在意大利半岛打开销路之后，拥有悠久历史的金饰贸易才开始盛行。

在伊特鲁里亚地区的凯雷和沃尔西一带以及拉丁姆地区的普雷内斯特城一带，我们在那些阴森的坟墓中找到了许多刻有飞狮图案的金碟以及巴比伦人制造的类似装饰品。而这些制造讲究的金饰究竟是从国外传来的还是国内工匠的仿造品，我们仍存有疑问。但整体来说，这些文物无疑证实了一点，那就是早期意大利西海岸所有地区都已开始从东方购买金属制品。后续章节中，对上述一点的阐述更加详尽，我们也将谈到，早期在古希腊的影响下，古罗马在用泥土和金属制造艺术品、建筑和模型方面取得了长足进步，换言之，古罗马最古老的器具和模型均来源于古希腊。

在这些坟墓里，除了金饰，我们还发现了淡蓝色珐琅器皿和浅绿色陶制器皿，从它们的材质、风格以及上面刻有的象形文字来看，这些器皿都来自埃及[13]；用东方石膏制成的香料瓶，其中好几个都雕成了伊西斯神的模样；画有或刻着狮身人面兽和狮身鹰头兽的鸵鸟蛋以及玻璃珠和琥珀珠。这些珠子或经陆路从北方传来，而其他文物证明，各式各样的香料和装饰品均来自东方。亚麻布、紫色染料、象牙和乳香也是从东方传来的，因为人们早期就用上了的亚麻带子、紫色王袍、象牙权杖和祭祀所焚的乳香皆可为证，古时借用的外国名称也证实了这点，例如 λίνου、linum、πορφύρα、purpura、σκῆπτρου、σκίπων 和 scipio，ἰλίφας、ebur、θύος 和 thus 大概也不例外。与此类似，大量与饮食有关的词语名称也属于借用，特别是油和壶罐的名称，如 ἀμφορεύς、amp（h）ora、ampulla、κρατήρ 和 cratera；宴会的名称，如 κωμάξω 和 comissari；用生面团（μᾶξα 或 massa）做成的佳肴，如 ὀψώνισυ 和 obsonium；以及各种糕饼，如 γλυκοῦς、lucuns、πλακοῦς、placenta、τυροῦς 和 turunda。反之，住在西西里岛的古希腊人也借用了拉丁语中的菜肴（patina 或 πατάυη）和猪油（arvina 或 ἀρβίνη）等名称。

后来盛行一种习俗，人死之后，人们会在他的尸体旁边摆放阿提卡、克尔基和坎帕尼亚三地制造的陶瓶。这一习俗和上述的语言借用一同证明，意大利是古希腊陶器的早期销售市场。不仅皮铠甲的设计颇具古希腊风格，而且拉丁语中的"盾牌"一词借用了古希腊语中的"皮革"（σκῦτος），由此显而易见，古希腊皮革制品也早早传入了拉丁姆地区。最终，我们也能做出同样的推断，尽管"船帆"、"船桅"和"帆桁"等主要航海术语是纯粹的拉丁语[14]，这一点也颇为引人注目，但拉丁语中的大量航海术语还是从古希腊语中借用而来的；古希腊语中"信函"、"代币"、"天平"、"保证金"等词都再次出现在拉丁语中，反之，西西里人的古希腊语也借用了意大利语中的法律名词，而钱币大小、名称和度量衡的变更，我们将在下文中叙述。所有这些借用来的名词显然表现得十分野蛮，尤其是以宾格作主格的这一特别形式，不过正因为野蛮才说明了它们非常古老。从一开始，人们对买卖之神的崇拜似乎也是受古希腊思想的影响，于是将该神的节日定在每年五月的月中这天，因为在古希腊诗人眼中，他是美丽的玛雅女神之子。

拉丁姆地区的被动贸易与伊特鲁里亚地区的主动贸易

因此在古代，意大利同帝国时期的古罗马一样，一开始都是从东方进口奢侈品，之后才慢慢能够依照进口器物进行仿造。在商品交易中，意大利贩卖的仅仅是一些原材料，特别是铜、银、铁等金属材料，同时也会贩卖奴隶、造船木材以及产自波罗的海的琥珀，并在他国农作物歉收时出售粮食。鉴于这一情形，顾客所需商品和他们作为交换提供的物品，意大利人为何在拉丁姆和伊特鲁里亚两个地区采取不同的交易方式，我们已作出解释。因为所有供出口的商品的产量不足，所以拉丁人只能被动地进行贸易，甚至最早的时候，他们不得不用牛羊或奴隶与伊特鲁里亚人进行交换，以此来得到需要的铜。这一做法与古时在台伯河右岸贩卖奴隶类似，上文已经提到过。另一方面，伊特鲁里亚出现贸易差额必然对克瑞、波普洛尼亚、卡普亚和斯庇那四个地区有利。虽然这些地区的经济已迅速繁荣起来，商业地位也不断提升，但拉丁姆仍然是个以发展农业为主的地区。而反观这几个地区之间的关系，我们也能发现同样的反差。

我们发现，克瑞城内的古墓在建造和装饰上颇具古希腊风格，但崇尚奢华这一点是古希腊人万万不能接受的。普雷内斯特城却是个例外，因为该地区地理位置特殊，与法勒里和伊特鲁里亚南部关系十分密切。但对于死去的外邦人，拉丁人只会在土地上稍作装饰以示纪念，早期的拉丁姆地区简直没有一座能称得上奢华的坟墓。这儿的人同萨贝利人一样，通常只用一块草皮遮盖尸体。在古希腊钱币出现之后，伊特鲁里亚人，尤其是波普洛尼亚人马上制造出了最古老的钱币。在整个王政时代中，拉丁姆地区所产的铜按重量计算是足够的，甚至没有进口过外国钱币，因为这类钱币（例如古希腊波塞冬的钱币）在该地区极为少见。至于建筑、雕塑和浮雕艺术，伊特鲁里亚和拉丁姆都受到同样的影响，但只有在伊特鲁里亚地区，资本才能与这些因素相结合而使它们产生广泛的影响，同时带来技术上的进步。大致看来，所有的商品都有一个共同点，那就是它们都经由拉丁姆和伊特鲁里亚两个地区生产、买卖。但若说到贸易的繁荣程度，南部地区远不如相邻的北部地区。而伊特鲁里亚人依照古希腊样品制造出的奢侈品在拉丁姆地区，尤其是普雷内斯特城颇受欢迎，甚至在古希腊当地也很畅销，但拉丁姆地区几乎从未出口过此类商品。在这一点上，我们也能发现两者之间的差异。

伊特鲁里亚—阿提卡与拉丁姆—西西里岛之间的贸易

同样值得注意的是，拉丁人和伊特鲁里亚人之间的贸易差异还体现在，他们各自拥有不同的通商路径。就伊特鲁里亚人在亚得里亚海区域的早期贸易而言，几乎只能猜测，他们的贸易始于古罗马的斯庇那和阿特里亚，止于古希腊的克基拉城。上文提到，西部的伊特鲁里亚人富有胆识，冒险进入东部海域，不仅与西西里进行跨海交易，还与古希腊进行通商。在后期发现的伊特鲁里亚人的坟墓中，我们找到了大量产自阿提卡的陶器，有别于上文提到过的装饰坟墓的用途，这一时期人们引进这些陶器有其他用途，这也说明伊特鲁里亚人和阿提卡人在古时便有来往。而相反，早期第勒尼安海生产的青铜烛台和金杯在阿提卡颇受欢迎。有关这类贸易往来的佐证，最有说服力的是钱币。波普洛尼亚的银币是依照一种非常古老的银币仿造的，银币的一面刻着戈尔贡图饰，另一面只有一个压铸的方形图案。人们在雅典和过去运送琥珀的道路上的波森地区发现了这种钱币，很可能是由梭伦下令在雅典铸造的。我们已经提到，也许在伊特鲁里亚人和迦太基人就主要交易达成海上联盟之后，伊特鲁里亚人与迦太基人之间开始进行贸易。值得注意的是，在克瑞城最古老的坟墓中，我们不仅发现了本土制造的青铜器和银器，还发现了更多产自东方的物品。当然，这些物品可能是由古希腊商人带来的，不过更可能是由腓尼基商人引进的。尽管如此，我们也不应过分重视腓尼基人的贸易，尤其不应当忽视的一点是，字母表和其他几个因素促进了当地文明的发展并使之成熟，而它们之所以能来到伊特鲁里亚地区并产生影响，并非是古希腊人的功劳，而应当归功于腓尼基人。

拉丁人的贸易采取的是另一种方式。就对古希腊文化的接受程度而言，我们很少有机会去比较古罗马人和伊特鲁里亚人两者之间的差异。而一旦比较两者，我们可以发现，这两个民族相互之间是完全独立的，通过字母表来看这一点是最为清楚的。字母表从西西里或坎帕尼亚的卡尔基底克和多利克殖民地传入了伊特鲁里亚地区，而拉丁人的字母表也来自那块土地，两个地区的字母表差异并不明显。因此，尽管两地人民获得字母表的来源相同，却处在不同的时间和地点。某些词语中也出现了这种情况，例如，古罗马语中的 Pollux 和伊特鲁里亚语中的 Pultuke 都是古希腊语中 Polydeukes 的变体，但两者毫不相干。

伊特鲁里亚语中的 Utuze 或 Uthuze 源自古希腊的 Odysseus；古罗马语中的 Ulixes 准确复制了西西里地区常见人名形式；同样，伊特鲁里亚语中的 Aivas 与该名字的古希腊形式一致，而古罗马语中的 Aiax 可能与另一西西里语的形式一致；古罗马语中的 Aperta 或 Apello 和萨莫奈语中的 Appellun 都源自多利克语中的 Apellon，伊特鲁里亚语中的 Apulu 是 Apollon 的变体。因此，从拉丁姆地区的语言文字来看，拉丁人的贸易仅仅面向库迈人和西西里人。放眼那些古老历史残留下的遗迹，我们也能得出相同的结论。例如，我们在拉丁姆地区发现了波塞冬尼亚的钱币；当古罗马农作物歉收时，古罗马人会向沃尔西人、库迈人和西西里人（当然还有伊特鲁里亚人）购买粮食；最重要的是，拉丁姆和西西里两个地区之间的货币体系存在某种联系。

多利克－卡尔基底地区称银币为诺莫斯，西西里的度量单位艾米纳传入拉丁姆地区后，分别有了新的名称货币和赫明那（液体计量单位，相当于半品脱）。反之，意大利的重量单位 libra、triens、quadrans、sextans 和 uncia 最早在拉丁姆出现，用来计量铜的重量。铜代替货币衡量商品的价值，因而铜的重量越大意味着商品的价值越高。在西西里建城的第三个世纪里，这些重量单位传入了西西里，融入当地人的生活，混杂中各个单位的名称经过变体分别成为了 λίτρα、τριᾶς、τετρᾶς、ἑξᾶς 和 οὑγκία。实际上，在古希腊所有的度量衡和货币体系当中，唯独西西里的这两大体系，与意大利以铜为基础的度量体系之间的换算存在固定比例。虽然银依照惯例贬值，但是在法律上它的价值依然是铜价值的二百五十倍，而且人们很早便按照这一比例铸成了银币，尤以叙拉古地区为甚，一枚银币的价值相当于西西里的一磅铜（西西里的一磅等于阿提卡塔兰特一磅的一百二十分之一，古罗马一磅的三分之二）。相应地，意大利的铜条也代替货币在西西里进行流通。这恰好印证了一个猜想，那就是拉丁姆地区与西西里之间的贸易是被动的，因此拉丁人的金钱流向了这里。在上文中，我们还另举出几例来证明西西里和意大利古时就有来往，特别是西西里的方言采纳了意大利语中商业贷款、监狱和菜肴等表达，反过来意大利语接纳了西西里语中的一些术语。同时，我们还发现了一些线索，尽管它们不够明确，但还是证实了拉丁人与居住在意大利南部库迈和拿波里的卡尔基底人，以及居住在韦利亚和马萨利亚的福凯人古时便有来往。然而，这种来往远不及与西西里人那样频繁，这一点有人们熟知的事实为证，那就是所有早期传入拉丁姆地区的古希腊文字都是以多利克语的形式呈现的，我们只需回忆起 Aesculapius、Latona、Aperta 和 machina 这几个词就明白了。

如果拉丁人同最初爱奥尼亚城市的卡尔基底人和福凯人的交往像同西西里交往的多利克人那样频繁，那么爱奥尼亚的文字至少能获得其他语言那样的发展。尽管多利克语很早便传入了这些爱奥尼亚人的殖民地，但各地的方言还是存在着非常大的差异。但结合所有事实来看，拉丁人通常与西海岸的古希腊人，尤其是西西里人频繁进行贸易，但几乎未曾与亚洲的腓尼基人有过直接交往。此外，众多作家的作品和出土的文物足以证明，拉丁人与非洲的腓尼基人之间曾有过交往，而这种交往对拉丁姆地区文化的影响仅仅是次要的。有一点特别重要，如果抛开某些地名不谈，我们找不到任何语言上的证据表明拉丁人在古时曾与使用阿拉米语的民族有过交往。

如果我们进一步探究主要的贸易方式，会产生疑惑：贸易是由意大利商人在国外进行？还是由外国商人在意大利进行？显然前一种假设最有可能成立，至少拉丁姆地区的情形符合这一假设。而难以想象的是，拉丁语中指代货币和商业贷款的名词之所以能成为西西里居民的通用语言，可能仅仅是因为西西里商人来到奥斯提亚，并同意用铜换取装饰品。最后，在意大利从事贸易的阶级和个人到底是什么人？古罗马不存在任何特殊的高级商人阶层，因为商人阶层不同于地主阶级，更不依赖地主阶级。至于这样一种奇怪的现象，究其原因，可能是因为一开始拉丁姆地区的批发性交易便掌控在大地主阶级的手中，而这样一种猜想并不像看起来那样令人惊讶。

一个国家若有多条河流可以通航，相互交错通行十分便利，大地主便会向佃户征收粮食，代替农民种庄稼应缴纳的租金，并在早期就购买了船只从事贸易，这是自然不过的事，也有证据可循。因此，只有大地主才有运输的船只和供出口的粮食，所以原由商人自营的海外贸易势必会落入他们手中[15]。事实上，早期古罗马人并不知道土地贵族和资本贵族之间的差别——大地主不仅是投机者还是资本家。在商业贸易十分繁荣的时期，这种数业兼顾的做法实在难以维系。但正如上述所言，由于整个拉丁地区的贸易活动集中在古罗马，该地区的商业也相对繁荣。从根本上说，古罗马并不是一个像克瑞和塔兰托那样的商业城市，它从始至终一直是农业发展的中心。

注释

[1] 亚平宁半岛,又称意大利半岛,其主干山脉是阿尔卑斯山脉主干南伸部分,主要农产品有橄榄、柑橘和葡萄。——译者注

[2] 王政时代后期,为了适应当时社会发展和对外扩张的需要,增强罗马的实力,调整社会内部关系,第六王塞尔维乌斯实行了一系列改革。他建立新的地区部落,对公民及其财产进行普查并创设森都利亚大会,大大扩大了公民阶层人数。

[3] 德意志共耕制将土地分给氏族成员作为他们的私有财产,与氏族共同耕作的方式相结合,但这种结合方式在意大利完全没有立足之地。如果意大利仿效德意志,那么每一位氏族成员都将被视为公田上个人所分耕地的所有者,如此一来,在分配的土地上势必会产生个体经营。但事实截然相反,从罗马的耕地所有者署名可以看出,私有公田才是最为古老的罗马私有土地。

[4] 西塞罗表示:那时(罗慕路斯时代)财产是牛羊和土地,因此他们的牛羊和土地十分富足——努马初期将罗慕路斯征服的土地分给公民大众。同样,狄奥尼修斯称罗慕路斯曾经将土地分成三十个库里亚区,表示努马曾经立界碑,并创立界神节。

[5] 罗马法根据转让形式的区别,将物分为要式物和略式物。要式物主要包括公民所有的土地、房屋、奴隶、可用来牵引或负重的牲畜、乡村地役权等内容。——译者注

[6] 曼兮帕休式取得是罗马法中所有权取得方式的一种。这是一种强调刻板程式的要式物转移方式,亦是最古老和最典型的市民法所有权取得方式。早在以前此种交易方式即已成为惯例。曼兮帕休(mancipatio)由manus(手)和capere(取)二字而来,有手取之义。

[7] 一尤格拉比半英亩略大。——译者注

[8] 这种说法仍然存在争议,只能以数据说明。后来的罗马共和国和王政时期的农民都以平均罗马度量衡五斗小麦就可以播种一尤格拉土地,种一收五。依此推算,如果不计住宅和院落所占土地,将其完全视为耕地,并不计算休耕的年数,一块世袭土地的出产共计罗马度量衡五十斗,除去种子,共计四十斗。据卡托(《论农业》,第五十六章)估计,一个辛勤的成年奴隶每年食用小麦五十一斗。由此看来,一块世袭土地能否维持一个罗马家庭生计,答案不言而喻。尝试使用的反证材料是相对较晚时期的奴隶较之于较早时期的自由农民更加单纯依

靠谷物为生，而且对早期谷物种一收五的估算过于保守。二者也许都无悖逻辑，但是都存在一个限度。尤其是在古代，耕地和公共财产都是副产品，例如无花果、蔬菜、牛乳、肉类（特别是古代专业养猪的产品），都应该计算在内，这一点毋庸置疑，古罗马的畜牧业虽然并非十分重要，但是仍占据次要地位，而且人们都以食用谷物为主。此外，由于相对早期的精耕细作，特别是纯收获量得到极大提高以后，这一时期的农民从其占有土地上的收获，高于后来共和国时期和王政时期庄园主的收成。但是这里也应该有个度，因为问题在于所取的是平均值，农业经营不合理，也没有巨额资金的扶助。假设平均收获量不是五倍，而是十倍，这就是最高上限，但这个限度远远不够。而根据这样的估价计算，世袭土地的产量与家庭需求量相距甚远，仅仅依赖于耕种方式的改良，无论如何都无法弥补这一巨额亏空。如果以农业经济为基础，推演出一个合乎情理且系统化的计算方式，证明以蔬菜为主要食物的人平均一个家庭拥有两摩根耕地的产物就足以维持生活，那么事实上这一反证才不会是空穴来风。

虽然现在有人声明，即使在有历史记载时期创建的不拥有土地者的殖民村落，每户也有两摩根土地，但这种现象仅有罗马纪元336年即公元前418年拉比奇殖民村这一例。在学者们看来，这定然不属于有详细记载的流传史料，故而其可信度有待商榷，但是这的确具有思虑的价值，只是此例还存在诸多费解之处。当然，将非殖民土地分配给全体公民之际，有时仅把少量摩根土地划分出来，这也无可厚非。然而这并不意味着要建立小块土地经营的新农制，而且通常更多是从新征服土地中增加新的小块土地（参见《拉丁铭文集成》，88页）。无论如何，任何其他的假说都比福音书中所谓的五块面片和两条鱼的臆想更加合乎情理。罗马农夫不像他们的历史学家那样好高骛远。如上文所述，农人认为分得七个摩根的土地，或者说年产罗马度量衡四十斗的粮食，仍然不足以养活自己。

[9] 尽管过去的尝试已经无迹可寻，但近来有人试图证实两摩根土地能够维持一个拉丁农民家庭的生计，倍于瓦罗（《农民经济》，第一卷，44页）计算一摩根土地需要五斗小麦种子，而播种赤小麦则需要十斗，以此估算产量，因而人们推算即使种植赤小麦的产量不倍于小麦，也至少比小麦高很多。但事实截然相反，所谓的多种多收只是因为罗马人储藏和播种的小麦都已经除去了外壳，而赤小麦却留有外壳，因为当时打麦的方式无法分离谷粒和外壳。也正是出于这一缘故，如今播种赤小麦需倍于小麦，收成按斗衡量也倍于小麦，但脱去外壳之后，赤小麦就比小麦少。根据G.汉森提供的符腾堡统计材料，该地平均每一摩

256

根小麦，若播种四分之一至二分之一斗，一斗重可收获三斗，每斗平均重二百七十五磅（三斗重八百二十五磅）；至于赤小麦，播种四分之一至二分之一斗，产量至少七斗，每斗平均重一百五十磅（七斗重一千零五十磅），如果除去外壳，则下降到四斗左右。因此与小麦相比，赤小麦的总产量是小麦的几倍，如果土壤同样肥沃，其产量可能是小麦的三倍，但是按重量计算，去壳之前赤小麦不比小麦多一半，去壳仅剩麦仁以后却比最终小麦的一半还少。上文以小麦的计量为基础，并非所谓的计算错误，而是由于这种代代相传的计算方法已经十分适用。这种估算大致可以成立，因为套用在赤小麦计量上也是如此，产量都会减少。种植小麦需要特定的气候和土壤，而种植赤小麦无须考虑这些因素，所以种植赤小麦的风险较小，但考虑到高昂的去壳费用，小麦的净产量总体高于赤小麦（按照莱茵河上巴伐利亚的佛兰肯塔尔五十年的平均数据，每一马尔特小麦价值十一盾三十克罗策）。德意志南部土壤适宜，人们也愿意种植小麦，因此农业发展迅速，小麦有取代赤小麦的趋势，所以意大利农业从种植赤小麦过渡到种植小麦是一种进步，这一点无可争议。

[10] 橄榄的英文词汇 Oleum 和 Olive 由 ἔλαιον 和 γλαια 演变而来，amurca（无油的）由 ἁμόσγη 演变而来。——译者注

[11] 据说在罗马纪元 260 年即公元前 494 年，有人砍掉了农神庙门前的无花果树，不过对此并无史料依据。在一切手抄本的史料中，我们都未找到 CCLX 字样的日期，而且大都参考李维所著进行了添改。

[12] 牛羊的相对法定价值参考如下：若牲畜罚款转为金钱罚款，一头羊可折算成十阿斯，一头牛为一百阿斯。依照冰岛法律，与此类似，十二头公羊可折算成一头奶牛。德意志法律也是如此，以十二进制计数法取代古老的十进制计数法。拉丁人和德意志人都将牲畜用来表示金钱（拉丁语中为 pecunia，英语中为 fee）。

[13] 不久前，人们在普雷内斯特发掘出一个银制的搅拌罐，表面刻有腓尼基文字和象形文字（参见蒙森的《铭文集》第十章，32 页），这也直接表明，因为有了腓尼基人的传播，这些出土的埃及陶器才得以到达那里。

[14] 显然，Velum 一词源于拉丁语，malus 一词也是如此，尤其因为这个词不仅指桅杆，通常还指树木。与之类似，antenna 由 ἀνά（anhelare, antestari）演变而来，tendere 与 supertensa 意义相同。另一方面，根源于希腊语的词有 gubenare，意为掌舵；ancora，意为锚；prora，意为船头；aplustre，意为船尾；anquina，意为系紧船桁的绳索；nausea，意为晕船。

[15] 在罗马纪元534年即公元前220年前不久颁布的一项法案当中，昆图斯·克劳狄斯禁止元老乘坐装有三百"双耳瓶"（一种双耳陶罐，这里用作计量单位，一双耳瓶大约为六加仑）的海船航行。元老可以购买跨海航船用于运输土地收获的农作物，这一古老的传统那时仍在沿用。另一方面，他们不得进行跨海商业活动，如交易、船只装配等。奇怪的是，古希腊人和古罗马人一直用双耳瓶表示航海船只的货运量，其中原因不言而喻，希腊和意大利很早便开始出口葡萄酒，其出口规模大于其他任何大型商品。

第十四章

度量法与文字

人类用度量技术征服了世界,同时通过文字记录下智慧的结晶,使其得以源远流长。这两项成果一同造就了人类的全能和不朽,而自然界的力量是无法做到这一点的。历史有权循着它们发展的足迹去探寻民族发展的源头。

意大利的度量法

在进行度量之前,人们需要理清几个概念——时间单位、空间单位和重量单位，以及一个整体由几等份构成，换句话说，就是数字和计数系统的概念。为此自然界提供了最明显的参照物。关于时间的更替，人们会参考太阳和月亮的周期性变化；关于空间的位移，人们会用脚丈量距离，因为脚比手长，比双手丈量更节省时间；关于重量的差异，人们以双臂平伸能够提举的重量作为参照物，或用砝码进行称量。至于整体可分为几等份的概念，最容易找到的例子就是人的一只手有五根手指，一双手有十根手指，人们由此提出了十进制。我们之前提到，这些计算和度量的方法早在古希腊和拉丁两民族分离之前便已经产生，甚至可以追溯到最古老的原始时代。通过语言我们了解到，凭借月亮计算时间的方法由来已久。人们甚至能够通过观察月相的盈亏来估算相隔的天数，而计数的方法不是从最新出现的月相为起点开始顺推，而是从下一个预期出现的月相为终点开始逆推，这样一种方法至少在古希腊人和拉丁人分离之前就已存在。

十进制

众所周知，所有印度-日耳曼语系中的语言都包含了一百以内的数字，这明确表明，印度日耳曼人从古时起便开始使用十进制，并在一开始就将它列为唯一的计数方法。对意大利人而言，最早一切大大小小的事物都涉及十进制法。当时，证人人数、抵押品数量以及使者和地方行政长官人数都与数字十有关；法律上规定一头公牛与十只羊等价；一州可划分为十个区；各地选举十人委员会；人们取十分之一的祭品献祭；土地租金以庄稼收成的十分之一为标准；士兵抽签受罚，每十人有一人要被处死，十即为死签；以及一些人会以 Decimus 作为自己的本名，意为十分之一。对于这一最古老的十进制法在度量和文字领域内的应用，有一点值得注意，那就是意大利的数码起到了重要作用。有证据表明，古希腊人与意大利人分开时还未出现统一的数字符号。另一方面，我们发现了最古老的也是最必不可少的三个数字——1、5、10，它们分别用符号表示为 I、V（或 ∧）、X。从图案来看，I 像一根伸直的手指，V（或 ∧）像一只张开的手，而 X 像两只张开交叉的手。这三个数字并非来源于古希腊人和腓尼基人，其专利归古罗马人、萨贝利人和伊特鲁里亚人所共有。这些符号是意大利发展本民族文字迈出的第一步，同时也见证了，在海外贸易开启之前，意大利人早期的内陆贸易发展活跃。而究竟是谁发明了它们，又是谁引进了它们，仅凭这些符号当然无从得知。在这一领域，我们的确能找到其他线索证明人们使用了十进制计数法，例如萨贝利人用单位弗苏斯表示一百平方英尺的面积，古罗马人将一年分为十个月，但这样的例子实在太少。

十二进制计数法

除此之外，意大利有的计量方式与古希腊的计量标准并无关联，可能早在接触古希腊人之前就已存在。在这种情况下，人们通常将一个整体划分为十二份。最早的拉丁祭司团、舞蹈祭司、田夫团和伊特鲁里亚城市联盟的成员数量均为十二。在古罗马，这一数字在计算重量和长度的领域也应用颇广，如重量单位"磅"和长度单位"英尺"通常会细分为十二等份；面积单位"逐"表示一百二十平方英尺[1]，同时运用了十进制计数法与十二进制计数法。至于容量单位，类似的计数方法可能已被历史遗忘。若我们探究十二进制计数法的形成依据，并加以思考，即除数字十以外，早期大家是如何从相等的数列中一致挑选出数字十二的，我们也许会发现，原因只有一个，那就是太阳的运行周期和月球的运行周期之间存在的某个比例。人的双手共有十根手指，比这更甚的是，太阳运行一周的周期大约是月球运行一周周期的十二倍。人类最早受这一发现的启发，提出了一个深刻的想法——整体由各等量部分组成，由此创立了数字系统的概念，这也是数学思想形成的开始。在与古希腊人交流之前，意大利人便将这样一种想法转变成了十二进制计数法，它的持续发展应当归功于意大利人。

意大利当地的古希腊计量单位

但古希腊商人最终开启了通向意大利西海岸的道路，意大利人并未因此改变他们所用的面积单位，而长度、重量尤其是容量的计量单位则受到了新一轮国际交流的影响。换句话说，如果没有那些确切的计量标准，人们根本无法进行实物交换和商品买卖。自此,最古老的计量单位"英尺"便不复存在。我们知道,古罗马人早期使用的计量单位"英尺"是从古希腊引进的,一英尺原本依照古希腊的标准应划分为四个手掌的宽度与十六根手指宽度之和,而在意大利依照新的标准应分成十二等份。此外,古罗马人使用的砝码重量与阿提卡的重量计量单位之间存在一种固定比例,同一比例也适用于除库米以外的西西里地区,这也印证了一个事实,即拉丁人曾与居住在西西里岛的民众交易频繁。

古罗马的四磅相当于阿提卡的三米纳(古希腊等地的货币单位和重量单位),更准确地说,古罗马的一磅相当于西西里的一又二分之一利特(古希腊等地的货币单位和重量单位)或一半米纳。但说到计量单位的名称和换算比例的设定,古罗马的容量单位最特别也最曲折。它们来源于古希腊,经过变体和翻译获得了新的名称,如"双耳瓶"(名称来源于古希腊或罗马的双耳细颈瓶),modius 是 medimnos 的变体,康吉斯(congius,古罗马容量单位,略小于七品脱)源于 choeus、hemina 和 cyathus,acetabulum 是由 ozubaphon 翻译得来的。反之,zesteis 是 sextarius 的变体。两国的度量单位虽不尽相同,但最常用的几个是相等的。

表示液体容量的度量单位有康吉斯、舍科斯塔里乌斯(液体或干物容量单位,等于一品脱)和杯,后两个单位还可用来称量干货。在计算液体容量方面,古罗马计量单位"双耳瓶"相当于阿提卡的塔兰特,同时,它与古希腊的计量单位桶之间的换算比例为3∶2,与麦第姆诺(古希腊的计量单位,亦为谷物度量单位)之间换算比例为2∶1。对了解其中含义的人来说，这些名称和换算比例充分揭示了西西里人和拉丁人之间交往的活跃程度和重要性。古罗马人并未采纳古希腊的数字符号，但也许古希腊字母一传到古罗马，古罗马人便加以利用，将他们用不着的送气音的三个古希腊字母作为数字50、100和1000的数码，在伊特鲁里亚地区，至少看似数字100的符号是这样产生的。之后，伊特鲁里亚自然而然接纳了古罗马的符号系统，这两个相邻民族的符号系统大体上也趋于同化。

未受古希腊影响时期的意大利历法

同样，古罗马的历法最初以独立发展为主，但后来受到古希腊的影响，意大利历法的发展过程大概也是如此。至于时间的划分，太阳东升西落，月有阴晴圆缺，这些都是周而复始的运动，也最能直接引起人们的注意。因此，日和月的划分并不取决于周期的推算，而是以直接观察作为根据的，"日"和"月"也成为了人们长期使用的专用时间计量单位。直到晚期，古罗马公共传令官仍会在集市上宣布日出日落。同样，我们可以大胆猜测，早期当四大月相出现的时候，会由祭司宣布从当前月相出现到下一月相出现之间相隔的天数。因此，拉丁人估算时间以日计算，与之类似，萨贝利人和伊特鲁里亚人也采用了类似的方法估算时间。正如前文提到的，他们计算天数不是从最新出现的月相顺推，而是从下一个出现的月相逆推。若按阴历推算，每周天数不一，从七天到八天不等，平均一周有七又八分之三天。同样地，一个月的天数有时为二十九天，有时为三十天，平均一个朔望月[2]的周期为二十九天十二小时四十四分钟。

曾经有一段时期，意大利人认为，在时间划分上的"日"是最小的时间单位，"月"是最大的时间单位。后来，他们开始将白天和黑夜分别划分为四个阶段。再后来，他们尝试以"小时"为单位进行划分时间。这也就解释了为何彼此之间关系密切的民族会设置不同的时间作为一天的开始，如古罗马人以午夜时分作为一天的开始，而萨贝利人和伊特鲁里亚人则以正午时分作为一天的开始。至少在古希腊人与意大利人分离之时，由于两种语言中年份以及划分后各部分的名称无法统一，人们尚未编订年历。然而在前古希腊时代后期，即便意大利人还未曾编订一部固定的历法，但他们似乎已设立了两个较大的时间单位。古罗马人常常运用十进制计数法，依据阴历月份简化估算方法。他们以十个月作为一个期限，称之为一环或一整年。从种种迹象来看，这种简化后的算法始于远古时代。之后没过多久，毫无疑问那时还未受古希腊的影响，意大利人发明了十二进制计数法。

这种计数法的来源可追溯到人们对太阳运行周期的观测，最终他们发现一个太阳活动周期等于十二个月球活动周期，因此最早将该计数法应用于时间推算。与这一观点相符的例证还有，只有在人们将某月视为太阳年的某一部分之后，该月才能有属于自己的名称。尽管意大利的月份名称与古希腊的月份名称毫无相似之处，但在意大利民族的各个分支当中，各个月份的名称十分相似，尤其是三月和五月。因此，制定一部以太阳月亮运动周期为参考的实用性历法成为一大难题，也许就某种意义而言，它的难度可与计算圆的面积的难度相提并论。而历经几个世纪之后，问题还未得到解决，人们试图放弃。最终，早在与古希腊人进行交流之前，意大利人凭借自己的智慧制成了这样一部历法。但他们整个民族为之所付出的努力，早已湮没在历史的长河中。

意大利和古希腊两地最古老的历法

显然，依据我们的了解，古罗马和其他拉丁城邦最初制定历法参照了古希腊人对一年时间的划分。至于萨贝利人和伊特鲁里亚人如何估算时间，我们无法找到相关资料。古希腊最古老的历法不仅确定了各个月相出现的时间，而且将一个太阳年划分成四个季节。它制定的依据来源于两点，一是一项假设，即一个月亮活动周期为二十九又二分之一天，一个太阳活动周期为十二又二分之一个太阴月或三百六十八又四分之三天；二是一个规律，也就是一个满月即共有三十天的月份与一个缺月即共有二十九天的月份交替出现，一个平年（包含十二个月的年份）与一个闰年（包含十三个月的年份）交替出现。但与此同时，为了使历法契合实际天象，人们会擅自削减天数或置闰（设置闰月，即调整历法纪年与地球公转一周的时间差数的方法。通过置闰可使历年的平均长度约等于一个太阳年，并和自然季节大致吻合）。

起初，拉丁人也许照搬了古希腊人对历年的安排。但历史资料表明，古罗马人和古希腊人最初对历年的划分模式大不相同，两者的差异并不在于他们观察周期性天象和平闰年交替出现得出的结果，而主要在于各个月份的命名和估算之间存在的差异。在古罗马，春季是全年的开始，春季的第一个月也是唯一一个以神灵命名的月份，其名称起源于战神玛尔斯；之后的三个月分别以"萌芽"、"生长"和"茂盛"命名；接下来的第五至十月以序数词命名，分别为 quinctilis、sextilis、september、october、november 和 december；第十一个月以"起始"命名，这大概是因为，严冬过后，人们在休整了一整个季节之后又得开始农忙了；第十二个月通常为一年的最后一月，因而以"清洁"命名。这十二个月依次更替，若恰逢闰年，人们会在十二个月结束之后另加上一个"劳动月"，紧接着二月开始。古罗马人颇有主见，在给各月份命名时沿用了本民族原有的名字，继而确立了各月份的天数。在古希腊历法中，四年为一个周期，一年有六个月为三十天，另有六个月为二十九天，每隔一年会增加一个闰月，它的期限在二十九天和三十天之间交替（一个周期 =355 + 383 + 355 + 382 = 1475 天）。

而古罗马历法不然，周期虽然也为四年，但每年有四个月为三十一天，分别为一月、三月、五月和八月，还有七个月为二十九天。在一个周期内，连续三年间二月为二十八天，第四年二月为二十九天，每隔一年会增加一个闰月，闰月有二十七天（一个周期 =355 + 382 + 355 + 383 = 1475 天）。最初，人们将一个月划分为四个星期，一个星期有时为七天，有时为八天，而这一历法摒弃了这样的做法。它完全不顾历法的整体协调性，规定全年每周均为八天，一周一次的集市日定为每周的第一天，类似于现在的周日。此外，它永久规定，若一个月有三十一天，则该月的第一个星期以第七日为界，满月在该月第十五天出现；若一个月有二十九天，则该月的第一个星期以第五日为界，满月在该月第十三天出现。既然月份安排已经固定下来，人们便需要公告每月新月与第一个星期相隔的天数，因此新月出现的那天被称为"宣告日"。依照古罗马的时间推算办法，每一阶段的界点也要计算在内，因而一个月的第二个星期虽通常为八天，但这一星期的第一天却被称为"九天"。月圆之日仍保留了原有的名字，意为"分界日"。

历法上的这一不寻常的改变，其深层原因在于古罗马人深信奇数能带来好运[3]。尽管整部历法主要框架沿袭了古希腊最古老的历法，但两者的不同之处仍清楚地说明了毕达哥拉斯学说所产生的影响，这一学说提出了一种神奇的观点用以研究数字，这在意大利南部地区显得尤为重要。其结果是，古罗马历法中显然可见人们对它的期许，希望它能同时符合太阳和月亮的运行周期。古希腊历法至少大体上还是兼顾了两者，但反观古罗马历法，它一点也未考虑月球的运动周期。但若想要像古老的古希腊历法那样，古罗马历法只能通过不断删减天数以求符合太阳的运行周期，但可能因为古罗马人修改后的历法其精准度很难超越原始版本，所以它与太阳运行周期之间仍存在误差。

此外，古罗马人保留了以月计时和以十月为一年的时间推算办法，意味着他们承认了古罗马最初太阳年既无规律也不可信，大家对此也心照不宣，颇为理解。至少就古罗马历法的本质特征而言，它算得上是拉丁人通用的历法。一年的第一天和各月份名称易于变化，当我们观察这一变化过程时，发现计数和命名上的细微变化与我们由此所作的猜想十分一致。而有了这样一部几乎忽略月球运行周期的历法，拉丁人很可能会依照每年的各个节庆日任意增删各月份的天数，例如阿尔邦当地每月的天数从十六天到三十六天不等。所以，古希腊历法中三年为一周期的模式也许早期便传入意大利南部，之后传入拉丁姆地区和意大利其他各族。之后，各个城邦为了将它融入各自的历法，进一步对其做出部分调整。

人们曾利用国王在位年限进行一年以上时间的测算，但这一东方曾用到的纪年法之前是否在古希腊或意大利出现过，我们不得而知。另一方面，古罗马每四年一次的闰年以及与之相关的人口统计和祓除[4]似乎揭示了，通过大祓（古罗马每五年普查人口后举行的祓除仪式）进行测算的办法与古希腊将四年划分为一周期的做法类似，但由于当时的人口普查并未按规定时间进行，各项领域一片混乱，毫无规律可循，因此后者早期便失去了在纪年上的意义。

古希腊字母表传入意大利

用书写符号传达声音这一技术晚于度量技术的出现。在未受古希腊影响之前，意大利人习惯用木板抽签，尽管从这一传统以及他们发明的数字符号来看，我们发现了字母的早期萌芽，但意大利人和古希腊人终究都未能完成这项创举。不同的字母组合能表达不同的语音，最初语音的区分十分困难。事实证明，这样一份字母表从一个民族传到另一个民族，从一代人传到另一代人，无论是过去还是现在，它都满足了阿拉米、印度、古希腊、古罗马以及现代文明发展的需要。同时，作为人类智慧一项最伟大的成果，它是阿拉米人和印度日耳曼人的共同创造。

在西北的闪族语系（包括希伯来语和阿拉伯语）中，元音字母居于从属地位，绝不能位于词的首位。这样看来，闪族语系便易于区分辅音。因而，闪族人发明了第一张字母表，其中元音字母仍占少数。阿拉米的辅音符号经过贸易传到印度人和古希腊人手中，最初由他们各自独立运用了各种方法增添表中的元音字母，从而创造出一份完整的字母表。具体说来，古希腊人并未将a、e、i和o四个字母用作辅音符号，于是它们顺理成章被添进字母表变成四个元音字母；同时，他们为字母u设计了一个新的符号。换句话说，就是将音节引进书写系统，取代过去单一使用辅音的做法，或正如帕拉墨得斯在欧里庇得斯的剧作中所言：

治疗健忘之症的药方既已开出，
我在此为音节加入无声和有声的符号，
于是凡人有了书写技术。

经阿拉米人和古希腊人完善后的字母表传到了意大利，毫无疑问，传播者正是生活在意大利的古希腊人，而不是生活在大古希腊地区的农业殖民地的人，还有可能是来自库迈和他林敦的商人。这些商人起初将字母表带到了拉丁姆地区和伊特鲁里亚一个历史悠久的国际交易市场，之后才将它带到古罗马和凯雷。意大利人获得的字母表绝不是古希腊人最原始的那个版本，意大利的这一版本已经经过了多次修改，尤其是较之原版增添了字母 ξ、φ 和 χ 的符号，并修改了字母 ι、γ 和 λ 的符号[5]。

上文中我们提到，伊特鲁里亚人和拉丁人的两份字母表并非互为源头，而都是分别直接从古希腊引进的。事实上，两地各自收到的字母表在形式上大不相同。伊特鲁里亚版本的字母表含有两个 s 字母符号（古希腊字母表的第十八个字母 s 和 sh），仅有一个字母符号 k[6]，并且字母 r 的符号则仅有旧式的 P。而就我们所知，拉丁人的字母表仅有一个字母符号 s，但有两个字母符号 k（古希腊字母表的第十个字母 k 和古希腊字母表的第十七个字母 q），r 的字符则几乎只有新式字母 R。伊特鲁里亚最古老的文字没有行列的概念，笔画蜿蜒卷绕如蛇一般，后期文字才用平行线从右至左进行隔断。从最古老的碑文来看，拉丁文字只存在后者这种平行排列的形式。或许一开始人们记录文字时可以随意选择从左至右或从右至左开始，但后来古罗马人确立了从左至右的书写规范，而法里斯克人只能从右至左书写。尽管我们无法断定，但传入伊特鲁里亚的标准字母表一定起源于一个古老的时代，并经过了许多次的修改，这是确定无疑的。因为在伊特鲁里亚地区，Σ 和 sh 这两个咝擦音[7]虽发音不同，但一直以来是可以交替并用的。毫无疑问，传入该地区的古希腊字母表也含有这两个字母。然而在所有已知的用古希腊语撰写的碑文中，我们发现，没有任何一块碑文中同时出现了字母符号 s 和 sh。

正如我们所知道的那样，拉丁字母表总体上呈现了一种更新的特征。但不同于伊特鲁里亚人的是，拉丁人也许并不只是简单接受字母表的传入，而是与相邻的古希腊人积极交流，力求长期保持本地字母表与古希腊通用字母表的同步发展，一有变化立即作出相应修改。例如，我们发现古罗马人并不知道"∧∧∨"、"P"[8]和"SIGMA"这三个符号，它们都分别被之后通用的符号"∧∧∨"、"R"和"S"所代替。造成这一结果的原因只可能是，拉丁人在很长一段时间内都是使用古希腊字母书写本民族语言或古希腊文字。虽然传入伊特鲁里亚的古希腊字母表具有悠久的历史，但若我们将它与后期传入古罗马的古希腊字母表进行比较，从而推断伊特鲁里亚人的文字书写早于古罗马人，这是缺乏证据的。

字母这笔财富给得到它们的人留下了深刻的印象，他们深知这些不起眼的符号蕴含了巨大能量。为了证明这一点，研究人员在克瑞城找到了一座坟墓，它的修建甚至在人们发明拱门之前。研究人员在坟墓中发现了一只奇特的花瓶，花瓶上刻有当时传入伊特鲁里亚的标准的古希腊字母表以及由此编写的伊特鲁里亚音节字母表。与帕拉墨得斯的音节字母表相比，伊特鲁里亚的音节字母表作为历史遗留下的财富，印证了字母书写法的传播和彼此间的同化。

字母表在意大利的发展

就字母表的发展过程而言，它的起源与它在意大利这片土地上的进一步发展都同样重要，后者甚至更为重要。在此之前，意大利的内陆贸易陷入了比沿海地区的对外贸易更深的黑暗之中，而字母表的出现为贸易的发展带来了一丝曙光。在伊特鲁里亚文字形成之初，人们并未对传入的字母表作出大幅修改，而且当时字母表的使用似乎仅限于波河流域和如今称作伊特鲁里亚的那片区域。显然，字母表先从阿特里亚和斯庇那传入，之后沿着东海岸往南传至阿布鲁齐山区，往北传到维尼特人[9]手中，最终传给了生活在阿尔卑斯山下、山上和周围地区的凯尔特人，以至于它最后的分支远至蒂罗尔（奥地利西部与意大利北部一带地区，在阿尔卑斯山中）和施蒂利亚（现今奥地利的一个州，位于阿尔卑斯山的东部）。

后期人们对字母表进行了改良，主要体现在：在书写中添加了分隔线；删去了字母 o，因为它和字母 u 之间的发音已无差异；新增了字母 f，但他们所知的字母表并没有与 f 对应的符号。显然，这一举措是由伊特鲁里亚人发起的，尽管亚平宁山脉附近地区的人们并不接受它，但它融入了所有萨贝利人的生活，尤其受到翁布里亚人的欢迎。之后，它遇到了生活在阿涅内河流域和卡普亚附近的伊特鲁里亚人、翁布里亚人和萨莫奈人，经历了种种遭遇。经常，某个地区的字母表完全删除或部分删除了原有的浊塞音，另一个地区的人又创造了新的元音和辅音字母。而与在伊特鲁里亚发掘的最古老坟墓相比，西伊特鲁里亚人改良后的字母表更为久远。相比较之下，字母表的历史更为悠久。在其中一座古墓中，研究人员发现了上文中提到的音节字母表，作为改良后的字母表，当时它经过大幅修改已颇具现代雏形。因为改良后的字母表比原始版本更晚出现，因此究竟字母表是何时传入意大利的，我们几乎无从得知。

生活在意大利半岛北部、东部和南部的伊特鲁里亚人扮演着传播者的角色，将字母表带到各地。而与此同时，拉丁人的字母表却从未跨出过拉丁姆地区，并大体保留了原有的设置，仅做了一些小的改动。只不过字母"Γ, γ"（古希腊字母表的第三个字母）和"Κ, κ"（古希腊字母表的第十个字母）、字母"Ζ, ζ"（古希腊字母表的第六个字母）和"Σ, σ"（古希腊字母表的第十八个字母）的发音逐渐趋同，因此人们在书写中逐渐取消了同音异形的"Κ, κ"和"Ζ, ζ"两个字母[10]。据史料考证，在古罗马建城的第四个世纪末期之前，人们便不再使用同音异形字母。在所有流传下来的碑文和文献中，我们也未发现这类符号，只有一个例外[11]。如今细想之后，发觉在最早的缩略语中，字母符号 γ 和 c、κ 以及 k 之间的差异依然存在[12]；在缩略语确定之后，字母的发音才开始趋于相同，这两个事件都远远早于萨莫奈战争[13]的爆发。从文字的应用到传统的缩略语库的确立，必然经历了很长一段时间。

回顾历史我们发现，就伊特鲁里亚和拉丁姆两地而言，文字书写的发端应该更贴近埃及历史上天狼星周期第一次出现（公元前1321年）的时候，而不是古希腊开始使用四年为一周期纪年法[14]的时候（公元前776年）。种种迹象清楚地表明，古罗马的文字书写历史由来已久。古罗马早在王政时代就有了文献记载，这一点已充分得到证明，例如塔克文国王（可能是另一同名国王）代表古罗马与伽比签订特别条约，为此特意宰杀了一头公牛献祭。他将条约的内容写在牛皮上，之后保存在奎里纳尔山上的农神神庙中。相传该神庙逃过了高卢人投放的大火，从而保留了许多文物；又如塞尔维乌斯·图利乌斯国王与拉丁姆订立联盟，将盟约刻在铜片上，藏在阿文廷山上的狄安娜神庙中，直到狄奥尼修斯发现了它。然而，狄安娜神庙曾遭遇一场大火，之后狄奥尼修斯所发现的盟约也许只是一个依照拉丁盟约的复刻版本，因为在王政时期古罗马还未发明成熟的金属雕刻技术。

在古罗马王政时期的创始章程中，修建狄安娜神庙的授权文件被视为同类当中最古老的文件，同时也是所有文件的通用范本。但在那时，古罗马人只能在树叶上、树皮内侧和木片上涂写[15]刻画，之后才用皮革和亚麻布作为书写材料。他们在亚麻布卷上记录了萨莫奈人和亚拿尼亚祭司制度的历史，以及古罗马最早一批地方行政长官的名单，并将后者存放在卡庇托尔山上的记忆女神庙中。至于更进一步的证据，例如人们最初在放牧的牛羊身上作标记、依照规定对元老进行注册登记、古时便开始记录神谕并编写族谱以及阿尔巴人和古罗马人相继制定历法，我们几乎都不必深究了。传言说道，早在古罗马共和国初期，广场上便已设有固定区域，供贵族子女学习读书写字。这一说法也许是虚构的，但或许不是。谈到古罗马早期的历史，我们缺乏这方面的材料，这并非是因为古罗马人不会书写或是无人记载，而是因为后期的历史学家太过无能，他们奉命考察历史并整理档案材料，却一味地追求探索历史事件的起因、塑造历史人物以及描绘战争革命历程，而忽略了一点，那就是对严谨认真且具有献身精神的研究学者来说，现存的史料记载并不会就此更改。

成果

意大利的文字历史最先证实，与更西边的民族相比，古希腊文字对萨贝利族文字产生了微弱的影响。事实上，将字母表带到萨贝利族的是伊特鲁里亚人，而不是古罗马人。这点也许可以这样理解，假设萨贝利人在沿亚平宁山脉迁徙之前就获得了字母表，那么萨宾人和萨莫奈特人一定会带着它前往新的住处。另一方面，由于后来的古罗马文化沉迷于研究伊特鲁里亚的神秘主义和各种古代文物，从而提出了一个猜想，并且现代甚至近期的研究也不断重申这一猜想，那就是古罗马文明不仅起源于伊特鲁里亚，其精髓也来自于伊特鲁里亚。但至于这一猜想的真实性，古罗马文字的发展历史对其提出了质疑。若这一猜想是事实，那么一些这方面的痕迹应特别明显。但恰恰相反，拉丁的书写艺术起源于古希腊，其发展历程也颇具本民族特色，因此它并未接纳非常适用于伊特鲁里亚地区的字母符号 f[16]。的确，任何事物，如数字符号，一旦出现借用，其借用者一定是伊特鲁里亚人，至少他们沿用了古罗马人标记数字"50"时所使用的符号。

语言和文字的变体

最后有一重要现象，即在意大利各部落中，古希腊字母表的发展最初是依靠字母变体完成的。因此，伊特鲁里亚方言中全然不见浊塞音[17]，同时翁布里亚语中没有字母符号 γ 和字母 d，萨莫奈语中没有字母 d，古罗马语中也不存在字母符号 γ，并且字母 d 和字母 r 极有可能合并。与之类似，伊特鲁里亚语中字母 o 和字母 u 早期便已合并，同时我们在拉丁语中也发现了这一变体的趋势。而咝擦音的情况几乎恰恰相反，伊特鲁里亚语保留了 z、s 和 sh 三个字母；翁布里亚人删除了字母 sh，同时新增了两个咝擦音 s 和 z 来代替它；萨莫奈人和法利斯克人效仿古希腊人，只使用字母 s 和 z；而到了晚期古罗马人甚至只用字母 s。显然，只有引进字母表的人、熟悉两种文化的人和研究文字的人才能充分体会其中更为细微的差别。但在民族文字完全脱离古希腊字母表的母本之后，浊塞音和清塞音便逐渐合并，咝擦音和元音也难以辨别。与其说这是语音上的转换，倒不如说是对语音的一种破坏，尤其是浊塞音和清塞音的合并完全不符合古希腊语的特点。

语音发生变体的同时，词形的变体（包括变格和变位）和派生也遭到破坏。总体看来，这一切之所以如此不规范，是因为语音无可避免地不断经历着变体，任何语音的发展，若没有文学和理性加以遏制，必将不断侵蚀各种语言。只有在这种情况下，我们才能从语音符号的变化中发现一些迹象，除此之外便无踪迹可寻。与意大利其他民族相比，这样一种不规范的变化过程给伊特鲁里亚人造成的影响最为强烈，这也成为表现他们文化不够强大的众多例证之一。另一方面，在所有意大利人中，翁布里亚人受类似一种语言变体的影响最大，古罗马人次之，南萨贝利人最小。之所以造成这种现象，也许至少在某种程度上是因为前者与伊特鲁里亚人的来往更为密切，而后者与古希腊人更为亲近。

注释

[1] "逐"和更为常见的"尤格拉"与德语"摩根"一样，最初不是面积单位，而是劳动量的计算单位；后者表示一日的工作量，前者表示半天的工作量，考虑到意大利人以农夫的午休作为一日的明确分界。

[2] 朔望月又称"太阴月"，指月球绕地球公转相对于太阳的平均周期，也是月相盈亏的平均周期。人们通常将月亮盈缺的一个周期称为一个"朔望月"，把完全见不到月亮的一天称为"朔日"，定为阴历的每月初一；把月亮最圆的一天称"望日"，定为阴历的每月十五（或十六）。从朔到望，是朔望月的前半月；从望到朔，是朔望月的后半月；从朔到望再到朔为阴历的一个月。——译者注

[3] 同样的原因，所有节日均为奇数，每月都重复出现的节日（初一的 kalendae，初五或初七的 nonae，十三或十五的 idus）是这样，上文提过的四十五个年度节日也是这样，只有两个例外。这种情况已经演变为：如若节庆一连多日，介于中间的偶数日便暂停，例如，卡门提斯节在一月十一日和十五日举行，丛林节在七月十九日和二十一日举行，亡灵节在五月九日、十一日和十三日举行。

[4] 被除是古代一种除凶去垢的原始宗教仪式。——译者注

[5] 在希腊人中间，字母表的历史主要是这样演变的：对于二十三个字母的原始字母表，即既有元音又增加了"u"音的腓尼基字母表——人们提出过各种建议以对其加以补充和完善，而且这些建议都各有各的历史。其中最重要的建议对于潜心研究意大利文字史的人来说非常有吸引力，概述如下：

Ⅰ.引入表示"ξ"、"φ"和"χ"音的特殊符号。这个建议非常久远,除锡拉岛、米洛斯岛和克里特岛以外的所有希腊字母以及所有源自希腊语的字母表无一例外都受到它的影响。一开始,大概目的是把"X"="ξι̂","Φ"="Φι̂"以及"Ψ"="χι̂"附在字母表末尾,希腊大陆上除雅典和科林斯之外都采取了这种形式,西西里和意大利的希腊人也是如此。反之,小亚细亚的希腊人、多岛海各岛的希腊人以及大陆上的科林斯人在得知这一建议时,似乎就已经使用腓尼基字母表的第十五个符号"Ξ"来表示"ξι̂"音;因此,在三个新符号当中,他们用"Φ"来表示"Φι̂",但用"χ"来表示"χι̂",而不是"ξι̂"。第三个符号原本是为"χι̂"创造的,可能在大多数情况下被舍弃不用了;只有在小亚细亚大陆上仍然保留着,但却收到了"ψι̂"的功效。雅典人也仿照小亚细亚的书写模式,只不过雅典不仅不用"ψι̂",也不用"ξι̂",而是像以前一样继续使用双辅音。

Ⅱ.如果不是更早,那也是在同样早的时候,人们努力避免"ιϟ"和"sϟ"形式之间容易产生的混淆情况;因为我们所知道的所有希腊字母表都有试图从另一方面或更加明确地区分它们的迹象。远古时期,必定会有两种修改意见,其中每一种都有各自的传播范围。至于对咝音的应用——腓尼基字母表有两个咝音符号,即第十四个符号("M")代表"sch",第十八个符号("ϟ")代表"s"——"ϟ",在发音上更加适合;较早时期,东部各岛、科林斯和克基拉,以及意大利的亚该亚人都使用这种书写模式。另一种情况下,他们用一个简单的笔画"I"来代替符号"i",这在当时更为常用,不久以后,这种书写模式就变得非常普遍,以至于"ιϟ"在各处都消失了,即使个别城邦继续把"ϟ"写成"M",与"I"并行。

Ⅲ.以"∨"代替容易与"Γγ"混淆的"γᴦ"是后来的事了。我们在雅典和维奥蒂亚遇到这种情况,同时科林斯和依附于科林斯的城邦则通过半圆形"C"而不是钩形来代表"γ",以实现相同的目标。

Ⅳ.代表"p"的"P"和代表"γ"的"P"也同样很容易混淆,于是将后者的"P"变为"R"以作区分;小亚细亚的希腊人、克里特人、意大利的亚该亚人以及一些其他地区的人并不使用更多的新式字母,但是另一方面,新式字母在希腊本土、大希腊和西西里都具有很大的优势。旧式的"γ"即"P"不会像旧式的"I"一样如此轻易地完全消失;因此,这种转变无疑到后来才发生。

Ⅴ.在较早时期,只有小亚细亚和爱琴海各岛的希腊人才注意到长e、短 e 和长 o、短 o 的区别。

所有这些技术性改进性质相同，从历史的观点来看，价值也相同，它们各自兴起于一个特定的时间和地点，而后又采取各自的扩散方式，各有其特殊的发展。因为基希霍夫的潜心研究，我们才对原本晦涩不明的希腊字母表的历史有了一个清晰的认识，也为古希腊人与古意大利人之间最早的关系提供了重要的数据，尤其是伊特鲁里亚语字母表的起源地之前并不确定，后来却受此重要影响予以定论，这是无可争辩的事情。如果要在这里区分体系，我们可能不会根据"X"读为"χ"或"ε"将字母表分成两类，但我们不得不将二十三字的字母表与二十五或二十六字的字母表区分开来，甚至在后一种情况下进一步区分小亚细亚的爱奥尼字母表与较早的普通希腊字母表，较晚的通用字母表是在小亚细亚的爱奥尼字母表基础上衍生而来的。然而，在应对不同的字母表修改意见时，几个地区所遵循的路线不拘一格，这样一来，一处采纳这种路线，别处则采纳另一种路线；希腊字母表之所以如此具有指导意义，是因为它表明了希腊各地区的各团体如何交换手工艺和艺术的改进方法，而其他地方则没有这种互换现象。至于意大利，亚该亚农业城市以及更具商业性的卡尔基底和多利斯殖民地之间的显著差异值得我们注意，这一点在上文已经提到；前者完全保留了字母的原始形式，后者则采用了修改版的字体，甚至采用源自不同地区、有点互相矛盾的字体，如代表"γ"的"C"与代表"l"的"ᒐ"并行。如基希霍夫所示，意大利字母表完全出自意大利的希腊人所用的字母表，实际上即出自卡尔基底-多利斯人的字母表；但是伊特鲁里亚人和拉丁人所用的字母表并非是一方取自另一方，而是二者直接取自希腊人，特别是通过不同形式的"r"我们便可确定这一说法无疑。因为上文所提到的与意大利的希腊人相关的四种字母表改良方案（第五种仅限于小亚细亚），其中前三种在字母表传至伊特鲁里亚人和拉丁人之前就已经实行，当它传入伊特鲁里亚时，"p"和"r"还未区别开来，反之，传至拉丁人以后，这两个字母至少已经开始有所区分；因此伊特鲁里亚人根本不认识"R"是代表"r"，而在法利斯克人和拉丁人之中，除了德雷塞尔瓶以外，只能见到较晚的字体。

[6] 伊特鲁里亚人始终没有字母 k，这一点似乎毋庸置疑，因为不仅在其他地方没有字母 k 的踪迹可寻，而且在加拉西陶器的标准字母里也毫无线索。要想证明它见于这种陶器的拼音表，无论如何都是不妥的，因为拼音表能考虑或只能考虑到后来通用的伊特鲁里亚字母，而 k 显然不包括其中。而且，位于字母表末尾的记号，从其位置看来与 f 相当，f 实际上也是伊特鲁里亚字母表中的最后一个。这拼音表展示的

是伊特鲁里亚字母表与其标准的差异，字母 f 绝对不能从中省去。字母 k 在卡尔基底－多利斯字母表里长期保持着自身地位，但令人惊讶的是，它竟然不见于传入伊特鲁里亚的希腊字母表。然而，也许是其字母首先传至伊特鲁里亚才具有这种地方特色。在决定冗赘符号是否应该从字母表中移除的过程中，反复不定和偶然因素－直都发挥着一定的作用。因此，阿提卡字母表失去了腓尼基的第十八个符号，但保留了字母表中其余已从注音写法中消失的字母。——译者注

[7] 擦音是口腔通路缩小，气流从中挤出而发的辅音，如普通话中的 f、s、sh，英语中的 f、v、s、z、h 等。擦音下另有一类咝擦音，发音时除了气流在窄道间摩擦外，舌头拉长，将气流带到牙齿的尖处造成更高频率的湍流。——译者注

[8] 最近发现的普雷内斯特金发夹，在拉丁语和拉丁的文字描述中是最为古老的文物。这个发夹体现了字母 m 的较晚形式，暧昧莫解的奎里纳尔陶器（德雷塞尔发于 1880 年）则显示字母 r 的较晚形式。

[9] 维尼特人是意大利东北部的古代民族。约于公元前 1000 年来到此地，占有南至波河、西至维罗纳附近地区。维尼特人与各古希腊城邦、阿尔卑斯山区和北欧有贸易往来，包括对波罗的海琥珀之路的控制。——译者注

[10] 《十二铜表法》上的记载以后会由罗马语言学家进行研究，我们现在仅有一些片段，这些片段应归属这一时期。毫无疑问，这部法典在其诞生之初就被人书写下来，但那些学者并未参考原始文本，而是从高卢人焚烧罗马以后才正式书写下来的抄本中去追寻它的原文，当时恢复铜表一事的叙述证明了这一点。由此，我们很容易便能解释：它的原文根本就没有显示出他们所熟知的最古老的正字法。即使在这样一个还被青年用来背诵牢记的文献中，也不可能有准确的语言学史料。

[11] 这是上文中所提到的普雷内斯特发夹上所印刻的文字。但是，甚至在菲科隆箱柜上，字母 C 已相当于后来的字母 K。

[12] 因此，C 代表 Gaius，CN 代表 Gnaeus，K 则代表 Kaeso。当然，后来的简缩字并非如此。较晚时，γ 不用 C 而用 G 表示（GAL= Galeria），k 普遍用 C 表示（C= centum，COS= consul，COL= Collina），在 a 之前，则用 K 表示（KAR= karmetalia，MERK= merkatus）。有一段时期，人们用 k 表示元音前面的 x，用 C 表示所有辅音前面的 x 音，反之，在 a 之前用 k，在 u 之前用 k 的旧符号。

[13] 萨莫奈战争是罗马的第二次大扩张，一共进行了三次（公元前 343—前 290 年）。通过这次战争，罗马击败了意大利半岛中南部地区最强大的萨莫奈人，夺取了富庶的坎帕尼亚平原。——译者注

[14] 如果这一观点是正确的,那么荷马诗歌的起源(当然未必与我们现有看法相同)就必定能追溯到希罗多德所描述的荷马创作的全盛时期(约罗马建城前一百年)之前。因为古希腊字母表传入意大利,以及希腊人与意大利人开始交往,都发生于荷马之后的时代。

[15] 正如古撒克逊文中的writan,原意为"撕扯",后来才变为"书写"之意。

[16] 至于拉丁人为何用相当于v的希腊符号来代替发音完全不同的f,这个谜题已为普雷内斯特发夹所解决。它以fhefhaked代替fecit,从而同时证实了拉丁字母表源自下意大利的卡尔基底人的殖民地。在一个属于同一字母表的贝奥提亚铭文中,我们发现在fhekadamoe(古斯塔夫·迈尔《希腊文法》,244页)一词中,也有相同的结合音,而送气的v在发音上可能接近拉丁文中的f。

[17] 浊塞音指的是声带振动的爆破音,例如字母b、d和g的发音。——译者注

第十五章

艺术

意大利人的艺术贡献

诗歌在语言上充满激情,节奏上富有韵律。从某种意义上说,任何民族都拥有自己的诗歌和音乐,一些民族甚至在诗歌创作方面天赋异禀。但就意大利民族而言,无论过去还是现在,他们都不属于此类。他们内心缺乏激情,不懂得如何将揭示人性的事物理想化并赋予无生命的事物以人性的渴望,而这些恰恰是诗歌艺术的精髓所在。但意大利人拥有敏锐的洞察力,喜怒不形于色。这也使得他们善用讽刺,所作的诗歌如同讲述故事一般，贺拉斯[1]和薄伽丘[2]便是如此。同时，他们擅长幽默地表达爱情和赞美，这一点在卡图卢斯[3]的诗歌和拿波里[4]当地优秀民歌中便体现得淋漓尽致。但他们最擅长的，还是创作低俗喜剧和荒诞剧。

在意大利这片土地上，古时便诞生了滑稽悲剧，到了现代又出现了讽喻英雄史诗。值得一提的是，在修辞和戏剧性艺术方面，没有任何一个民族能与意大利人相媲美。但在其他更为完善的艺术种类中，意大利人除了能够熟练地进行创作，几乎没有更进一步的发展。并且，意大利史上任何一个文学时期都未曾创作出一部真正的史诗或一部名副其实的戏剧。意大利文学成就最高的作品，如以但丁[5]的《神曲》为代表的十四行诗，以及萨鲁斯特、马基雅维利、塔西佗和科莱塔等历史学家的史学专著，都蕴含了一种强烈的情感，但这种通过修辞表达的情感过于虚夸而不够自然。在古今音乐创作中，与真正富有创造力的人相比，身怀一技之长的人更为引人注目，因为他们能立刻跻身艺术大师之列，并在真正的艺术领域中塑造一个空洞、内心渐渐枯萎的偶像。若在艺术上我们能分出内外的话，这是属于意大利人的特有领域，而非艺术的内在领域。为了充分感受美的力量，他们需要眼睛这类感官去感知，而不是靠心灵去想象。因此，意大利人十分擅长建筑、绘画和雕塑艺术。在这三个领域内，古时他们是古希腊人最优秀的学徒，而如今他们是所有民族的大师。

拉丁人的舞蹈、演奏和歌颂

　　由于缺乏相关历史资料，我们无法探知意大利某些部落的艺术思想的发展历程，尤其无法进一步研究意大利的诗歌，而只能讨论拉丁人的诗歌。同其他民族一样，拉丁人的诗歌开始于抒情诗。或者更准确地说，他们的诗歌最初是为描绘原始节日的欢庆场景而作，那时每逢节日，人们便会跳舞、奏乐和歌颂。而在最古老的宗教仪式中，舞蹈是最常见的活动，器乐演奏次之，歌颂最末。每当到了一年一度的胜利节，古罗马都会举行盛大的游行活动，队伍最前面通常是神像和打了胜仗的将士，其次便是祭祀舞者和节庆舞者。祭祀舞者会分成三队，分别由成年男子、青年男女和男孩组成，统一穿着红色束腰上衣并配铜腰带，手握刀剑和长矛。此外，男性祭祀舞者还会佩戴头盔，上下全副武装。节庆舞者会分成两类：一类为绵羊舞舞者，裹着绵羊皮，身披杂色长袍；一类为山羊舞舞者，上半身裸露，腰上系着一块鹿皮。同样，舞蹈祭司团也许是最古老和最神圣的祭司团体。而且，在所有公共游行，尤其是葬礼中，舞者都是必不可少的角色。因此，跳舞成为古时一种常见的职业。

　　显然，哪里有舞者，哪里便有乐师，最早时期的乐手便是吹笛人。他们同样也是祭礼、婚礼和葬礼上不可或缺的角色。虽然乐师和舞蹈祭司两个职业历史同样悠久，但乐师的地位远远低于舞蹈祭司，所以在游行中，作为代表的吹笛人通常依照安排站在舞蹈祭司团旁边。吹笛人本身是行走的乐师，无论古罗马治安多么森严，他们始终拥有一项古老的特权：

每年在他们的节日这天，他们都会戴着面具，畅饮甜葡萄酒，漫步在古罗马的大街小巷。因此，尽管演奏并不像跳舞那样令人尊敬，但仍然必要，因此两者都组建了各自的公共机构。无论诗歌是自发产生还是作为舞蹈活动的伴奏，它都更像是一次偶然事件，并多多少少有些无关紧要。

宗教颂歌

在古罗马人眼中，空旷树林里树叶那自顾自的歌唱，便是最早的颂歌。弗恩乌斯在林间窃窃私语，悠闲地吹着笛子，一时之间树叶沙沙作响，拥有天赋的人能听懂这些声音，继而用缓慢而富有节奏的人类语言将它们一一再现。人们首先得到神灵的启示，然后借助灵感创作出众多预言未来的歌曲。与之同源的也许就是所谓的符咒，他们相信套用一定的咒语便能祛除疾病并避免灾难，而施以邪恶的咒语便能阻止下雨、招惹闪电甚至妨碍庄稼生长。而作为这一切的前提，声音咒语和文字咒语可能从一开始便要同时存在。与咒语相比，连祷文虽然拥有同样悠久的历史，但在古罗马历史上更为根深蒂固，通常由舞蹈祭司同其他祭司团体进行演唱或舞蹈。只有一种启应祷文得以流传下来，在此特附上一首舞蹈颂歌。它由十二人田夫团为纪念战神玛尔斯而作，各章节之间交替演唱：

致诸神：家神啊！保佑我们吧！战神啊！战神啊！

万万不能让死亡和战争侵扰人民！该满足了吧，我们敬畏的战神！

> 向某个祭司说：跨过门槛，站住，把它踩住！
> 向全体祭司说：大家轮流一块喊赛蒙尼！
> 向神说：战神啊，战神啊，请保佑我们！
> 向某个祭司说：跨吧！

在奥古斯都时代的语言学家看来，这一颂歌中的拉丁文字和战神祭司所唱歌词中的相关片段是他们母语中最古老的文献。这些文献与《十二铜表法》[6]存有关联，某种程度上与《尼伯龙根族》中的语言和马丁·路德的语言之间的关系类似。从语言和内容两个方面来看，这些颇受尊敬的连祷文也许能与印度的《吠陀经》一较高下。

颂词和讽喻诗

后期，抒情颂词和讽喻诗才得以出现。古时人们针对举办公共活动制定了一系列治安措施。尽管没有相关治安措施加以证实，但从意大利人的民族性格来看，我们可以推断，讽刺歌曲从古时开始便在拉丁姆地区盛行，但赞美的颂歌越来越受到人们的重视。若公民死后即将下葬，灵柩后面会跟着一位女性家属或朋友吟唱挽歌，在她身旁会有一位乐师吹笛伴奏。在宴会场合也是如此，甚至依照当时习俗，男孩会陪同父亲外出参加宴会，轮流唱歌赞颂他们的祖先，有时会有笛声伴奏,有时只是简单吟诵而无伴奏。成年男子在宴会上轮流演唱这一习俗大概起源于古希腊,直到晚期才被废除。我们未能进一步了解这些古老叙事诗的细节,但显而易见的是,他们一定曾试图进行描写并叙述,有的抒情有的则不然,由此形成史诗的特征。

蒙着面的滑稽剧

毫无疑问,在各部落分离之前,诗歌的其他因素在原始的民间狂欢节、滑稽舞蹈和讽刺剧里确实起到了一定作用。在这些场合中,唱歌是必不可少的。并且多半在公共节日、婚礼以及一些看似实用的主要场合中,人们可以尽情消遣娱乐。这也自然而然地说明,现场应有多个或多组舞者交错舞蹈。因此他们在演唱的同时还应配上某种动作,当然,这类动作大多会带有一丝滑稽,通常还会有些放纵。通过这种方式,不仅产生了非传统意义上的颂歌,如后来创作的通俗颂歌《菲斯克尼》,而且为通俗喜剧提供了创作来源。意大利人性格中最主要的一点便是,对外界和滑稽的事物有敏锐的感觉,并乐意参加手势表演和化装舞会,因此意大利这片土地十分适合通俗喜剧的发展。

然后在古罗马史诗和戏剧的发展过程当中,古时的作品并未流传下来。显然,古老叙事诗会一代代相传,孩子们会经常吟诵,这也充分证明了它的传承性。但在老加图统治时期,这些诗歌也随着历史消失了。如果人们认同"喜剧"这个名称,那么在这一时期以及之后很长的一段时间内，人们又开始争相创作即兴喜剧作品。最终，民间诗歌和民间乐曲无一流传下来，反倒是乐谱小节、音乐伴奏、合唱时的舞蹈以及面具得以代代传承。

诗歌格律

早期是否存在格律，这仍然是个谜。整个格律系统看似固定，但十二人田夫团的连祷文几乎不会依照它进行调整。在我们看来，它只是一种生动的诗歌朗诵。另一方面，研究者发现了一种十分古老的格律，即所谓的萨图拉[7]和浮努斯韵体，古希腊人与此毫无关系。我们也许可以猜测，这种格律与拉丁最古老的民间诗歌起源于同一时期。

下面这首诗歌真正创作于晚期，从中可以细细体会：

对不幸的恐惧深深折磨着他

焦虑的父母在此起誓

当愿望成真，愿用十分之一财富举办宴会，愿将孩子献作赫拉克勒斯的供品——他最值得

如今他们恳求你，请经常倾听他们的祷告

颂歌和滑稽诗歌一律采用萨图拉格律吟唱，当然还配有笛声伴奏。大概在吟唱的时候，每行之间都有特别明显的停顿休止，而在轮唱时，第二位歌手大概就由停顿处插入并接

着演唱。萨图拉韵体中的小节同古罗马和古希腊的诗歌一样，都以音节长短为创作依据。但在所有的古老格律中，它也许是最简单的，因为它不仅不拘于格律，而且作者可以最大程度地删减短音节；同时它在结构上最不完善，因为诗的前半行为抑扬格，后半行为扬抑格，两者对立，这样的诗句非常不适合形成一种富有韵律的结构，更不适合创作更高级的诗作。

乐曲

在这一时期，拉丁姆地区当地的民族音乐和合唱时的舞蹈的基本要素才得以确立，但如今来看已被人遗忘。除此之外，拉丁人的笛子短而纤细，笛身上只有四个孔。正如其名，拉丁人的笛子最初是由某种动物的小股骨制成的。

面具

最后一点，后期拉丁民间喜剧和阿特拉笑剧中常设角色，如男性丑角、暴食者、慈父以及智者，他们所戴的面具都曾属于最早时期的拉丁民间艺术。这些面具与意大利喜剧中普启涅罗[8]一角的两种服装相比，既设计巧妙又引人关注。这些当然无法得到确切证实，但拉丁人在表演民族戏剧时用面具遮脸这一做法由来已久，古罗马首次建城后，当地的古希腊戏剧沿用这一做法并未超过一个世纪。同时，阿特拉笑剧中的面具的确起源于意大利。总而言之，因为即兴剧作从创作到演出我们都无法想象，而且整出剧从头到尾，每个演员特定的面具都代表了其相应的地位，因此，我们应将固定的面具和古罗马戏剧的基本要素联系起来，或者说在我们看来，固定面具本身便是古罗马戏剧的基本要素。

最早的古希腊影响

关于最早时期的本土文化和拉丁姆地区艺术的发展，如果说我们知之甚少，那么，关于古罗马以外的民族最早给古罗马人带来了何种冲击，我们知道的就更少了。在某种意义上，我们由此可以知道，古罗马人逐渐了解了外族语言，尤其是古希腊语。就古希腊语而言，拉丁人对此当然是陌生的，他们所制定的与预言神谕有关的法律证实了这一点。但对商人而言，他们知晓古希腊语一点也不稀奇。同样可以确定的是，商人还学会了与古希腊知识密切相关的阅读和书写知识。然而，古代世界文化的发展依靠的既不是对外族语言的了解，也不是所取得的基本技术成就。拉丁人很早便接触了从古希腊传来的艺术，这对他们的艺术发展产生了至关重要的影响。正因为只有古希腊人，而非腓尼基人和伊特鲁里亚人，在这方面影响了意大利人，所以后来我们发现，意大利艺术的发展从未受到任何来自迦太基和克瑞两地的有利影响，并且腓尼基和伊特鲁里亚两地的文明形式可以与那些混合文明归为一类，从而因上述原因而不再富有创造性，但在古希腊的影响下还是有所收获。

古希腊有一种弦乐器，名为里拉琴[9]，它共有七根弦，因与拉丁姆地区的本土乐器笛不同，所以一直被视为外来乐器。早期该乐器的古希腊名字遭到强制更改，并且拉丁人开始将它应用于庆典仪式，可见那时它已占有一席之地。这一时期，全面展现本民族文学财富的古希腊雕塑被拉丁人接受，可见当时古希腊神话就这样传入了拉丁姆地区。此外，一些词还被强行转换成了拉丁语形式，如用 Prosepna 代替 Persephone、Melerpanta 代替 Bellerophontes、Cocles 代替 Kyklops、Alumentus 代替 Laomedon、Catamitus 代替 Ganymedes、Melus 代替 Neilos 以及 Stimula 代替 Semele，由此可见拉丁人倾听并讲述这些故事究竟是多么久远的事情。即便古罗马人的节日和建城日不起源于古希腊，但无论如何它们之后的节日安排十有八九受到了古希腊的影响。感恩节是个特别的节日，它是为纪念卡庇托尔山上的朱庇特神和其他诸神而设的，通常以将军出征前所立下的誓言为依据，因此通常于秋季市民部队回国时举行庆祝活动。

人们会进行节日游行，共同前往古罗马竞技场[10]。竞技场位于帕拉廷山和阿文廷山之间，场内中央设有一块圆形的格斗场地，四周是观众席位。根据市民队伍的划分，古罗马所有的男孩走在游行队伍的最前面，有的骑马，有的步行；紧随其后的是竞技活动的参赛者和上述提到的舞蹈团体，各个舞蹈团体都唱着各自的乐曲；接着是侍奉神灵的人，他们一个个手捧着香炉和各种圣物；队伍的最后是载有神像的灵柩。

这样壮观的场面本身也反映了原始时期战斗的实景，人们有的驾着双轮战车，有的骑马，有的步行。"战斗"一开始，战车立马向前推进。如荷马[11]的《荷马史诗》所述，每车效仿荷马所描述的那样载有两人，一人驾车，另一人参加格斗；紧接着格斗者冲下战车，骑手也冲上前去。骑手的配置参考了古罗马格斗的形式，每人骑一匹马，另用手牵一匹马；最后，双方斗士走上前去，上身裸露，腰上系着一根腰带，通过赛跑、摔跤和拳击展现他们的力量。每一类竞技只举行一场比赛，参赛者仅限两名。最终赢得比赛的人将获得花冠，花冠虽由简单的树枝编成，但代表了一份荣耀，法律还允许他们死后将花冠放在自己的灵柩上。因为这一节日只持续一天，所以人们在参加完竞赛后还剩大量的时间尽兴狂欢。这时，成群的舞者会尽情展现他们的技艺，特别是表演滑稽剧。当然还有许多其他的节目，例如青少年马术比赛。真正通过战争赢来的战利品也扮演了各自的角色，英勇的战士会在这天展示所杀敌人的装备，心怀感激的民众会向战士献上花冠，好像他们就是竞技中的胜利者。

这些就是古罗马胜利节和建城日各自的特别之处。而其他的公共节日也许资源没有这么丰富，但也具备一些相同的特征。在公葬庆典上，舞蹈活动会占一部分，如果还有其他表演，那应该就是赛马比赛。若将举行赛马比赛，公共传令官会提前邀请公民参加葬礼。

虽然建城日与古罗马人的风俗习惯密切相关，但总体上与古希腊的民族节日一致。两个民族之间的共同点在某些方面体现得尤为明显，例如两者的主要构想都是一同举办宗教庆典和模拟实战的竞技比赛；两者所选竞技项目相同，据品达的诗中所言，奥林匹克庆典从一开始就设有赛跑、摔跤、拳击、战车赛、掷矛和投石六个项目；两者都会奖励竞技的胜者，无论在古罗马还是古希腊，奖品都是一个花冠，但最终得到花冠的人不是驾驶战车的人，而是战马的主人；最后，与常见的民族节日有关的一般爱国行为一样，两者都设置了记功和奖赏机制。这种一致绝非偶然，而一定是古代人们最初相互联系的一种证据，或是最初国际交往的一种结果。相比较之下，后一种猜想的可能性更大。

我们熟悉古罗马建城日的庆祝形式，但它并不是古罗马最早确立的节日之一，因为直到王政时代晚期竞技场才修建完成。在古希腊的影响下，古罗马进行了政治制度改革，建城日的庆祝形式也大为改变，引进了许多古希腊的竞赛项目，如跳跃项目，甚至可能还有荡秋千项目（荡秋千是意大利当地一个原始习俗，住在阿尔巴山的人们在节日庆典上长期沿用这一习俗），最终在某种程度上取代了过去的庆祝活动。此外，尽管有历史资料表明，古希腊曾将双轮战车应用到实战，但在拉丁姆地区却未发现这类战车的踪迹。最后，虽然古希腊名词 stadion 很早便传入了拉丁语，变成了拉丁语中的 spatium，但仍保留了它原有的含义。更有资料明确表明，古罗马节日中的赛马和战车赛项目起源于图里，固然这是真的，但还有另一种说法称它们来自伊特鲁里亚。因此，古希腊不仅推动了古罗马音乐和诗歌的发展，而且古罗马人还十分感激古希腊人，因为他们在体育竞技方面提出了众多的想法。

拉丁姆地区诗歌和教育的特点

拉丁姆地区不仅存在古希腊文化和艺术赖以发展的那些基本因素，而且早期便深受古希腊文化和艺术的影响。拉丁人不仅具备体操训练的基本知识，而且古罗马男孩都像农民儿子那般，从小学习骑马、驾车和投掷猎矛，所以每位古罗马公民同时也是一名战士。而且舞蹈艺术从一开始就颇受公众关注，随着古希腊竞技项目的传入，舞蹈艺术的发展也因此受到了强有力的推动。古希腊的抒情诗歌和悲剧诞生于一种类似于古罗马节日叙事诗的诗歌，同时歌颂祖先的叙事诗标志着史诗的萌芽，蒙面的滑稽剧标志着喜剧的萌芽，而这两者都颇受古希腊的影响。

在这样的情况下，萌芽若不能继续生长或生长很快陷入停滞，则尤为引人注目。拉丁青少年的身体训练一直很艰苦，运动量也非常大，但发展体育艺术的概念却一直未能被提出，而古希腊提出了发展体操的目标，则做到了这一点。古希腊的公共竞技项目在传入意大利之后，其主要特征发生了重大改变，但保留了原有的竞技规则。竞技本是公民间的竞赛，古罗马最初的竞技比赛也是如此，但之后却演变成了专业骑手和专业拳击手之间的较量。古希腊节庆日的竞技项目规定，人身自由并具有古希腊血统是参与竞技的首要条件，而古罗马的竞技项目不久便放宽了条件，被释奴、外邦人甚至是没有人身自由的奴隶都能参加。最终，参赛选手变成了旁观的观众。获胜选手所得的花冠曾一直被称为古希腊正义的象征，但之后在拉丁姆地区却无人再提到它。

诗歌与同类事物的发展也经历了类似的过程。古希腊和日耳曼作为诗歌发展的源泉，涌现了大量的诗歌作品。而缪斯女神金瓶里的圣水却少有几滴洒落在意大利这片绿色的土壤上，严格说来，这儿并未有过传说。意大利诸神一直以来都是一种抽象的概念，从未进化成真人的形态，或者正如有些人所说，从未深奥难懂。同样，在意大利人眼中，即便是最伟大和最高贵的人，他们也无一例外地终有一死。而在古希腊那些频频引人追忆的过往和颇受珍藏的历史中，他们成为了所有人眼中神一般的英雄。但拉丁姆地区的民族诗歌却并未因此得到发展。艺术，尤其是诗歌最深远也最伟大的影响在于，它冲破了各部落之间的重重障碍，将各部落联合起来创造出一个民族，又将各民族联合起来创造出整个世界。如今，通过文学在世界范围内的传播，各个文明国家之间的差异已经消除。

同样，古希腊诗歌艺术曾将狭隘自私的部落观念转变成了一种民族意识，进一步转变为一种全人类的意识。但在拉丁姆地区，诸如此类的转变从未发生。阿尔巴和古罗马都曾诞生过诗人，但拉丁姆地区从未出现任何一部史诗，甚至不难想象，更是从未创作出如同赫西俄德[12]《工作与时日》那般，描述农民日常生活的问答诗。拉丁联盟节很可能也演变成了一个民族艺术节，类似于古希腊的奥林匹克运动会[13]和科林斯地峡运动会[14]。关于阿尔巴的灭亡流传着许多传说，至于伊利昂（即特洛伊的古希腊名）被征服一事大概也是如此。本来在拉丁姆地区，每一个民社和每一个著名的部落都能从中发现各自的起源故事，或将这些故事融入这些传说当中。

但这两种结果终未发生，而意大利自始至终也未能发展本民族的诗歌与艺术。

鉴于上述情形，必然会引出一种结论，那就是拉丁姆地区的艺术并未广泛传播并达到繁荣，而是一步步走向了衰落，这一点也已有史料证实。似乎任何地方诗歌发展的源头都在于女性，而非男性。任何符咒的咒语以及为逝者所作的颂歌也都与女性大有联系，因此人们认为拉丁姆地区的诗歌之神卡斯门尼，同古希腊的缪斯一样，皆为女性，这也不无道理。但在古希腊历史上曾有过这样一个时期，那时诗人接替了女性歌手，阿波罗神的地位开始高于缪斯女神。而拉丁姆地区没有本民族的诗歌之神，且古拉丁语中甚至没有"诗人"一词。在那里，诗歌刚兴起的时候力量极为弱小，且不久便陷入了停滞。早期在拉丁姆地区，艺术活动设有一定限制，只对妇女、儿童和行会内外的工匠开放。上文提到，葬礼上的颂歌通常由妇女演唱，宴会上的诗歌通常由男童吟诵，同时宗教场合中连祷文多半也由儿童朗诵。乐师属于行会成员，而舞者、哭丧的妇女不属于此类。因为古希腊人认为，跳舞、演奏和唱歌能给公民以至于所述的整个民社带来荣耀，所以它们一直备受人们的尊敬，最初在拉丁姆地区也是如此，只是上层公民愈发认为艺术空洞无用，因此逐渐失去了兴趣。

显然，艺术一步步走向公众的视野，也相应地愈发受到外来的影响，同时这种影响的步伐也在一步步加快。吹奏本土的笛子是被允许的，而弹奏里拉琴却始终遭到鄙视；参加本民族的蒙面剧是允许的，而外来的体育活动不但无人关注，甚至被视为耻辱。当古希腊的艺术愈发成为每一位古希腊人乃至整个古希腊民族共同的财富时，它也因此成为人们发展世界文化的一种途径。而在拉丁姆地区，艺术却逐渐从人们的思想和感情世界中消失。

当艺术沦为一个个完全微不足道的手工艺品时，青少年通常所接受的民族文化教育中艺术便也不再被提及。青少年所接受的教育始终完全局限于最小范围内的家庭教育，男孩需紧跟着父亲，寸步不离，例如带上耕犁和镰刀陪着父亲去田里干活，若父亲受邀需陪他去朋友家做客，若父亲接到元老会传召需陪他去议会大厅参加会议。这种家庭教育方式非常适合为整个家庭和整个民族培养人才。父亲与儿子之间一直保持着这样亲密的关系，互相尊重，儿子欣赏父亲身上成熟的男子气概，父亲羡慕儿子天真无邪的青春。正因为如此，才有利于维护民族和家庭的传统，巩固家庭的手足亲情，乃至所有古罗马人民保持严肃认真的生活态度和重视道德的良好品格。这种青少年的教育模式作为一种制度，实际上包含了一种质朴而又无意识的智慧，既易于推行又意义深远。但抛开人们对它的欣赏，我们也不能忽视一点，那就是只有牺牲真正的个人文化，并完全摒弃缪斯女神所赋予的既迷人而又危险的天赋，这一制度才可能并真实应用到实践中。

萨贝利人和伊特鲁里亚人的舞蹈、演奏和诗歌

至于伊特鲁里亚和萨贝利人音乐艺术上的发展，我们虽

然所知甚少，但总好过一无所知。我们只知道，早期伊特鲁里亚的舞者和吹笛人就已经将自己所学的艺术发展成了职业，可能甚至还先于古罗马完成。他们不仅在本地，还远到古罗马公开表演，但所得的报酬并不多，也不那么受人尊敬。此外，有一现象更值得注意，当伊特鲁里亚举行民族节日庆典时，演出时会有一位联盟祭司代表全联盟的十二个城市，而且竞技比赛的形式也与古罗马建城日的活动类似。然而，这也引出一个问题，伊特鲁里亚人和拉丁人都将单个民社的艺术发展成了一种民族的形式，我们也知道在这方面前者更为成功，但至于多大程度占优，却无法给出答案。可能伊特鲁里亚人早期便开始积累那些学来无用的知识，特别是与神学和占星学有关的知识，整个过程十分乏味。因此，之后一些早已衰落的常见的古老艺术便重新焕发生机，而伊特鲁里亚人、犹太人、迦勒底人和埃及人则被誉为神学智慧的原始来源。但是，我们对萨贝利人的艺术还是知之甚少。若我们由此推断萨贝利人的艺术水平不如相邻的民族，仅凭这一点也是完全不够的。

相反，就我们一直了解的意大利三大主要种族的特点而言，我们可以推测，萨莫奈人的艺术天赋最接近古希腊人，而伊特鲁里亚人与之相差最远。对于这一推测有史料证实，古罗马最具天赋和创造力的诗人，如奈维乌斯、恩尼乌斯、卢西利厄斯和贺拉斯都来自萨莫奈地区。而整个伊特鲁里亚地区极少有诗人能代表古罗马文学，除了阿雷蒂内的米西奈斯和沃尔泰拉的佩尔西乌斯，前者在所有心灰意冷和多愁善感的宫廷诗人中最令人难以忍受，后者是一位典型的骄傲自大、倦怠懒散但却热爱诗歌创作的青年。

意大利最早的建筑

上文提到,建筑的基本原理是各个民族原始的共同财富。在古希腊和意大利,修建住宅都是建筑艺术的第一项尝试。住房由木材搭建,屋顶尖尖的,上面铺有稻草和木瓦,构成一个四方形的居住室。屋顶上留有一个缺口,供室内排烟和采光。这个缺口的位置对应着地面上的一个凹坑,用于储存雨水。在房屋的天井下面,人们在这里做饭吃饭,祭祀家神,摆放婚床和灵柩,男主人在这接待宾客,妻子坐在下边纺织,身旁围着一群待嫁的少女。房屋没有门廊,除非我们将房门连通外面街道的这段开放的空间称为门廊,但它早已有了自己的名字——前庭,也称更衣室,因为古罗马人习惯穿着短袍在屋内走动,只有外出时才会裹上托加袍[15]。而且屋内没有进行隔离,只在住宅周围设有寝室和储藏室,更不用说架设楼梯和另设楼层了。

最早古希腊带来的影响

我们几乎难以断定,这样的住宅是在何种程度上成为了意大利的一种民族建筑,因为在这方面,即使是在最早时期,古希腊所带来的影响依然十分强大;即使意大利人可能先于古希腊人作出尝试，却仍然败给了他们。我们了解到，意大利最古老的建筑与奥古斯都时期的建筑都在同样程度上受到古希腊建筑的影响。凯雷和沃尔西两地的原始坟墓，以及近期在普雷内斯特发现的最古老的那个坟墓，就酷似奥尔霍迈诺斯和迈锡尼的坟墓，顶部都由一层层石板叠加堆砌而成，最上边用一块大石头封口。

在图斯库隆城墙边，有一座非常古老的建筑，其屋顶也是这样建成的。卡庇托尔山脚下的水井房起初也是这样设计的，直到后来人们为了给别的建筑腾出空间而将房顶拆毁。阿尔皮努姆（今阿尔皮诺）和迈锡尼两地城门建造的方法相同，整体风格相似。阿尔巴湖与科帕伊得湖的排水渠也极为相似。我们所说的巨石堆积式环形城墙在意大利十分常见，尤其在伊特鲁里亚、翁布里亚、拉丁姆以及萨宾等地区。虽然保留下来的城墙中有多半是后期建成的，甚至有几座可以确定建于古罗马建城的第七个世纪，但从设计上来看，这种环形城墙显然算得上是意大利最古老的建筑。

与古希腊的城墙类似，意大利的城墙有时会先用未经加工的大型石块粗略堆砌，然后再用小块石头填补石块间的缝隙；有时先用石块排成一个方形的平面，再一层层往上堆砌；有时会用经过加工的多边形石块相互拼凑堆砌。建造方法的选择取决于建筑材料，而古罗马最初的建筑材料只有一种用火山灰制成的天然混凝土，所以未使用过多边砌墙法。前两种砌墙法十分类似，两者所用建筑材料和建筑中考虑的问题都颇有相似之处，因此也更易于操作。但是多边砌墙法富有美感；同时通向城门往往只有一条道路，而城门通常设在左侧，进犯来的敌军只能沿着道路左拐，这样一来右侧因毫无屏障完全暴露，便于守城军队攻击。这也是意大利和古希腊城堡的两项优点。重点是，只有在未被古希腊人征服且与他们来往频繁的意大利地区，人们才能见到真正的多边砖墙建筑，同时在伊特鲁里亚地区，只有皮尔吉村以及相隔不远的科萨和萨图尼亚两个小镇才有这种建筑。皮尔吉村的城墙还有一个颇有意思的名字（"塔楼"），它和科林斯的城墙一样，都应归功于古希腊人的智慧。这些城墙如今依然屹立在我们眼前，很可能它们就是意大利人向古希腊人学习建造城墙所参考的范本。

最后说到意大利的寺庙建筑，人们称王政时期寺庙的建筑风格为托斯卡纳式[16]，并认为它与古希腊各种寺庙的风格非常协调。总体来看，意大利的寺庙多为一个四面用墙围住的空间，这一点与古希腊寺庙相似；寺庙顶部是一个斜面屋顶，由四面墙和多根立柱一同支撑。从细节来看，尤其是立柱的样式及其建筑特色，古罗马的寺庙完全沿用了古希腊寺庙的建筑风格。鉴于这些例子的可信度，可以推测，在未与古希腊人交流之前，意大利的建筑只不过是一些木棚屋、鹿砦[17]和用土块石块堆成的坟堆。直到学习了古希腊建筑的范本，从他们那里得到了更高级的工具之后，意大利人才开始将石头用于建筑。

几乎可以肯定的是，意大利人最早从古希腊人那里学会了铁的用法，同时学会了制作灰泥、机械装置、测量杆和人造格架。因此，我们很少特别提到意大利的建筑艺术。虽然在古希腊的影响下，意大利建筑作出了种种改变，但住宅的木建部分仍然保留甚至首创了许多颇具意大利特色的设计，而这又继而对寺庙建筑产生了一种反射性的影响。意大利住宅建筑的发展起源于伊特鲁里亚人。拉丁人甚至是萨贝利人仍然坚守着祖传的木棚屋和一种古老的习俗，那就是只为神灵和灵魂提供神圣的土地，而不是神圣的居所。但那时伊特鲁里亚人已经开始对住房艺术进行改造，依照人类住宅的样式给神灵修建庙宇，给灵魂修建坟墓。在拉丁姆地区，其最古老的寺庙建筑风格和最古老的住宅建筑风格都为托斯卡纳式。由此可见，最早在伊特鲁里亚人的影响下，拉丁人也开始修建这类奢华的建筑。

至于这种转变的特点，古希腊的寺庙大概也仿造了帐篷和住宅的总体轮廓，但建筑材料还是以粗削石块为主，顶部铺有瓦片的同时，石块和焙烧黏土的本质向古希腊人展现了必然规律和美的规律。另一方面，古希腊人对木材搭建的人类住宅和石块堆砌的神庙有严格区分，而伊特鲁里亚人对此一直不了解。托斯卡纳式神庙最独特之处在于，轮廓更接近正方形，山墙更高，各立柱之间的间距更宽。最重要的是，屋顶的倾斜度更大，屋顶梁托一侧突出，延伸到立柱以外。托斯卡纳式神庙之所以具有这些特点，是因为它们非常接近住宅风格，而且木质建筑本身就颇具特色。

意大利雕塑

意大利雕塑和绘画艺术的起源晚于建筑，因为只有先修建了房屋，才能装饰山墙和四面墙壁。在古罗马的王政时期，这些艺术可能还未真正兴起，只有在伊特鲁里亚，人们早期便通过商业贸易和海上掠夺积累了巨额财富，所以艺术和手工业（若这个词更为合适）最初才能立足。当古希腊艺术影响伊特鲁里亚的时候，正如当今艺术复制品所表明的，那时它仍处于水平较低的发展阶段。也许在伊特鲁里亚人引进古希腊字母表的同时，也向他们学习用金属和黏土制作艺术品。能够完全确定属于这一时期的艺术品，也许只有波普洛尼亚的银币，但银币并未体现出伊特鲁里亚人高超的艺术技巧。但他们最优秀的青铜艺术品可能就是这一时期的作品，并且之后博得了艺术评论家极高的评价。同时，伊特鲁里亚人制作的赤土陶器也不容小觑，因为保存在古罗马寺庙中的那些最古老的陶器，如卡庇托尔山上的朱庇特神像和朱庇特神庙庙顶上的四马战车，均出自维爱[18]（Veii）人之手，而这类庙顶上外观相似的大型装饰风格逐渐流传到了后期古罗马人那里，他们称之为"托斯卡纳式作品"。

另一方面，在意大利人当中，包括萨贝利人和拉丁人，这一时期的本土雕塑和装饰图案才刚刚开始出现。最引人注目的艺术作品似乎仍来自外邦，上文提到，陶制雕像据说便是由维爱人所作。近期发掘出的文物表明，伊特鲁里亚人制成青铜艺术品之后会在上面题字，这样的作品如果没有传遍整个拉丁姆地区，至少也在普雷内斯特受到各方传阅。阿文廷山上的古罗马拉丁联盟神庙里供奉的狄安娜神像，被认为是古罗马最古老的神像，它与马西利[19]人为以弗所当地的阿尔忒弥斯女神制造的神像极其相似，或许也产自韦利亚城或马西利部落。古罗马自古以来就有陶匠、铜匠和金匠的行会，这也许是证明古罗马曾经存在本土雕塑和装饰图案仅有的证据。至于古罗马人艺术的发展情况，我们再不可能了解清楚了。

伊特鲁里亚人和意大利人之间的艺术关联和各自的艺术贡献

若我们试图从原始艺术的历史和实践的相关档案材料中取得历史数据，我们会发现，首先，意大利的艺术同它的度量法和文字一样，其发展只受到了古希腊人的影响，而不包括腓尼基人。意大利艺术的各个方面都能在古希腊艺术中找到相应的模板。就这点来说，彩绘泥塑雕像是意大利最古老的艺术形式，主要由三位艺术家来制作，分别是造型师欧克尔、定模师狄奥普和绘画师欧格拉摩，这一说法有理有据。而这种艺术是否由科林斯传来，或者又是否直接传到了塔昆尼，我们更不确定。对于意大利是否直接模仿了东方的艺术形式，又是否存在独立发展的艺术形式，少有踪迹可寻。伊特鲁里亚的玉石工匠一直以甲虫或圣甲虫[20]的模样作为雕刻模板，后者最初只存在于埃及。而早期古希腊人也将圣甲虫作为雕刻模板，因为研究人员曾在埃伊纳岛发现了一块圣甲虫石，上面刻有古希腊文字，因此这种圣甲虫石很可能是由古希腊人传到了伊特鲁里亚。意大利人大概又从腓尼基人那儿买来，但他们只向古希腊人学习。

至于更进一步的问题，即伊特鲁里亚人的艺术模式从古希腊哪一个民族传来，研究者无法给出确切的答案。但伊特鲁里亚的艺术与阿提卡最古老的艺术之间存在着某种关联。伊特鲁里亚的三种艺术形式，即坟墓壁画、对称设计和石块雕刻，虽然在古希腊应用得十分有限，但至少之后得到了广泛的普及。迄今为止，它们只传到了古希腊内陆的雅典和埃伊纳岛。准确来说，托斯卡纳式神庙的建筑风格既不符合多利克式[21]，也不符合爱奥尼亚式[22]。但和两种风格的差异影响更大，如神坛（古希腊神庙的内殿）四周的立柱样式，以及每根立柱下面独立基座的位置，在这方面伊特鲁里亚神庙更贴近后期的爱奥尼亚式建筑风格。而且在所有古希腊的建筑风格中，正是这样一种充满多利克特色的爱奥尼亚－阿提卡式风格，其总体设计与托斯卡纳式风格最为接近。就拉丁姆而言，似乎找不到一丝踪迹，来证明其曾在历史上进行过与艺术有关的交往。事实上可以肯定的是，若通常贸易与交流对引进艺术模式具有决定性作用，那么可以断定，生活在坎帕尼亚和西西里的古希腊人，无论就艺术还是字母而言，都曾是拉丁人的导师。至少，阿文廷山上的狄安娜女神与以弗所的阿尔忒弥斯女神颇为相似，这一点符合上一推断。当然，伊特鲁里亚的早期艺术为拉丁人提供了学习的模板。至于萨贝利各族，若他们想如了解古希腊字母表那样完全了解古希腊的建筑和雕塑艺术，那么只有通过更西边的意大利人的传播才能实现。

总的来说，若我们就意大利各民族的艺术贡献作出评价，那么当下我们认为，尽管伊特鲁里亚人的艺术实践起源较早，也创造了数量众多、种类繁多的手工艺品，但他们的作品还是不及拉丁人和萨贝利人的作品。相比之下，他们作品的主要劣势在于：适宜性和实用性不够、投入的感情不够以及造型不够美观。随着艺术的发展，后期这些方面会体现得更为明显。在当前这个时代，就建筑艺术而言，这点非常明显。多变砖墙建筑既实用又美观，在拉丁姆及其内陆地区十分常见。而人们在伊特鲁里亚很少见到这类建筑，甚至连克瑞的城墙也并非由多边石块砌成。

拱门和桥梁在拉丁姆地区的宗教中具有神圣的地位，在艺术史上也颇为重要。在某种程度上，我们可以预测古罗马未来会出现沟渠和执政官道。另一方面，伊特鲁里亚人在模仿古希腊装饰性建筑的同时，也在做出种种改变。他们摒弃过去用石块建造的规定，改用木材建造，但改造的技巧不够成熟。他们修建的神庙的庙顶很低，各立柱之间间距很宽，引用一位古代建筑师的话说，便是"给人一种沉重、刻薄、零乱和笨拙的感觉"。拉丁人非常现实，古希腊艺术宝库中适合他们的不多，而他们一旦采纳，便会真诚并坚定地将它们留作己用。就多边砖石建筑发展而言，他们超越了自己的导师。人们不假思索地接受他人的成果，然后机械地运用，伊特鲁里亚的艺术便是一个显著的例子。但伊特鲁里亚艺术和中国艺术一样，都不善于汲取其他文明的精华。很长一段时间过去了，学者们早已不再尝试通过追溯伊特鲁里亚的艺术来研究古希腊的艺术，所以无论他们多么不情愿，还是必须决定将伊特鲁里亚人的艺术在意大利艺术发展史中的地位由首位降到末位。

注释

[1] 贺拉斯(公元前65—公元8年),生在古罗马文学的黄金时代,即所谓奥古斯都时代。他是一个有才能的讽刺诗人和抒情诗人,代表作为《诗艺》。——译者注

[2] 薄伽丘,意大利文艺复兴运动的杰出代表,人文主义杰出作家,与诗人但丁、彼特拉克并称为佛罗伦萨文学"三杰"。他的代表作《十日谈》是欧洲文学史上第一部现实主义作品,批判宗教守旧思想,主张"幸福在人间",被视为文艺复兴的宣言。——译者注

[3] 卡图卢斯(约公元前87—约前54年),古罗马抒情诗人,擅长爱情诗,出生于意大利北部的维罗纳。——译者注

[4] 那不勒斯,意大利南部的第一大城市,坎帕尼亚大区以及那不勒斯省的首府。该市为古希腊人所创建,在"大古希腊"中扮演重要角色。后来,古罗马人、诺曼人和西班牙人都在该市留下了自己的印记,在意大利统一之前,它还曾经是波旁王朝统治的西西里王国的首都。——译者注

[5] 但丁·阿利基耶里(1265—1321年),13世纪末意大利诗人,现代意大利语的奠基者,欧洲文艺复兴时代的开拓人物之一,以长诗《神曲》留名后世。——译者注

[6] 《十二铜表法》是古罗马国家立法的纪念碑,也是最早的罗马法文献。其基本上仍是按旧有习惯法制定,维护着贵族奴隶主的利益,但它对奴隶主私有制、家长制、继承、债务和刑法、诉讼程序等方面都作了规定,限制了贵族法官随心所欲地解释法律的权力,同时也反映了罗马奴隶制的发展和奴隶主阶级国家的形成过程。——译者注

[7] 早期罗马史诗诗人采用萨图拉韵体,每行中间有明显停顿,前半部分为抑扬格,后半部分为扬抑格,它与浮努斯韵体常用于滑稽诗。——译者注

[8] 普启涅罗是意大利传统即兴喜剧中的一个常见的主角。他的面貌古怪——钩鼻子,驼背,性情滑稽,爱逗人发笑,同时喜欢吹牛。——译者注

[9] 里拉琴是西方最早的拨弦乐器,也是文艺复兴以来西方音乐的象征。七弦竖琴同时也是抒情诗女神厄拉托的象征。——译者注

[10] 意大利古罗马竞技场罗马斗兽场,是古罗马帝国专供奴隶主、贵族和自由民观看斗兽或奴隶角斗的地方。它建于72—82年间,是古罗马文

明的象征。遗址位于意大利首都罗马市中心,它在威尼斯广场的南面,古罗马市场附近。从外观上看,它呈正圆形;俯瞰时,它是椭圆形的。它的占地面积约两万平方米,长轴长约为一百八十八米,短轴长约为一百五十六米,圆周长约五百二十七米,围墙高约五十七米,这座庞大的建筑可以容纳近九万名观众。——译者注

[11] 荷马(约公元前9世纪—前8世纪),古希腊盲诗人。相传记述了公元前12世纪—前11世纪特洛伊战争,以及关于海上冒险故事的古希腊长篇叙事史诗《伊利亚特》和《奥德赛》,它们是他根据民间流传的短歌综合编写而成。他的杰作《荷马史诗》,在很长时间里影响了西方的宗教、文化和伦理观。——译者注

[12] 赫西俄德是一位古希腊诗人,原籍小亚细亚,出生于希腊比奥西亚境内的阿斯克拉村。从小靠自耕为生,他可能生活在公元前八世纪,以长诗《工作与时日》《神谱》闻名于后世,被称为"希腊训谕诗之父"。——译者注

[13] 奥林匹克运动会发源于两千多年前的古希腊,因举办地在奥林匹亚而得名。奥林匹亚村位于伯罗奔尼撒半岛西部皮尔戈斯的东面、阿尔费夫斯河与克拉泽夫斯河的汇流处,距雅典约三百七十公里。这里是古代奥林匹克运动会的发源地,也是世界上现存的最古老的运动场。——译者注

[14] 科林斯地峡运动会传说是为纪念海神波塞冬而举行的祭典活动,传说中波塞冬能呼风唤雨,他为人类创造了马匹,并把驯马术最早传授给了希腊人。该运动会每两年一届,春天举行,除奴隶外,任何人都可以自由参加比赛,冠军将被授予兰椿花冠。——译者注

[15] 托加袍是最能体现古罗马男子服饰特点的服装。它是一段呈半圆形、长约六米、最宽处约有一米八的羊毛制品,还兼具披肩、饰带、围裙的作用。穿着时一般在内穿一件麻质的丘尼卡,然后将托加搭在左肩并围绕全身。托加也是罗马人的身份象征,只有男子才能穿着,而女子只能穿斯托拉及帕拉,没有罗马公民权者更是被禁止穿着托加。——译者注

[16] 托斯卡纳式风格的建筑多为连续半围合格局,注重小中庭花园和露台的设计,还配有开阔的周边密林种植区,建筑材料以自然质感的砖石为主,铺装材料多成规则形状,适当使用彩砖,墙面则涂刷灰泥或鲜艳的颜色。岩石与灰泥戏剧性地表现光与影的关系也是托斯卡纳风格的精髓之一。——译者注

[17] 鹿砦是用伐倒树木构成、形似鹿角的筑城障碍物,古称鹿角砦。有树干鹿寨和树枝鹿寨两种。通常设置在森林边缘、林间道路和有行道树

的道路上。——译者注
[18] 维爱位于古罗马城东北,台伯河北岸,该城受古希腊文化影响很大,比古罗马富强,一直是古罗马的强敌。——译者注
[19] 马西利是腓尼基人于公元前1000年左右创建的一个部落。——译者注
[20] 圣甲虫,金龟子科。生活在草原、高山、沙漠以及丛林,只要有动物粪便的地方,就会有它们勤劳的身影。在广大的甲虫世界里,圣甲虫是最神奇的——它们的身体外面套着闪出青铜色或者弱翠绿或者深蓝色光芒的盔甲。在古代埃及,人们将这种甲虫作为图腾之物,当法老死去时,他的心脏就会被切出来,换上一块缀满圣甲虫的石头。——译者注——译者注
[21] 多利克式柱源于古希腊,一般都建在阶座之上,特点是柱头是个倒圆锥台,没有柱础。柱身有二十条凹槽,柱头没有装饰。建造比例通常是:柱下径与柱高的比例是1∶5.5;柱高与柱直径的比例是4或6∶1。多利克柱又被称为男性柱。著名的雅典卫城的帕特农神庙即采用了多利克柱式。——译者注
[22] 爱奥尼亚式柱源于古希腊,是希腊古典建筑的三种柱式之一(另外两种是多利克柱式和科林斯柱式),特点是比较纤细秀美,又被称为女性柱,柱身有二十四条凹槽,柱头有一对向下的涡卷装饰。爱奥尼亚柱由于其优雅高贵的气质,广泛出现在古希腊的大量建筑中,如雅典卫城的胜利女神神庙和俄瑞克忒翁神庙。——译者注